王伟岸 —— 著

中华汉字传奇

天津出版传媒集团

天津人民出版社

图书在版编目(CIP)数据

中华汉字传奇 / 王伟岸著. —— 天津 : 天津人民出版社, 2022.6
ISBN 978-7-201-17736-6

Ⅰ.①中… Ⅱ.①王… Ⅲ.①汉字—汉语史—通俗读物 Ⅳ.①H12-49

中国版本图书馆CIP数据核字(2021)第211341号

中华汉字传奇
ZHONGHUA HANZI CHUANQI

出　　　版	天津人民出版社
出 版 人	刘　庆
地　　　址	天津市和平区西康路35号康岳大厦
邮政编码	300051
电子信箱	reader@tjrmcbs.com

责任编辑	古　丽
装帧设计	卢炀炀

印　　　刷	天津新华印务有限公司
开　　　本	880毫米×1230毫米　1/32
印　　　张	13.75
字　　　数	270千字
版次印次	2022年6月第1版　2022年6月第1次印刷
定　　　价	89.00元

编者的话

　　源于自然、形态万千的汉字,伴随着中华民族的成长,逐步演化为具有深刻哲学寓意和强烈艺术视觉的多重表达。

　　作为五千年华夏文明的密码,世界上唯一永续传承一脉相延的汉字文化,根深叶茂生机勃发又历久弥新。凝聚着中华民族生存智慧和精神营养的汉字已深深地融入我们每一个中国人的血液中,成为民族的灵魂。当我们怀着崇敬之心去探寻汉字的发展历程时,不禁惊叹每一个汉字背后的一段段或震惊或悲怆或感慨的历史传奇。

　　汉字蕴藏着无限意境,凡解释一个汉字,就将回到历史的深处,重温那些历经风雨沧桑、家国兴衰的动人故事,从而演化编织出一个广远而深邃的历史时空。汉字的音、形、义三位一体,"音"包括了文字音律和诗词声韵,"形"包括了六书构造与书写艺术,"义"包括了词意训诂与哲学思想,构成了三个维度的立体化信息。正如我们认识的物理世界是四维时空一样,我们有理由为汉字增加一个时间的维度。是的,汉字是四维的,它在历史的时空中不断演绎着神奇的魅力,它的每一个字形、每一种书体,都能把我们带到那样一个与之相对应的历史时空,让我们身临其境地触摸那些丰富而精彩的文化宝藏,感受那个充满光荣与梦想的伟大时代。

2014年3月27日，习近平主席在联合国教科文组织总部发表的演讲中说："每一种文明都延续着一个国家和民族的精神血脉，既需要薪火相传、代代守护，更需要与时俱进、勇于创新。中国人民在实现中国梦的进程中，将按照时代的新进步，推动中华文明创造性转化和创新性发展，激活其生命力，把跨越时空、超越国度、富有永恒魅力、具有当代价值的文化精神弘扬起来，让收藏在博物馆里的文物、陈列在广阔大地上的遗产、书写在古籍里的文字都活起来，让中华文明同世界各国人民创造的丰富多彩的文明一道，为人类提供正确的精神指引和强大的精神动力。"这是今天的中国面向世界的文明宣言。

今天，当你写下一个汉字，就能懂得五千年前我们的祖先对这个世界的精妙理解，一字一世界，一笔一乾坤。汉字之美跨越漫长深邃的时空，至今仍直击着我们的心灵，在世界舞台上展现出绚丽的光彩。

序

文以载道，文以言志，文以抒情。文字被认为是人类文明的标志。语言与文字构成了人类的第一文化符号。文字与语言不同，在录音设备发明之前，语言交流要靠"面对面"进行，而文字则可以超越时间和空间。世界上有不同的文字书写系统，有拼音文字和表意（象形）文字。汉字属于表意文字，历史悠久，三千多年延绵不绝，的确是一个文化奇迹。

《中华汉字传奇》一书，将汉字放到中国历史与文化的长河之中，放到具体的历史故事和社会生活之中，寻幽探秘，重在挖掘"传奇"故事。它的特点是，兼容"咬文嚼字"和"说文学"的文字学知识，更注重故事性、趣味性和可读性，对于汉字文化传播很有意义。

谨以为序。

潘守永

上海大学教授、博士生导师，图书馆馆长

2021年9月28日

目　录

第一辑

揿开尘封的历史

洹河南　殷墟上

古文字阶段的汉字，即汉代以前的文字都具有明显的形象性，那是汉字从初创走向成熟的过渡阶段。古文字阶段汉字演变的顺序是甲骨文、金文、籀（zhòu）文、小篆，有意思的是后世学者发现古文字的先后顺序却是倒过来的，甲骨文的发现距今只有一百多年的时间。1899年，一次偶然的事件掀开了三千多年前的历史，致使一段汉字的前世今生震惊了全世界。

一次著名的迁徙

在中国汉字漫长的发展历史上，甲骨文占有极其重要的地位。但什么是甲骨文，这还要先从一段遥远的历史故事讲起。

距今三千三百多年前的一天，一位新继位的国王刚刚经历了一场险些将都城全部淹没的洪水和一场生死攸关的王权争斗，他的王位正处于一个非常危险的时期，根深蒂固的权贵势力和连年的天灾，也正在使王国走向衰落。年轻的国王希望做出一些改变，他经过认真的思考做出了一个大胆的决定：迁都。

他就是商朝也是中国历史上第二个王朝的第二十代王——盘庚。盘庚迁都是一个著名的历史事件，根据考古发现，目前我国最早有文字记载的历史，就是从这一事件开始。

第一辑　掀开尘封的历史

这一天,盘庚召集王公贵族讨论迁都之事并发表了一次著名的演讲,这次演讲在一部专门记录上古历史的著作《尚书·盘庚》中有过记载:"往哉生生,今予将试以汝迁,永建乃家。"文中大意是:"去吧! 去寻求新的生活吧! 现在我将率领你们迁徙,在新国都为你们建立永久的家园。"同时也是召唤各位诸侯大臣,希望他们能够肩负起自己的责任,体恤臣民……永远与臣民同心同德。

盘庚不顾一些大臣的竭力反对,毅然决然地带领着王公贵族、平民和奴隶,离开了旧都"奄"(今山东曲阜),经过艰难跋涉,他们渡过波涛汹涌的黄河,浩浩荡荡地一路向西,来到了美丽的太行山脚下。展现在他们面前的是郁郁葱葱的森林和广袤富饶的土地,他们在一条波光粼粼的河流前停了下来。这条发源于太行山的古老河流叫洹河(现被称为安阳河)。多少个世纪以来洹河一直流淌在我国北方,她宛如窈窕淑女般静静地躺在太行山麓,等待她主人的到来。依偎在洹河怀抱的是广袤的平原和森林。盘庚环望四周说:"我们在这里建立新的都城。"他们把新的都城叫"殷",是富足、丰盛的意思。商朝的新都"殷城"位于今河南省安阳市。现在安阳市只不过是河南省的一个地级市,但在三千三百多年前它却成了中华民族登上四大古国文明巅峰的里程碑。

盘庚迁殷后,他开始大力整顿朝政,严惩贵族的奢侈腐化,使衰落的商朝出现了复兴的局面,因此盘庚被称为一代中兴贤王。此后,殷商王朝又延续了二百多年的稳定繁荣,中华文明在这里绽放出绚丽之花。

从盘庚迁殷到商朝灭亡的这段历史都被记录在了一种叫作甲骨文的文字中。什么是甲骨文？那个时期商代先民们还处于神鬼迷信阶段，占卜是日常生活中的一项重要工作。占卜所用的材料主要是乌龟的腹甲、背甲和牛的肩胛骨。卜官通常先在甲骨的背面挖出或钻出一些小坑，甲骨学家称这种小坑为"钻凿"。占卜的时候就在这些小坑上加热，使甲骨表面产生裂痕，这种裂痕叫作"兆"，就是现在所说的征兆的来源。甲骨文里占卜的"卜"字就是象形字，像兆的裂痕形状，从事占卜的人根据卜兆的各种形状来判断吉凶。

上自国家大事，下至私人生活，如祭祀、气候、收成、征伐、田猎、病患、生育、出行等等，王室贵族们无不求神问卜，以得知吉凶祸福来决定行止。于是占卜成了国家政治生活中的一件大事，商王还设置了专门的机构和卜官。带有刻辞的甲骨作为国家档案保存起来，堆存在窖穴之中。因此甲骨上的卜辞成为研究商代历史的第一手材料，它反映了从公元前1300年到公元前1000年的社会生活的各个方面。中国古代一部重要的典章制度选集《礼记·表记》记载："殷人尊神，率民以事神，先鬼而后礼。"这句话说明了殷商时期的占卜情况。

商朝共传了三十代王，直到末代君主帝辛，史称商纣王。帝辛继位后，又将都城从"殷"扩建到现今河南淇县一带，并将都城更名为"朝歌"。在其父帝乙在位时，商的国力已经处于衰弱阶段，周边方国侵扰不断。帝辛即位后励精图治，首先他对叛乱的东夷用兵，打退东夷后继而向南征伐，把商朝势力扩展到了江淮一带。在《毛泽东点评历史人物》一书中记载，1952年11月1

日,毛泽东视察河南安阳,参观殷墟。当来到殷墟中心宫殿区的花园庄时,毛泽东感慨道:"这里,是中国最早的一个古都。殷代最后一个王叫纣王。这个人很有本事,能文能武,他经营东南,把东夷和平原统一巩固起来,在历史上曾有过贡献。"帝辛统一东南以后,把中原先进的生产技术和文化向东南传播,推动了社会进步和经济发展,促进了民族融合。郭沫若在一首诗里说:"但缘东夷已克服,殷人南下集江湖。南方因之惭开化,国焉有宋荆与舒。"应该说商纣王是完成中国神州统一大业的第一人。

在得知帝辛的商军主力远征东夷时,以周为首的几个诸侯开始对守城空虚的商王朝虎视眈眈。公元前1046年,周武王率诸侯联军伐商。帝辛惊闻周军来袭,只好仓促武装大批奴隶及战俘,连同守卫国都的军队总计17万,开赴朝歌以外40里的牧野(今河南省新乡市淇县)迎战。临战前,周武王在朝歌南70里的牧野,发表了一场战争动员演讲,即《尚书》中记载的《牧誓》,内容是列举纣王的主要罪状、训诫从征的将士。武王说:"奋勇向前啊,将士们! 希望你们各个威武雄壮,如虎如貔(pí,猛兽)、

正面　　　　　　背面

◀殷无咎全甲刻辞,正面有占卜刻辞,背面有明显凿痕和灼痕。(现收藏于中国国家博物馆)

如熊如罴(pí，棕熊)，前进吧，向商都进军。在战斗中，如果不奋力向前，你们就会被杀。但不要伤害投降的人，奋勇前进啊，将士们!"然后又派人在商军中进行策反宣传，于是由大批夷人及奴隶组成的军队一夜之间哗变，反戈一击。周人居然不费吹灰之力就长驱直入，兵临朝歌城下。帝辛常年对外征伐，不仅未能保卫商朝的安全，反而加速了王朝的灭亡。帝辛退入城中，登上鹿台，带着未酬的壮志和无限的遗憾在摘星楼自焚而死。

当西周王朝的历史车轮碾过豫北大地的时候，殷商成为过去，都邑沦为废墟。由于与纣王政见不同，纣王的叔叔箕子在牧野决战前带领五千精兵出走，后来周武王知道箕子远避于东方，便派人邀请箕子回乡探望。箕子来朝见周天子，途经故都，只见原来的宫室已经残破不

▲大型涂朱牛骨刻辞，商朝武丁时期，出土于河南省安阳市。牛骨正反面刻满了长篇卜辞，内容是关于北方部族入侵、王命诸侯、田猎和天象等。(现收藏于中国国家博物馆)

◀商帝乙、帝辛干支刻辞骨。(现收藏于天津博物馆)

第一辑 掀开尘封的历史

堪，有些地方已经种上了庄稼。箕子伤心至极，亡国之痛涌上心头，以诗当哭，遂作《麦秀歌》：

麦秀渐渐兮，禾黍油油，彼狡童兮，不与我好兮。

这里"狡童"系指纣王，意为你那时不听我的政见，如今落得这般结局。其悲戚、愤懑、忧虑，可谓百感交集。朝歌殷民听见，皆动容流涕。商亡之后，占卜在周代逐渐绝迹，其文字也逐渐不为人知。曾经辉煌的文明随着废墟静静地躺在丰沃的土地下，殷墟从此以后湮灭在浩瀚的历史长河之中，以后历代文献再未出现过对它的记

◀利簋（guǐ）及铭文拓片。利簋通高28厘米，口径22厘米，重7.95千克，西周早期青铜器，1976年出土于陕西省临潼县零口镇。器内底铸铭文记载了甲子日清晨武王伐纣这一重大历史事件，铭文4行33个字，大意是："周武王征伐商纣王，战役发生在某年'甲子'日的早晨，当天'岁'星也就是木星，正当中天，占领朝歌。在第八天后的辛未日，武王在阑师论功行赏，赐给右史利许多铜、锡等金属，右史利用其为祖先檀公作此祭器，以纪念先祖檀公。"（现收藏于中国国家博物馆）

载。直到三千三百多年后的一天，晚清著名古文字学家罗振玉看着手中一块刻有疑似古文字的龟甲，凭其精深的学识，他联想到了《史记·项羽本纪》中的一句话："洹河南，殷墟上。"从此，一个沉睡了几千年的文明历史终于被揭开。

甲骨发掘传奇

光绪二十四年（1898），清王朝摇摇欲坠。这一年，"百日维新"以失败告终，六君子惨遭杀害。两年后，八国联军攻入北京。11年后，辛亥革命推翻清政府，中国进入军阀割据时期。又20年后，日本侵华并占领东北。这一时期的中华民族面临着一次又一次血雨腥风的危难，这是我们国家之危难、民族之危难、文化之危难。

"欲灭其国先灭其史"，伴随着欧洲殖民主义的兴起，部分西方人的文化殖民野心也越来越膨胀。为消灭中华民族的意志，他们极力否定中华文明史，拒绝承认中国古代文明的独立起源。他们想当然地认为汉字是由楔形文字转化而来，中华文明由埃及和阿拉伯等古文明传入，并对中国文化和中华民族的起源提出了种种匪夷所思的外来说。

科学界将文字的出现作为界定文明的重要标志，通常人们把文字出现以后的历史称之为人类文明史，而把文字出现以前的历史称为史前史。从19世纪开始，世界各国开始了大规模的考古挖掘，在埃及发现的最早文字大约起源于公元前4000年，距今6000年。古印度的年代大约在公元前2500年左右，距今

4500年;古巴比伦文化年代大约在公元前3500年,距今5500年。

世界最早的文明——美索不达米亚文明,发源于底格里斯河和幼发拉底河之间的流域——苏美尔地区,称为古巴比伦王国,大致在当今的伊拉克共和国版图内。从17世纪初,探险家和考古学者就曾从两河流域一带破碎的陶器,以及石雕和泥版的残片上发现了奇异的文字符号。当然,现在人们已经得知,这些"楔形文字"是人类最古老的文字之一,它是巴比伦文化的灵魂,因其笔画形似木楔子而得名。和很多古文明一样,公元前689年,美索不达米亚文明也随着巴比伦王国被亚述所灭而永久地消失了。

1799年,拿破仑率领的法国远征军占领埃及。一名年轻的法军军官在尼罗河口的罗塞塔城意外地发现了一块刻满象形文字的石碑。这块石碑就是后来在考古学上有名的罗塞塔石碑。那些象形文字虽无人能辨识,但是它开启了人类对古埃及文明的探索。古埃及象形文字为什么无人能识呢?这是因为古埃及文明中断了,埃及象形文字也就变成了死文字。公元前50年前后,埃及被罗马人征服兼并,成为罗马的一个行省。在强势的罗马文化冲击下,埃及文明的光芒逐渐散失,古文字的遭遇可想而知。公元639年,阿拉伯人占领埃及,由于宗教信仰等原因,埃及迅速被"阿拉伯化"。随着时间的推移,除了金字塔和寺庙等一些大的实体建筑留存至今,古埃及逐渐从人们的记忆中消失了,象形文字也被弃置一旁。

印度的远古文明于1922年被发现。由于它的遗址首先在印度哈拉巴地区被发掘出来,哈拉巴文明也创造了自己的文字,它们主要留存于各种石器、陶器和象牙制的印章上,这些文字符号有象形的,亦有几何图案,至今尚未成功译读。哈拉巴延续了几百年之后逐渐衰落,雅利安人于公元前2000年左右出现在印度西北部,这个游牧民族在南部的恒河流域建立了以摩揭陀为中心的统一国家,并创立了更为持久的文明。公元前4世纪,中亚地区突厥人崛起,他们把伊斯兰教随同版图的扩张一起输入到古印度,使古印度的佛教文化和社会体系彻底瓦解,原生文明渐渐被外来文明替代。古印度享誉一时的文明被强行掐断,消失在历史的长河中。

世界其他古文明的文字纷纷出现断流,汉字成为古国文字中唯一流传并使用至今的文字,创造了人类文明史上最伟大的奇迹。尤其是甲骨文的发现证实了中华文明几千年来一直光辉闪耀,从未间断。

1899年,甲骨文就这么突然地被发现了,这给了中国学者以极大的振奋。在甲骨文出土之前,人们对于商朝所有的了解皆来自《史记·殷本纪》,史家没有相关资料可以对比,商朝史实长期处于迷雾之中。甲骨文是史学家获得商朝历史的第一手资料,随后经过对文字的破译和对卜文的解读研究,以铁证证明了商王朝的存在,为商朝的史实和司马迁的记载提供了强力佐证。以出土实物印证了中华民族文明的延续,这给了当时在风雨飘摇中的中华民族莫大的鼓舞和信心,这就是文字的力量!

说到甲骨文的发现,要先从四位学者的故事讲起。他们在甲骨文被发现的早期做出过卓越贡献,是最早为世人展现出甲骨文魅力的功臣,然而他们自己的人生却留下令人唏嘘的结局。

汉字传奇

▲王懿荣(1845
—1900),字正儒,一
字廉生,山东省福山
县(今烟台市福山
区)古现村人,号称东
怪。晚清金石学家、
鉴藏家和书法家。

第一位是王懿荣,发现甲骨文第一人。1899年,时任清朝(光绪年间)最高学府国子监祭酒(校长)的王懿荣由于患了疟疾,让家人从位于宣武门外的鹤年堂中药店买回了一服中药。不经意间,王懿荣在一味叫龙骨的药品上发现了一些奇怪的符号。龙骨本身是古代脊椎动物的骨骼,它上面为何会刻有符号呢?这不由得引发了王懿荣的好奇心,王懿荣本身就是晚清著名学者、金石学家,具备很出色的鉴赏能力。他仔细地观察龙骨,感觉这并非普通的刻痕而非常像上古时代的文字,可是刻痕的形状既不是大篆也不是小篆。王懿荣猛然意识到这是非常珍贵的文物,于是他将药店中一切带有刻痕的龙骨都买了回来。后来,他又通过不同的途径购回了不少龙骨,一共有一千五百多片。王懿荣觉得它们应该是几千年前的龟甲和兽骨,而非所谓的"龙骨"。通过对甲骨刻痕的辨认,他渐渐认出了"雨""日""山""水"等字,后来还发现了几位商朝君王的名字。由此他断定这些刻痕是刻在龟甲和兽骨上的古代文字,这些刻有古代文字的甲骨立即轰动了整个社会,并引发了文人学士和古董商人的争购潮。

后来人们将这段甲骨文发现的过程称作"一片甲骨惊世界",这也成为中国乃至世界考古史上最具有传奇性的一段经历。遗憾的是王懿荣还没来得及对甲骨文做进一步的探究,八国联军就入侵了中国。1900年7月,八国联军兵临城下,慈禧太后及光绪帝仓皇出逃。王懿荣彻底失望了，他对家人说："吾义不可苟生！"随即他写了一首绝命词："主忧臣辱，主辱臣死。于止之其所止，此为近之。"王懿荣毅然服毒坠井而死，年仅56岁。

王懿荣死后，其子将所藏甲骨转卖给了刘鹗，刘鹗便是与甲骨文相关的第二位学者。刘鹗是晚清四大谴责小说之一《老残游记》的作者。据说当年王懿荣买药发现所谓龙骨文字时他就在现场。刘鹗买下了王懿荣收藏的一千多片甲骨，并又通过多种渠道大量收购，成为早期出土甲骨的著名收藏家，其对甲骨资料的收集、保护做出了重大贡献。他第一个提出甲骨文是"殷人刀笔文字"，还识辨了四十多个字，其深刻见解后来被日益增多的证据所证明。

▲ 刘鹗（1857—1909），清末小说家，谱名震远，原名孟鹏，字云抟、公约。后更名鹗，字铁云，又字公约，号老残。

1903年，刘鹗从搜集到的甲骨卜辞中精选墨拓了1058片，以石印出版了《铁云藏龟》，"铁云"是刘鹗的字，"藏龟"则是他收藏的甲骨。这部书成为我国著录甲骨文字的第一部专著，其重要意义在于它将甲骨文由只供少数学者观赏的"古董"变为广大学者研究的资料，被后人评价为"研究甲骨文字的开路先锋"。刘鹗还首次把甲骨文字介绍给了外国学者。1899年，日本近代中国学的重要学者内藤虎次郎首次来到中国并见识到了刘鹗收藏的龟版兽骨，这才知道有甲骨文字的存在。

可惜的是在八国联军发动侵华战争后，刘鹗因向俄军低价购粮以赈济灾民而被问罪。当时八国联军攻入北京，京师的官仓之粮被俄国军队占领。刘鹗多次与俄军交涉不成，为了救活老百姓，他最终选择低价购买。几年后因得罪袁世凯而被告发，刘鹗不仅没有得到清政府的谅解，1908年以"私售仓粟""私购官粮"之罪而被清廷流放新疆，次年因脑出血而去世，年仅53岁。

与甲骨文相关的第三位学者是刘鹗的亲家罗振玉，他曾在刘鹗家当私塾先生，专教刘鹗的儿子。后来罗振玉将自己的长女嫁给了刘鹗之子刘大绅，与刘鹗成为亲家。罗振玉第一次看到甲骨文是在刘鹗家里，在震惊之下他深切感受到了历史赋予的重任："今幸山川效灵，三千年而一泄其秘，且适当我之生，则所以谋流传而攸远之者，其我之责也夫。"

罗振玉从1906年开始收集甲骨，总数近两万片，是早期收藏甲骨最多的藏家。除了鼓励刘鹗编集《铁云藏龟》外，他还亲自访求售卖者，经过认真研究，判明甲骨的真实出土地——小屯。有一天，他正端详着手中刚刚得来的一块带有文字的甲骨时，忽然想起《史记·项羽本纪》里的一句话："洹河南，殷墟上。"说的是秦朝末年，秦将章邯与项羽相约结盟于洹水南面一个叫殷墟的地方。由此罗振玉认为出土甲骨的安阳小屯之地就是历

▶罗振玉（1866—1940），字式如、叔蕴、叔言，号雪堂，永丰乡人，晚号贞松老人、松翁。中国近代农学家、教育家、考古学家、金石学家、敦煌学家、目录学家、校勘学家、古文字学家，中国现代农学的开拓者，中国近代考古学的奠基人。他参与开拓中国的现代农学，保存内阁大库明清档案，从事甲骨文字的研究与传播，整理敦煌文卷，开展汉晋木简的考究，倡导古明器研究。他一生著作达189种，校勘书籍642种。

史记载中商朝的"武乙之都"——殷墟。"洹水故墟,旧称亶甲,今证之卜辞,则是徙于武乙去于帝乙",罗振玉在其所著《殷墟书契考释·自序》中确定了小屯为晚商武乙、文乙、帝乙三王的都城。这个考释无论是当时还是之后都被学术界认为是一项了不起的学术研究成果,从此三千多年前的秘密展现在世人面前,同时也开启了田野考古最为重要的一扇大门。

从罗振玉考证殷墟至今的一百多年间,考古学者们对小屯一带的挖掘共有三十余次,每一次都有重大发现和引人瞩目的成果。殷墟的历史虽然在三千多年前的地上已经画上了句号,但在地下它才刚刚拉开帷幕。罗振玉还在《殷墟书契考释》中释出单字近五百个。在甲骨文研究者中,罗振玉占有重要地位,他是甲骨学的奠基者。但是他与前两位爱国的甲骨学者不同,"九一八事变"后他追随溥仪,并出任"满洲国参议府参议""满日文化协会会长"等伪职,被时人判定为"汉奸"。

如果说罗振玉通过对甲骨文的考释和研究使湮灭日久的殷商之门露出了一道缝隙,让人们得以管窥远古庙堂的些许影像,那么罗振玉的另一位亲家,写出过《人间词话》的王国维,则把这扇封闭了三千余年的王朝之门彻底打开了。

王国维就是与甲骨文相关的第四位学者,他通过对甲骨文的研究考订,使商代先王名号世系基本得到了确认,并在整体上建立了殷商历史体系,因此他成为将甲骨学由文字学演进到史学的第一人。王国维撰写了《殷卜辞中所见先公先王考》《续考》《殷周制度论》及《古史新证》等,他将地下的材料甲骨文同纸上的材料中国历史古籍对比来研究,用卜辞补正了书本记载的错误并得出崭新的结论,为甲骨学研究和发展做出了划时代的贡献和革命性的突破。这种考证方法既继承了中国考据传统,又运用了西方实证主义的科学考证方法,使两者有机地结合起来,创造了新的方法,在古史研究上开辟了新的领域,取得了巨大的成就。郭沫若曾称赞说:"王国维遗留给我们的是他的知识产品,那好像一座崔巍的楼阁,在几千年来的旧学的城垒上,灿然放出了一段异样的光辉。"

至今王国维在《人间词话》里的治学之谈仍独领风骚,他说:"古今之成大事业、大学问者,必经过三种之境界。"第一种境界:"昨夜西风凋碧树。独上高楼,望尽天涯路。"这句词出自晏殊《蝶恋花·槛菊愁烟兰泣露》,大意是:做学问成大事业者,首先要有执着的追求,登高望远,瞰察路径,了解事物的概貌,明确目标与方向,。第二种境界:"衣带渐宽终不悔,为伊消得人憔悴。"这引用的是北宋柳永《蝶恋花·伫倚危楼风细细》最后两句词,王国维则别具匠心,以此两句来比喻成大事业、大学问者,不是轻而易举随便可得的,必须坚定不移,经过一番辛勤耕耘,废寝忘食,孜孜以求,直至人瘦带宽也不后悔。第三种境界:"众里寻他千百度,蓦然回首,那人却在,灯火阑珊处。"这句引用了南宋辛弃

◀王国维(1877—1927),初名国桢,字静安,亦字伯隅,初号礼堂,晚号观堂,又号永观,谥忠悫。浙江省嘉兴市海宁人,清末秀才。我国近现代在文学、美学、史学、哲学、古文字、考古学等各方面成就卓著的学术巨子,国学大师。

疾《青玉案·元夕》词中的最后四句。做学问、成大事业者，要达到第三种境界，必须有专注的精神，反复追寻研究，下足工夫，自然豁然贯通，终会有所发现。

但王国维自己用生命解释的第三种境界却给了我们不同的答案。1927年6月2日上午11时，王国维在颐和园投湖自尽。这是他第一次也是最后一次来颐和园，他的去世给后人留下了一个谜。他在遗书中写道："五十之年，只欠一死。经此世变，义无再辱。"人们对其死因的猜测，大致集中在三个方面：一是为清朝殉节，尽遗臣之忠。王国维做学问是精深的，其性情是孤傲的。王国维虽然受聘于清华大学，但与清华的西学氛围格格不入。平日王国维头戴小帽，身穿长袍，还拖着一条辫子。其实他并非要表示对清朝的效忠，那时溥仪的辫子都已经剪掉了，那条辫子是王国维在辛亥革命后重新续起来的。正如他的《满庭芳·水抱孤城》写道："厚地高天，侧身颇觉平生左，小斋如舸，自许回旋可。聊复浮生，得此须臾我。乾坤大，霜林独坐，红叶纷纷堕。"他一直活在自己的精神世界中，与那个大变革的时代相抗衡。就个人品格学识而言，王国维是可敬的，但从整个社会的发展趋势而言，则又是可悲可怜的。这种带有极浓厚的悲剧色彩的选择，也注定了王国维会在悲剧中度过他的后半生。二是与罗振玉的绝交，于心至寒。王国维与罗振玉这对忘年之交，他们互相扶助，成就了甲骨文领域流传于世的罗王之学。但他们却因为政治走向和儿女姻缘的争端，结束了近三十年的深厚情谊，分道扬镳，自此天各一方。从知遇、同僚、患难、结亲到绝交，一生恩恩怨怨，直到这一刻的结束。三是惧怕北伐军攻入北京，身遭辱杀。

这些莫衷一是的猜测，至今无任何定论。此时的王国维年整五十，他临终曾为友人的扇面书写末代帝师的一首诗，可看出一代国学大师当时的心境："生灭原知色即空，眼看倾国付东风。惊回绮梦憎啼鸟，罥入情丝奈网虫。雨里罗衾寒不寐，春阑金缕曲方终。返生香岂人间有，除奏通明问碧翁。流水前溪去不留，余香骀荡碧池头。燕衔鱼唼能相厚，泥污苔遮各有由。委蜕大难求净土，伤心最是近高楼。庇根枝叶由来重，长夏阴成且少休。"

后来的甲骨文学者将王国维（号观堂）、罗振玉（号雪堂）、主编大型甲骨文汇编《甲骨文合集》的郭沫若（字鼎堂）和奠定了我国田野考古学基础并著有《甲骨文断代研究例》的董作宾（字彦堂）并称"甲骨四堂"，以赞誉他们对甲骨学做出的巨大贡献。著名文字学家唐兰在《天壤阁甲骨文存》序中写道："卜辞研究，自雪堂导夫先路，观堂继以考史，彦堂区其时代，鼎堂发其辞例，固已极一时之盛。"这一时期，甲骨学成为一门时尚学问，人才济济，为数不少的研究者还具备了西学修养，创造性的认识层出不穷，董作宾、郭沫若、唐兰、商承祚、容庚、陈梦家、胡厚宣等著名学者续写着甲骨发掘的传奇，堪称甲骨学的黄金时代。

甲骨文发现至今已有一百多年了，甲骨学史出现很多个未解之谜，其中一个未解之谜是：谁是发现甲骨文的第一人？除了前文说到的王懿荣因偶然机会使甲骨文重见天日并被誉为"甲骨文发现第一人"之外，中国国家博物馆研究员李先登根据天津金石学家王襄的记述，向人们展示了这些甲骨被发现及收藏的另一个传奇版本：在1894年前后，安阳小屯村农民在收花生时，偶然捡到一些甲骨，但大家都未意识到其珍贵价值。直到1898年，潍县古董商范寿轩在天津出售文物时告诉王襄，在河南出土了一些带字的骨版。当时，正巧著名书法家孟广慧也在场，孟广慧判定这些骨版可能是古代的简策，遂敦促范寿轩前往收购。第二年秋，范寿轩从小屯村买回了一批甲骨带到天津。孟广慧和王襄轻轻地拂去上面的灰尘，看到了甲骨上面的文字，惊叹不已，顿觉这些龟甲和兽骨上的文字来历非同寻常。但二人当时都不富裕，只能以甲骨上每个字一两银子的价格，小的则按块儿各收购了一些，其余甲骨，由范寿轩带到北京，卖给了王懿荣。

后来，王襄开始了甲骨文研究，并著有中国最早的甲骨文字典及《簠室殷契征文》等专著，而孟广慧和王懿荣却没有留下这方面的著作。所以李先登认为，王襄理应成为发现甲骨文的第一人。实际上，围绕着何时、谁最早发现甲骨文以及何人将其断定为商代遗物，学界早有争论。关于甲骨文发现的年代，归纳起来至少有1894年、1898年、1899年、1898年至1899年之间、1900年等几种说法。关于甲骨文发现者，大家提到的有王懿荣、王襄、孟广慧（字定生）、刘鹗、端方、胡义赞（号石槎）等人。但是，学者

▶王襄（1876—1965），祖籍浙江绍兴，世居天津。中国现代金石学家、甲骨学家。长期从事金石学、甲骨学研究，为中国的金石、甲骨学研究，特别是为殷墟甲骨文的发现与保护做出了巨大贡献。中华人民共和国成立后，曾任天津市文史研究馆馆长、中国科学院历史研究所《甲骨文合集》编辑委员会委员、天津市政协委员。1959年天津市书法研究会在天津市文史馆成立，他出任首任会长，直至逝世。

们经过论证，最终认为，发现时间是1898年或1899年，发现人为王襄或王懿荣比较可信。

自从1899年，甲骨文在安阳殷墟文化遗址首次被发现后，考古界一直苦苦寻找殷墟主体区域外的甲骨文，但始终没有收获。考古界一度怀疑甲骨文会不会是殷墟的独特文物？这个谜底终于在2003年4月8日被揭开。这一天，山东大学考古系教授方辉在济南举行的大辛庄遗址重大考古发现新闻发布会上宣布，我国自一百多年前从殷墟首次发现商代甲骨文举世震惊后，如今又获重大考古发现，大辛庄商代遗址再次出土甲骨文。大辛庄遗址位于山东省济南市历城区，是一处以商文化为主要内涵的古文化遗址。该遗址发现于20世纪30年代。此后，山东省文物管理部门和山东大学等多次对该遗址进行调查和勘探，初步探明遗址面积为30多万平方米，是山东已知面积最大的一处商代遗址。考古专家在济南市历城区王舍人镇的大辛庄遗址进行田野考古发掘时，发现了有字卜甲8片，其中的4片可拼合成为25字的一版，由兆辞、兆数和前辞组成。内容涉及"御祭""温祭"和"徙"等。初步研究认为其内容是祭祀占卜的记录。不论是甲骨修整、钻凿形态，还是字形、文法，都应与安阳殷墟卜辞属于同一系统。夏商周断代工程首席专家李学勤教授说："从出土的甲骨文卜辞看，大辛庄遗址是商王朝在东方的一处方国都邑。"这一发现说明当时的甲骨文已经由殷商王权中心传向周边方国。这对于重新审视中华文化的传播提供了极其重要的资料。所以李学勤激动地说："104年以来在殷墟之外首次发现商代甲骨文，必将改写中国古代文明史。"

▲商武丁丁卯王狩敝卜骨及拓片。此卜骨正面所刻卜辞,记录了癸亥日贞人设贞问接下来的一旬有无灾祸,商王判断说有灾祸,结果第五天丁卯日商王在敝这个地方狩猎的时候车马发生了事故等事。反面所刻卜辞不全,大致与战争有关。此卜骨正反字口均涂有朱砂。王襄旧藏。(现收藏于天津博物馆)

废墟里的辉煌

《史记·项羽本纪》记载:"章邯使人见项羽,欲约。项羽召军吏谋曰:'粮少,欲听其约。'军吏皆曰:'善。'项羽乃与期洹水南,殷墟上。"这是古代文献少有的对"殷墟"的提及,它被学识精深的罗振玉记起,从而破解了甲骨文的出土地。"洹河南,殷墟上"的殷墟就是商都殷城荒废的遗址,坐落于现今安阳市。安阳市古称殷或邺,是位于河南河北两省交界处的一座城市,那条叫洹河的河流现在叫安阳河。历史上，先后有商朝、曹魏、后赵、冉魏、前燕、东魏、北齐等在安阳建都，故安阳素有"七朝古都"之称，是早期华夏文明的中心之一，甲骨文的故乡。

殷墟的总体布局以小屯宫殿宗庙区为中心，沿洹河两岸呈环型放射状分布，是一座开放形制的古代都城。现存有宫殿宗庙区、王陵区、后冈遗址、聚落遗址（族邑）、家族墓地群、甲骨窖穴、铸铜遗址、制玉及制骨作坊等众多遗迹。雄伟壮阔的宫殿宗庙建筑基址、等级森严的王陵大墓、星罗棋布的居住遗址、家族墓地、密布其间的手工业作坊和以甲骨文、青铜器为代表的丰富的文化遗存，构成了殷墟独特的文化内涵，再现出这座殷商王都的宏大规模和王者气派。

殷墟遗物种类繁多，数量极其可观。从质地上可分为陶器、铜器、玉器、石器、宝石器、骨角牙器、蚌器、漆木器、纺织品九大类。数量较大的有青铜礼器约1500件、青铜兵器约3500件、玉器约2600件、石器约6500件、各类陶器数万件，最令人震惊的是出土甲骨15万片之多。一个伟大的王朝成为历史，宏伟的都邑埋在地下。而废墟终被一片片甲骨拂去了岁月的风尘，再现了三千多年前华夏文明的辉煌。

顾名思义，甲骨文因镌刻、书写于龟甲与兽骨上而得名，商代后期的甲骨文实际上是甲文和骨文的合称，刻在龟甲上的文字称为甲文，刻于兽骨上的文字称为骨文。因此，龟甲和兽骨就是商代后期甲骨文的文字载体。

前文说到商人非常崇信鬼神，生活中的一切事情，大至祭祀、征伐，小至生育、田猎，都必须先占卜天地鬼神，甚至要数次占卜，然后方可依卜行事。正因为有这种生活习惯，商人才给后世留下了众多占卜的资料。殷墟出土的众多甲骨就是商代后期两百多年间历代商王各类占卜的资料，属于商代王室的档案。

负责占卜的巫师称为贞人，亦称"卜人"，是商周占卜活动中的贞卜命龟之人。贞人的身份涉及王、卜官、工官、小臣及其他臣僚和宗子，十分复杂。迄今所认定的商代贞人已有一百多位，其所属时代或同或异，可作为甲骨文分期断代研究的重要标准。

占卜时，巫师用点燃的树枝或艾条于圆孔处进行灼烫。龟甲或骨头因此受热膨胀，因加热并不均匀，圆孔处产生出一些膨胀裂纹，称为卜兆。占卜完毕后，巫师就会根据裂纹的长短、粗细、走向、曲直等物理形态判断吉凶。占卜结束后，将占卜内容刻写于甲骨之上，这些文字称为卜辞，也就是今天所称的甲骨文。甲骨卜辞文例，一般包括前辞、贞辞、占辞、验辞等，前辞记录占卜时间、占卜者和地点，命辞记录所占卜的具体事情，占辞则根据兆纹而判断吉凶，验辞记录占卜过后的应验情况，但许多卜辞只有前辞、贞辞两部分，或仅有占辞。完整的卜辞还应包括占卜日期、占卜人姓名、占卜事项、吉凶判断以及占卜之后是否应验等内容，但实际上很多甲骨文都会省略掉部分内容。刻录甲骨文主要使用玉质或青铜质的锋利刀具，因刻制时力度不好控制，加之甲骨载体表面不平，甲骨文的笔画结构没有十分严格的规范。

迄今为止小屯殷墟发现的 15 万片刻辞甲骨，记录了商王朝社会生活的方方面面，包括天文、地理、军事、政治科学等多方面的信息，为研究商代社会提供了非常珍贵的历史资料。商朝时，

第一辑 掀开尘封的历史

晓晓奇阅

人们难以抵抗自然界的灾害,于是他们就求助神灵的护佑。因此商王的占卜活动特别频繁,几乎是无日不占,无事不卜。当时的甲骨文可分为两部分:一类是占卜性刻辞,另一类是记事刻辞。在骨片上都能够看到清晰的钻、凿痕迹,这都是商王占卜过程中留下的印记。

殷墟还出土了大量的青铜器,许多青铜器上铸刻着铭文。青铜器上的铭文称为金文,也叫钟鼎文。商周是青铜器的时代,礼器以鼎为代表,乐器以钟为代表,"钟鼎"是青铜器的代名词。金文与甲骨文称谓不同,但并不是两种文字,只是因为其铸刻在青铜器上,才称为金文。金文也是从商朝开始的,金文和甲骨文并行发展过,直到战国时期,总共有一千两百多年的历史。商代青铜器上的金文字数普遍很少,当时的贵族常常把自己名字或家族的族徽铸造在上面。

在殷墟遗址,不得不提到商朝第二十三代君王武丁的两位王妃。武丁,盘庚之侄,小乙之子。他的文治武功浓缩成《史记》中一句评价:"武丁修政行德,天下咸驩(huān,欢乐的意思),殷道复兴。"武丁著名的两个妻子中一个是妇妌(jìng),庙号"戊",她的儿子第二十四代王祖庚为纪念她铸造了一个方鼎,并铸有"后母戊"三个字的铭文,这就是著名的"后母戊鼎"。后母戊鼎上的铭文已属于金文了,虽其字形和当时的甲骨文相同,但布局奇妙,虽为三字,但叠连在一起,更具装饰之美。作品字势开阔而笔力浑厚,章法颇具匠心,为此类铭文中难得之精品。后母戊鼎是迄今为止出土最大最重的青铜礼器,享有"镇国之宝"的美誉。

▲殷王武丁贞问妇娩患疾刻辞卜甲。第一句贞问是否不会生病，第二句贞问是否会生病。（现收藏于北京故宫博物院）

▲祭祀狩猎涂朱牛骨及拓片。这是一款牛胛骨版记事刻辞。骨版正面刻辞4条，背面2条，共160余字，字内填朱。正面第一条记载商王武丁宾祭仲丁，第二条记狩猎时子□堕车，第三条记子□死，第四条是子寅用羌人十，举行宣祭，背面记载天象情况，这片刻辞保存完整，对研究商代社会历史和天文气象价值甚高。（现收藏于中国国家博物馆）

最初给该鼎命名的是郭沫若先生，称其为司母戊鼎，他认为"司母戊"即为"祭祀母亲戊"。另一著名学者罗振玉也认为："商称年曰祀又曰司也，司即祠字。"于是，这一命名便被沿用了下来。但争议一直不断，有多位学者提出"司"字应作"后"字解，因为在古文字中，司、后是同一个字。认为"后母戊"的命名要优于"司母戊"，其意义相当于"伟大、了不起、受人尊敬"，与"皇天后土"中的"后"同义。这些专家认为，改为"后母戊"的意思相当于：将此鼎献给"敬爱的母亲戊"。

后母戊鼎是在1939年初由当地农民吴培文等人发掘出土的，但因体积过大，为防日军抢走，又将其分解后重新掩埋。后母戊鼎几经磨难,于抗战后重新出土,现存于中国国家博物馆。

甲骨文里的故事:战神王后

　　武丁的另一个王妃墓里也出土过一个鼎,内有铭文"后母辛",这个庙号为"辛"的王妃是武丁另一个著名的妻子——妇好,是中国有历史记载的第一位女将军。我们通过解密大量甲骨卜辞得知,妇好多次受命征战沙场,是一位善于打仗的将军,为商王朝拓展疆土立下了汗马功劳,可谓是一代战神王后。

　　若不是近代考古发掘,这样一段动人的历史便不会栩栩如生地走进我们的视野。在现存的甲骨卜辞中,妇好的名字频频出现,仅在安阳殷墟出土的一万余片甲骨中,提及她的就有两百多次。透过遥远的卜辞信息,一个被武丁无限爱恋的女子清晰可见。

▲后母辛鼎及铭文,通高80.1厘米,口长64厘米,宽48厘米。(现收藏于中国社会科学院考古研究所)

妇好一生从容不迫地担当着许多角色:贤良美丽的王后、哺育孩子的母亲、贞卜问祀的主祭、驰骋疆场的将军……而且每一种角色她都做到了极致,以至于在后世三千多年的时间里,竟无第二个女子可以再现她所有的荣宠和光耀。

　　商王武丁在位的59年间,他至少征伐过81个方国。方国就是位于商朝周边的未臣服的部落。商代的政治地理可分为王畿、四土和四至，王畿相当于内服，即商王直接统治的地区；四土相当于外服，即附属国管辖的地区；四至则为疆域以外的范围。商代方国在地理分布上主要位于商王朝势力范围的边缘或之外。当他们臣服于商时，即被纳入商朝势力范围之内，反之，则不属于商朝势力范围，这就造成了商王朝疆域的复杂与多变。

武丁的战神王后妇好功不可没，妇好北伐土方，南征印方，东讨人方，西战羌方……商王与王后的金戈所向披靡，使商的国界拓展到西起甘肃，东至海滨，北及大漠，南逾江汉的广袤区域。妇好墓出土的青铜钺（yuè）就是这位巾帼英雄的标志，是她最高军权和威仪的象征，是她挥斥千军万马的英姿写下千古传奇的见证。

妇好墓中真正得以管窥她高超武艺的除了那最威严的青铜钺，还有一枚并不起眼的韘（shè）。韘，俗称扳指。中国传统射箭不同于欧洲用食指和中指的开弓法，而是以拇指套上扳指后扣弦，所以韘是射手的必备之物。这枚青玉兽面纹的玉韘跟随妇好很多年了，背面用来扣弦的凹槽里有弓弦留下的一道道痕记，上面的雕纹已磨损得失去了清晰的轮廓，但韘本身却依然润泽光滑。与韘一同出土的还有许多青铜箭镞和护弓具，可见

▲妇好钺，通长39.3厘米，刃宽11.8厘米，重8.5千克，铸"妇好"铭文，是至今发现的最早的中国青铜钺。（现收藏于中国社会科学院考古研究所）

▲兽面纹玉扳指，高3.8厘米，直径2.4厘米，壁厚0.4厘米。(现收藏于中国社会科学院考古研究所)

弓箭是妇好常用的武器，这些都是穿越时空的见证，以其不朽之身告诉我们一个传奇的故事，在我们眼前展现了妇好精于骑射和身手矫捷的巾帼英雄形象。妇好和武丁不仅是一对恩爱的好夫妻，他们还是治国的好搭档。刚刚结婚的时候，武丁对妇好领兵作战的能力还不是非常了解。某年夏天，北方边境发生外敌入侵，被派去征讨的将领久久不能解决问题，妇好便主动请缨，要求率兵前往助战。武丁对妻子的请求非常犹豫，他考虑了很久，最终通过占卜，才决定让王后出征。妇好在前线调度指挥有方，而且身先士卒，很快就击败了敌人，取得了胜利。这一时期的甲骨文通过对妇好、武丁等人日常生活内容的记叙，呈现了殷商王朝时期的社会制度、文化习俗：

　　辛巳卜，争贞：今者王共人呼妇好伐土方。

　　辛未卜，争贞：妇好其比沚馘(zhǐ fá，方国名)伐印方，王自东亳伐捍，陷于妇好立(位)。

　　贞：王令妇好比侯告伐尸方。

　　辛子卜，争贞：登妇好三千，登旅万，呼伐羌。

　　第一条是贞问有关妇好征伐土方的凶吉。土方就是商朝周边一只游牧民族,他们时常劫掠商的人口和财物。那场战斗,妇好大获全胜,土方元气大伤,后来被划入了殷商的疆域。

第二条卜辞记录了妇好最精彩的战役,是和武丁一起征伐巴方的一战。战前妇好和夫君议定计谋,妇好在敌人西面埋伏军队,武丁则带领精锐部队在东面对巴方军队发起突然袭击。巴方军队在武丁军与妇好军的包围圈中顾此失彼,阵形大乱,最终被围歼,南境遂平定。这大概也是中国最早有文字记载的"伏击战"了。

第三条讲征"尸方"的事。尸方也称人方,是商代周边的东夷部落。尸方是多个方国的联盟,部族众多,势力强大。尽管殷商与东夷族出同源,但在很长一段时间里一直水火不容,殷商对东夷旷日持久的征伐直到帝辛(殷纣)时才最终画上句号。

最后一条卜辞记载的事件是如今有关妇好的文章中最常提及的,因为她这次率领了一支13000人的庞大军队出征羌方,是卜辞中记录大商征伐敌国出兵最多的一次。此役大获全胜,羌人的势力被大大削弱。

妇好还经常受命主持祭天、祭先祖、祭神泉等各类祭典,又任占卜之官。不幸的是妇好在30多岁就去世了,这在商朝时期也不能算是早逝,然而相对于在位59年的武丁来讲,确实算是过早的逝去了。妇好的不幸去世使武丁非常痛心,他将妇好下葬在自己处理军政大事的宫室旁边,这样自己随时都能看到妻子,日夜守护着她。1976年发掘的妇好墓,是一座独葬的巨大墓穴,而且有拜祭的隆礼,是殷墟出土中唯一保存完整的商代王室成员墓葬,并且是能和甲骨文相印证的。墓葬出土了1928件

（组）精美的随葬品，其中青铜器468件（以礼器和武器为主），玉器755件，骨器564件，宝石制品47件，还有贝石制品等。另有海贝6800枚，墓室有殉人16人，殉狗6只。这在商朝时期是非常少见的。

尘封三千多年的妇好墓重见天日之际，只剩下琳琅满目的随葬品，墓主遗骸已朽，我们再也无法推测出她的身形容貌。唯一见证过妇好芳容的是墓中饰有叶脉纹或弦纹的四面精美铜镜，它传达给我们殷商时代的美丽。通过妇好墓中雕工精美的骨笄和骨梳，我们可以想见她有一头青云般的秀发，琳琅的精美玉雕佩、玉饰件、耳玦、玛瑙珠、丝织品等更暗示了妇好不是那种只爱武装而偏废红装的"战神"。在妇好墓中首次发现了殷商的丝织品，比如大孔罗、朱染平纹绢和纹绮（qǐ）。殷墟出土的纹绮经纬密度达到72根，即便现在制造起来也是相当困难，想来殷商的服饰也是惊艳无比的。

妇好周身的光环往往让我们忽视了她在世的第一个也是最重要的身份：妇好是武丁的妻子，然而武丁的妻子并不只有她一位。据一些学者对甲骨记载的统计，武丁的妻子约有60位，其中法定的王后有18位，最后入了周祭与武丁配祭的只有3位：戊、辛、癸。殷商实行的"一夫多妻"制与殷商的邦国结构比较配套，因为国体松散，联姻是对各方国进行控制的手段之一。婚姻不再是内务问题，而是严肃的外交政策。

妇好经常南征北战又身兼数职，即使铁打的人也有精疲力竭的一天。从一些甲骨卜辞来看，她的身体一度羸弱，但同时也可以看到武丁对妇好无微不至的关心。

贞:好羸(léi,瘦弱),于祖辛。(妇好身体虚弱,向祖辛祈求康复。)

贞:妇好凸(guǎ,被东西刺破)凡有疾?(妇好会有疾病吗?)

贞:妇好祸风有疾?(妇好伤了风会生病吗?)

贞:妇好弗疾齿?(妇好的牙齿不会有麻烦吧?)

贞:妇好嚏,惟出疾?(妇好打喷嚏了,是不是能去除疾病?)

多么温馨啊!用现代流行的说法,武丁就是个暖男。可见尽管是政治婚姻,他们也是有着深厚的感情的。

为了使妇好身体尽早康复,武丁还经常用大量人牲举行祭祀,甚至祈求自己的父亲小乙保佑她,这对任何同等地位的王后都没有过。从三千多年前晦涩简洁的甲骨文中感受到的除了狞厉残酷之外,还有一个为人夫者对病痛中妻子的牵挂和心焦。不过,妇好还是有大病并危及生命。

贞:妇好凸,大疾延,岂死?(妇好有灾,大病发作且迁延不愈,会死吗?)

贞:惟龚(gōng)后蚩妇好?不惟龚后蚩妇好?(贞问妇好的灾祸是不是龚后的亡灵作祟。)

龚后是妇龚,是武丁诸多的法定王后之一,那时她已经去世了，庙号为甲，就是武乙、文丁时期卜辞里的"妣甲蘽"。这件事隐隐让人感到武丁那编制庞大的后宫也绝非一个安生之地。

商王把妇好怀孕生育当成国之大计，甲骨文中关于这类的卜辞有二十多条，有问卜是否怀孕的，有祭祀祈祷母子平安的，还有占问她的产期以及胎儿性别的。尽管商王对其他妻子有孕和生育的贞问也见诸甲骨，但其数量寥寥，而且没有像对妇好的那样亲自来占断卜兆。

丁酉卜，宾贞：妇好有受生？王乩(jī，占卜)曰：吉，其有受生。（丁酉日占卜，贞人宾问：妇好有孕了吗？王占断说：大吉，妇好确是有孕。）

辛丑卜，壳贞：妇好有子？三月，王乩曰：好其有子，御。（辛丑日占卜，贞人壳问卜：妇好怀上孩子了吗？三月，王占断卜兆后说：妇好已经怀孕了，为此要进行御祭。）

武丁自然非常希望妇好为自己生下更多的子嗣，而且根据卜辞，妇好也确实曾多次怀孕，但似乎妇好很难生下男孩，甚至还有卜辞带来的玄奥费解的信息：壬寅卜，壳贞：妇好娩，不其嘉？王乩曰：凡不嘉，其嘉不吉于□，凡兹乃死。（壬寅这日占卜，贞人壳贞问：妇好分娩，会生男孩吗？王占断得：不会是男孩，男孩则不吉利。生下也会死。）

卜辞有载，武丁有个儿子叫"子渔"，关于他的卜辞相当多，几乎参与王室的所有活动：祭祀、征伐、田猎等，还参与对直系先王的祭祀。子渔之名和妇好常一起见于宾组卜辞，他会是妇好的儿子吗？只是这个孩子在武丁之世就死了，而且也没有显示妇好还有其他出众儿子的证据，若真是如此，妇好一定极为失落，这可能正是武丁死后妇妌入了合葬区，而他最爱的妇好却没有被迁与他合葬的原因。妇好先于武丁亡故，有人推断是战伤发作，有人推断是积劳成疾，也有人根据甲骨卜辞断定她死于难产，一条卜辞透露了信息："贞：妇好不死，有子?"最后结果怎样？妇好母子能否绝处逢生？不得而知，但让人揪心的此类卜辞还有："贞：妇好不其死?""贞：妇好其死?""贞：妇好延死?"

在这一系列卜辞中，妇好的情况很不妙，病情一次比一次严重，让人真切地感觉到商王在妇好弥留之际的焦虑和不甘。他反复追问天意，似乎在苦苦哀求她能多留些时光。

妇好频繁征战，事务繁忙，恐怕不能像一般孕妇那样，将大段时间花在静养上的。或许她以有孕之身投入过激烈的搏杀？甚至因此而频繁流产？否则以武丁和妇好的感情，妇好留下的孩子怎会那么少？战场上她英姿勃发，而在分娩中则同普通母亲没有什么两样，一定也会泪光莹莹汗透额发。或许她不会因自己的战伤而变色蹙眉，但很可能在艰难的生产中同所有女人一样撕心裂肺。妇好的一生在战场，在宗庙，在大邑商的疆土上留下了辉煌的印迹，但对她来说，每一次分娩所受的痛楚可能

▲妇好率领一万三千军队伐羌方的甲骨文。

▲妇好和武丁一起征伐巴方，战前设埋伏的甲骨文。

比战伤还要刻骨铭心，因为有人曾推测这个武功赫赫的常胜将军不是战死沙场而是死于难产。

武丁和妇好的夫妻关系外还多了一重"战友"的关系，生死之交是所有伙伴关系中最深厚的情谊。妇好早亡，天人两隔。甲骨卜辞记录了伤感的信息："贞，王梦妇好……"武丁为妇好举行了隆重的葬礼，他舍不得让她离开自己的视线，于是在宫殿宗庙附近西南侧葬下了妻子的棺椁，并以丰厚的财物和纪念品陪葬。填好墓室后又特别在墓上修建了专祭妇好的庙宇。根据甲骨卜辞，武丁频繁地祭祀着死去的妻子，曾用的祭祀方式有：哭祭、侑祭、燎祭、酒祭、莘祭、宾祭等。商王敬慎而深情地走上前，拜下。沉寂的空气，清脆的爆裂声。钻了孔的龟甲绽开了玄妙的兆纹。

　　贞：妇好有取否？

　　贞：唯上甲微取之？

　　贞：唯契取之？

　　贞：唯汤取之？

　　……

▶妇好见多妇甲骨文，卜辞记录了武丁命令妇好在祥这个地方会见多妇。这说明妇好作为一位位高权重的卜官，同时也以武丁法定配偶的身份会见其他夫人们。（现收藏于加拿大皇家安大略博物馆）

▶商武丁妇好娩卜骨。卜辞记录了己丑日贞人□贞问妇好在第二天庚寅日是否分娩，以及辛卯日贞人贞□问命令多羌追逐野兔能否有收获等事。王襄旧藏。（现收藏于天津博物馆）

贞人托起灼裂的龟甲，呈现在武丁的面前。武丁对着甲骨仔细辨别着玄妙而细微的纹路，神情就像迫不及待地读着远方亲人的来信。"你在那个世界可还好？不会再被伤病折磨了吧？今天，我祈求殷商最伟大的三位帝王迎娶你守护你，即便是妒恨你的妣甲彝也不能再对你有所祸害。"武丁对妇好的感情极为特殊，既有对爱妻的恩爱之情又有对她的感激之情，他对于妇好的离去总是难以释怀，于是这位开明的君主就把他珍爱的妻子许配给去世已久的贤王。大概他认为，这些死去的祖先会在阴世保护他的妻子。

妇好的长眠之地，是唯一一座保存完好的殷商墓葬。昔日妇好的凡世躯体已悄然回归大地，我们只见她曾经沉睡过三千年的空间。

第一辑　掀开尘封的历史

最昂贵的破译

2017年，甲骨文成功入选"世界记忆名录"，标志着世界对甲骨文重要文化价值及其历史意义的高度认可，促进了中国传统文化在世界的传播。看着面前的甲骨文，我们既感到非常神秘又感到十分幸运，我们竟然比古代的先人更接近这种古老的文字。甲骨文距离我们已经三千多年，而我们发现它才一百多年。经过几千年的风雨，这个世界历经多次翻天覆地的变化，汉字的形态和字义已发生了很大的改变。历史的发展、科技的进步和生活中的事物改变，必然导致可以被传达和需要被传达的意思改变，这就导致文意的改变，从而必然导致文字改变。所以从甲骨文被发现的那一刻起，就像一连串的远古密码等待人们去破解。2016年5月17日，习近平总书记在哲学社会科学工作座谈会上的讲话，提出"一些学科事关文化传承的问题，如甲骨文等古文字研究等，要重视这些学科，确保有人做、有传承。"

据最新统计，甲骨文不重复单字有五千个左右，目前无争议的可识字仅一千多个。2016年，中国文字博物馆曾组织实施甲骨文释读成果专项奖励计划，考释出一个甲骨文字国家奖励10万元，足见当下甲骨文字考释一字难得。其实无论奖金多少，也会有很多古文字爱好者跃跃欲试，致力破译几个字出来。初学者会觉得破译甲骨文只要动点脑子、勤于思考就可以了，其实考释甲骨文字还是需要很深的国学功底的。前文讲到关于"司母戊"中"司"与"后"的考释与争议，即可略见一斑。

甲骨文字考释一般包括"字形考订"和"辞例解释"两部分。前者为"考",后者为"释",合在一起就是"考释"。甲骨文字考释跟其他门类古文字的考释一样,最基本的方法也是比较法,或谓"字形比较法"。研究者需要把未识的甲骨文字形体跟已识的金文、简帛等古文字形体(包括字书收录的大篆、古文、籀文等形体)作比较,根据后者的音、义信息推知这个甲骨文字的音、义内容,达到破译甲骨文字的目的。比如甲骨文中的"日""月""牛""大"等字,三千多年来形体并没有太大变化,熟读《说文解字》的人通过把它们跟小篆进行比较,完全能够正确释读出来。

甲骨文被发现的早期,不少甲骨文字形体,经过与金文、《说文解字》所收的古文、籀文形体仔细比对,便能得到比较可靠的释读成果。比如,1903年刘鹗在自行刊布的《铁云藏龟·自序》中释读出40余字,后来证明其中30多字是正确的。1904年孙诒让得到《铁云藏龟》后,"穷两月力校读之",写成《契文举例》一书,接着他又正确释出甲骨文字185个。其后,经过罗振玉、王国维、郭沫若、于省吾、唐兰、李学勤、裘锡圭等几代学者的共同努力,已经释读出甲骨文1500个字,余下的没有考释出来的未释字尚有3000多个。这些未释字,不少是人名(族名)、地名用字,都是前人留下来的"硬骨头",释读难度非常大。

王国维倒是给了

▲孙诒让(1848—1908),幼名效洙,又名德涵,字仲容,别号籀颂,浙江瑞安人。中国晚清经学大师、爱国主义者和著名教育家,与俞樾、黄以周合称清末三先生。

释文（原大）

……
卜，贞，典楚屯樊侯……
子其比发，当岌亡左
不曹戈。王酋曰：吉，才……

我们一个考释甲骨文字的思路：不能就字论字，而是需要联系史实以深刻了解当时的社会状况，然后参照《诗》《书》等古文献、古代韵书及铜器铭文，从汉字的形音义三个方面作比较研究和综合分析，这是识

▲隶定例举，左图为甲骨卜辞，右图为左图甲骨文的释文，其中字体较大的楷书为不能识别文字的隶定。

读和考释古文字的基本方法。

考释古文字还有一个重要的概念是"隶定"。西汉训诂学者孔安国在《尚书·序》中提到他得到孔壁发现的古文《尚书》时，其中文字已无人能识，他便根据汉初学者伏生用隶书写的《尚书》文字来考定古文《尚书》文字，后来有人把这种用隶书的笔法来书写古文字的字形，称之为"隶古定"。发展到现代，人们又把用当代人的楷书印刷体写古文字字形也称作"隶定"。所以考释一个文字，第一做到的就是对该字形的准确隶定。

中国虽然经历了多次文化的激变，但核心造字法自诞生之初到今天都没有改变。很多古文字看上去和我们今天的文字差别很大，有如天书一般，妨碍了我们的识读。其实当我们仔细分析、比较，必然有一些文字没有结构上的改变，或者改变很小，而这些字就是我们破译古文字的最好切入口。2013年5月29日，习近平总书记在北京市少年宫参加"快乐童年放飞希望"主题队日活动时讲道："中国字是中国文化传承的标志。殷墟甲骨文距离现在三千多年。三千多年来，汉字结构没有变，这种传承是真正的中华基因。"

汉字记录了汉语，同时也记录了汉语所表现出的思维。中国古代一切文明都通过汉字这一载体传播并保留至今。而甲骨文是目前已知的成系统的汉字的最早形态，因此甲骨文是中华文化的基因、中华文化之源、中华文明的早期结晶。甲骨文的形体结构体现出古人的独出机杼和奇思妙想。有很多象形字和会意字，其中有不少还保留着早期形态，这是古人采用"远取诸物，近取诸身"的手段，借助日常生产生活中的经验积累所得，从中可以体会出古人造字时的立意和取象。如甲骨文中两个"人"（	）形的不同组合就表达出不同的意思：

从（	）字，从二人，一前一后两个人相随，会随从之意。

并（	）字，从二人并立在一起，下边用一横把二人相连，会合并之意。

北（	）字，从二人相背而立，会背之意。此为"背"的本字。

化（	）字，从二个一正一倒的人，会变化之意。

还有取象于动作的，如：

尹（	）字，为一只手拿着笔的形状，因此"尹"在古代用为官吏的通称。

得（	）字，像手持贝，表明古代的"贝"为宝物或用作货币。

获（🦅）字，为手持一只鸟形，表示俘获的"获"。

监（🫙）字，是人用器中之水照面的形象，表示的是古人以"水"为镜的习惯。

休（🧍）字，像人在树下休息，所以古代"休"字有休息、止息和"荫"的意思。

保（🤱）字，像一个大人背着一个孩子，从大人的角度讲是对孩子的保护，从孩子的角度讲是对大人的依仗，所以"保"字古代有"保护"和"依仗"两个意思。

甲骨文记载的汉语，已经有了比较丰富的词汇，其所记载的内容也包罗万象。有些文字较多的记事刻辞更是具有一定的情节，甚至富有故事性，完全可以视为最早的文学作品。甲骨文之所以能超越专业的门槛，吸引一些业余爱好者，其魅力在于文字自身的表意性。整个文字的构形，看起来像图画一样。甲骨文字考释是一项专业性极强的工作，整个考释过程都有成熟的方法论作为指导，程式化较强。只有严格遵循甲骨文字考释的方法和原则，真正做到"字形之无忤"（字形比较无违逆），"文义之大安"（辞意通畅无碍），一篇甲骨文字考释论文才能得到学界认可。

考释甲骨文就像破译一种古老的密码，其实我们在阅读甲骨文时，就会产生一种神秘的感觉。仿佛发现远古的秘密，像跨越时空在与远古的先人对话。当你抚摸着那些古老的象形文字，你就会理解"天粟雨、鬼夜哭"那种神奇的力量。

一画开天说起源

　　殷墟甲骨文是我国目前已知最早而又比较成熟的文字,这样一个文字体系绝不会是横空出世,在此之前一定还有很漫长的初创阶段。那么,它们在哪里呢?20世纪初小屯殷墟甲骨文的发现给了中国考古学界一个重大的启示,让更多的专家从古籍文献的丛林中来到田间地头上,在现代人类面前拉开远古神秘的帷幕,让我们更加接近汉字最早的源头……

从结绳记事到仓颉造字

　　历史上对汉字的起源有很多传说,听上去很神奇,其实也有一定的真实性,这些传说中蕴藏着古人令人惊叹的智慧。

　　在古籍文献的记载中,从文字初创的时间顺序上看,结绳记事应是最早的先于文字的一种记录符号了。《周易·系辞》:"上古

丩、纠　　　句、勾　　　搓

丩字符和句字符在汉字之前,尤其是彩陶时期,是非常重要的结绳符号。丩是对系的放大,展示了结绳的微观结构,是两条绳绳胚的纠合。句则是结绳加语言,是完备的结绳合约。丩字符是太极图的前身。

▲结绳符号与结绳文字

结绳而治。"《春秋左传集解》:"古者无文字,其有约誓之事,事大大其绳,事小小其绳,结之多少,随扬众寡,各执以相考,亦足以相治也。"《庄子·外篇·胠箧第十》:"昔者容成氏、大庭氏、伯皇氏、中央氏、栗陆氏、骊畜氏、轩辕氏、赫胥氏、尊卢氏、祝融氏、伏羲氏、神农氏,当是时也,民结绳而用之。"也就是说,结绳记事的方式在远古传说三皇之一的伏羲氏以前就已经使用了。

结绳记事时代,在一根绳索上分段打结,表示一定含义。根据现在的考古研究,在新石器时代文字出现之前,结绳、堆石都是人们经常使用的记事方法,根据不同的事情打上不同的结。"事大,大结其绳;事小,小结其绳。"一直到二十世纪三四十年代,我国西南边陲云南的部分地区还有结绳记事的情况存在。显然,结绳还不是文字,它并没有记录语言。现在作为中国文化符号的"中国结"大概就是从那时传承下来的,现已变为图腾文化的代表。

"结"在漫长的演变过程中,被多愁善感的人们赋予了各种情感愿望。托结寓意,在汉语中,许多具有向心性聚体的要事几乎都用"结"字作喻,如:结义、结社、结拜、结盟、团结等。婚姻大事,也均以"结"表达,如:结亲、结发、结婚、结合、结姻等。结是事物的开始,有始就有终,于是有了"结果""结局""结束"。如此像"同心结"自古以来便为男女间表示海誓山盟的爱情信物,又如"绣带合欢结,锦衣连理文"等,结饰已被民间公认为是表达情感的定情之物。

到了伏羲时代,有两幅神秘图案出现了——河图和洛书,河图洛书从远古时代流传至今,历来被认为是中华文明的源头。

2014年11月11日，河图洛书经国务院批准列入第四批国家级非物质文化遗产名录。从现存的有关史料来看，河图洛书的含义扑朔迷离，没有一个明确可靠的答案，各种解释很难找出严格的科学依据，但至少说明这个图形是数字的图象反应。象形文字，书画同源，中国远古先人擅长以画图的方式来表达对事物的认识，他们用原始的、简单的作图方法来寻找1至10这十个自然数之间的数理关系。

从文献记载中看到，河图洛书在文字起源中确实起到了重要作用。西汉孔安国的《尚书·序》称："伏羲王天下，龙马出河，遂则其以画八卦，谓之河图。"孔安国还对龙马负图而出做了如亲临其境般的描述：在伏羲氏时期，有一种龙背马身的神兽，生有双翼，高八尺五寸，身披龙鳞，凌波踏水，如履平地，背负图点，由黄河进入孟河（今洛阳市孟津县境内），游弋于孟河之中，人们称之为龙马，这就是后人常说的"龙马负图"。伏羲氏见后，依照龙马背上的图点，画出了图样。接着，又有神龟负书从洛水出现。伏羲氏得到这种天赐的用符号表示的图书，遂据以画成了八卦。这就是《周易·系辞上》记载的"河出图，洛出书，圣人则之"。《辞海》"河图洛书"条下说：传说伏羲氏时，有龙马从黄河出现，背负"河图"；有神龟从洛水出现，背负"洛书"。

从河图洛书图案特点看，每两个圈点之间都有一条线连接，显然具有明显的结绳痕迹。反映出河图、洛书这个记数文字本身就是在结绳记事的实践基础上发展而来，因此仍然具有鲜明的结绳记事的特征。由此而产生的八卦仍然具有结绳的进化关系。八卦就是《易经》的前身，是无文字时代的卦画。所

第一辑 掀开尘封的历史

谓卦画就是用一阴爻"--"、一阳爻"—"为基本符号以二进制方式按一定顺序排列组合而成,可以推演出许多事物的变化和预卜事物的发展的一种图画。组成八卦的这一阴"--",中间有个断点,这个断点应该就是结绳记事的结点。"爻"这个易学名词,象形字,其本义是绳结。在结绳记事时代,人们以原始日晷观察日影变化,用八根绳索,每根分三段,段中打结记录天象。由于用了八根绳索,八卦曾经叫作"八索"。八根绳索挂成一排,由"八挂"而有"八卦",代表了八个自然物质:乾(天)、坤(地)、震(雷)、巽(风)、坎(水)、离(火)、艮(山)、兑(泽)。伏羲将结绳记事的原理按照河图洛书的数理关系加以改进,用刻符形式取代,由此诞生了一种新的信息传递方式——八卦。成语"一画开天"说的就是伏羲创八卦的故事。这就是后来《周易》的来源。孔安国在《尚书·序》称:"古者庖牺氏之王天下也,始画八卦,造书契,以代结绳之政,由是文籍生焉。""造书契"即用利器在木头、竹片或骨头上刻划简单的符号,以取代原来结绳记事的方法。

《周易·系辞》郑玄注说:"书之于木,刻其侧为契。"其实八卦

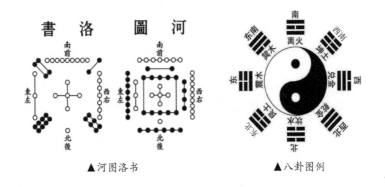

▲河图洛书　　　　　　▲八卦图例

作为一种巫术的刻符应是汉字甲骨文的萌芽阶段。在这个阶段中,刻符开始向象形图案发展,古人将其称为"文",在文字的初创时期"文"和"字"是有区别的。东汉许慎的《说文解字·叙》说:"及神农氏结绳为事而统其事……黄帝之史仓颉,见鸟兽蹄迹,知分理知可相别异也,初造书契。……仓颉之初作书,盖依类象形,故谓之文。其后形声相益,即谓之字。文者,物象之本;字者,言孳乳而浸多也。"意思是说,开始造文字时,大都是依照事务的形象画出它们的图形,所以叫作"文"。后来形旁声旁互相组合,出现的形声字、会意字就叫作"字"。"文"是事物的本象,"字"是由"文"孳生出来而逐渐增多的。换句话说,依类象形,即独体,即"文";形声相益,即合体,即"字"。许慎认为从"文"到"字"的过程是由仓颉完成的。

仓颉造字在中国是家喻户晓的故事。相传黄帝时代是发明创造较多的一个时期,诸如养蚕、舟车、弓弩、镜子、锅具等都是那时候发明的。黄帝派给仓颉一项任务——创造文字。仓颉日思夜想,抬头观天上星宿之形,低头看地上山川脉络之状,鸟兽虫鱼的痕迹,草木器具的形态,他突然想到万物都可因形而名。他以此为灵感,描摹出种种不同的符号,并且定下了每个符号所代表的意义,又结合人们的动作,用符号进行示意表达。仓颉把这种符号叫作"字"。这时天地造化已不能隐藏其秘密了,所以

厂　丙　更　边　辰　农　度　石　匹

▲书契符号与书契文字

上天被感动得下了一场粟雨,百姓就把这一天称为"谷雨"。直到现在陕西白水每年都要在谷雨这一天在仓颉庙举行隆重的公祭仪式。

最早记载仓颉造字的是战国的荀子,《荀子·解蔽》提出:"古之好书者众矣,而仓颉独传者,壹也。"有学者解读"壹"是指正道即正确的规律,也有把"壹"当一人解释的,无论怎样都起到了独传于世的作用。所以仓颉这个史前介于神话与传说的人物在战国时期就被奉为"字圣"了,在《吕氏春秋》《史记》《汉书》等历代古籍文献都有其造字的传说记载,但大多弥漫着神秘的色彩。

对造字圣人仓颉,历代对他的祭祀是不曾中断的。中国四十多个地区都有仓颉的遗迹,有的由民间发起修建的仓颉庙规模相当大,足见当时的祭拜盛况。经查找各方资料得知,现今尚有五处保留比较好的仓颉庙遗址,有河南濮阳市南乐县的仓颉陵、河南商丘市虞城县的仓颉墓、河南开封的仓王冢、湖北鲁山的仓颉冢和陕西白水的仓颉庙,另外还有几处造字台遗迹。这些陵墓和庙宇或说仓颉生于此地或说仓颉葬于此地或说仓颉造字于此地,凡此种种都已无从考证。但另一方面也印证了中国自古就有汉字崇拜的文化现象,这也是中华民族绵延几千年的文化情结。据《淮南子》记载:"仓颉作书,天雨粟,鬼夜哭。"可见汉字的出现在当时人们心中是何等的神圣。

关于仓颉的描述,各处庙宇的介绍也各不相同。仓颉到底是怎样的一个人呢,有三个观点:一是黄帝史官说,认为仓颉是和黄帝同一时期的人物,是黄帝的史官,原姓侯冈,名颉。奉黄帝之命造字后被尊为仓,其意是"君上一人,人下一君"(倉),后人尊称仓颉。司马迁、班固、许慎都因袭此说。二是部落首领说,也就是说仓颉根本不是史官,而是一个部落的首领,被称为仓帝,与黄帝地位等同,原姓史皇,后称仓颉。三是以事托名说,这是当代一些学者的说法,意思是先秦时代的神话传说总是将某一重大事物的发现归功于某一姓名相关的圣贤所造,比如燧人氏是发明火的,有巢氏是发明巢的,神农氏是发明农耕的,这些当然不是事实,就像文字的出现绝不是哪个人以一己之力所能及一样,所以有人提出"创契"与"仓颉"在上古时期发音相近,即创立书契之意,因此仓颉也是虚构之人物。

《易经》里说:"上古结绳以治,后世圣人易之以书契,又仓颉造文字,然后书契始作,则其始也。"这种文献记载确实符合汉字发展初期的过程。

远古部落的鼓声

中华文明五千年,这在中国的历史书籍中是一个常见的说法,其来源是中国历史上第一部纪传体通史《史记》的记载。《史记》第一篇就是《五帝本纪》,开头写道:"黄帝者,少典之子,姓公孙,名曰轩辕。"《五帝本纪》记述了从黄帝、颛顼(zhuān xū)、帝喾(kù)、尧、舜时代的历史,有完整的世系,其首创的纪传体编史方法为后来历代"正史"所传承。中国学者是将中华文明从黄帝时期开始计算,有着近五千年的历史文明。可是在国外的一些历史书籍中,中华文明的开端不是在黄帝、炎帝、尧、舜、禹时代，甚至不是在夏朝，而是在商朝。如果从商朝开始算的话，中华文明只有三千六百多年的时间，因为商朝建立于公元前1600年。这是因为在国际历史学界普遍认为，文字的发明、金属工具的出现和国家的形成是人类跨入文明社会的三大标志。文明时代之前的人类历史时期称做"史前时期"。按照欧美历史学者的标准，关于黄帝、炎帝、尧、舜、禹的记载由于缺乏考古发掘做信史所以都属于传说。而承认商朝也是在1899年发现甲骨文才开始的，在甲骨文被发现之前只承认周朝，因为周朝有金文做信史。

中国历史缺乏信史的主要原因是中西方考古的理念和方式的不同。我国的历史学家一般通过文献记载和已出土文物来研究历史，当你与历史学家交流时，他们会告诉你哪段历史在哪段文献中是如何描述的。而西方进行历史研究依靠田野考古学，主要是以发掘为中心来勘察地面上的遗迹和遗物。

甲骨文的发现与殷墟的挖掘其实是中国学者第一次在文献考古和田野考古中的碰撞，但真正将这种考古理念带到中国的是一位叫安特生的瑞典地质学家。1914年，安特生受聘于当时的北洋政府，担任矿政顾问，负责北方煤铁资源的调查工作。由于当时军阀混战，这位年薪18000块银圆的顾问（同期毛泽东在北大图书馆当管理员月薪才8块银圆）处于长期无工作任务状态。闲暇之余，安特生在整理中国地质资料时，敏锐地察觉到中国土地里蕴藏着巨大的考古研究价值。在向瑞典基金会申请到资助资金后，安特生便开始将精力迅速转入到中国史前考古发掘领域，最终使他一举成名。

1920年，安特生的助手、中国农商部地质调查所采集员刘长山到豫西采集古脊椎动物化石。在渑池县仰韶村，他收集到了一些村民耕地时翻出的石斧、石镰、石刀等古老石器，他判断这些石器极有可能是远古时期的。随后，刘长山来到村民们挖出石器的地方进行了现场勘查，又陆续发现了红底黑花、表面光滑的彩陶残片。后来，刘长山采集并购买了六百多件石器和陶片，并将它们全部带回了北京。

安特生见到如此多的精美石器和陶片感到非常震惊，他推断仰韶村是一处庞大的新石器时代的遗址，文化层堆积一定十分丰富。于是安特生、刘长山等一行五人来到了渑池县仰韶村考察证实。在路边的断壁上，他们发现有许多深灰色的口袋形灰坑非常符合古人类活动遗址的特点，随后他们在这些灰坑中清理出了大批石器和陶片。半年后，经过北洋政府农商部和地质调查所的批准并取得河南省政府的同意，安特生和刚刚从美国留学归来的年轻地质学家袁复礼等五位助手再次来到了仰韶村，他们的这次考古发掘正式拉开了我国田野考古的序幕。

他们的这次发掘工作一共持续了35天。安特生和他的助手们夜以继日地工作，共挖掘了17个地点，其间出土了一大批石器、陶器等珍贵文物及一具人骨架。出土的陶器以红陶为主，也有少部分灰陶。其中尤为引人注目的是极具特色的彩陶，其表面的釉彩是用红色、黑色和白色矿物作为原料，研成粉末，涂于器物表面烧制而成，不会脱落或褪色。

这些考古发现证实了仰韶村确实是古人类活动的一个遗址，距今大约有七千多年的历史，远古时期生活在这里的先民们制陶、狩猎、捕鱼,已经具有了很高的生活智慧。通过对仰韶村发掘的出土文物的系统整理,1923年安特生发表了《中华远古之文化》一文。在分析仰韶文化的性质时,他认为仰韶文化就是中国古代文明的前身,仰韶遗址的发现证明中国存在史前文化,并且中国文化的根可以追溯到仰韶文化时代,安特生提出了著名的"仰韶文化"概念。

河南省三门峡市渑池县仰韶镇仰韶村,位于渑池县城北九公里处的韶山脚下。原本这里只是黄河岸边一个名不见经传的小村落,但是随着一次考古发现,这个北方的普通村庄成为中外史学界、考古学界向往的古文明"圣地",此处的古文化遗址被命名为"仰韶文化遗址",由此翻开了我国原始社会考古研究的第一页。

史前文化的命名一般以第一次发掘地的遗址为名。比如第一次在渑池仰韶村发掘的就叫仰韶文化,其他各地具有史前相同时期、相同文化特质的遗址都不再单独冠以文化命名。在仰

▲彩陶双连壶,仰韶文化,高20厘米,1972年出土于河南省郑州市大河村。（现收藏于河南省博物院）

▲黑陶双系壶,龙山文化,高11.5厘米,口径6.5厘米,足径8.2厘米,1928年发现于山东省章丘市龙山镇。（现收藏于北京故宫博物院）

韶文化遗址发现以后的八十多年里,考古学家在黄河流域的其他地区,又陆续发现了同样性质的村落遗址一千多处,出土大量陶器、纺织品、绘画、雕塑、刻符、历法、宫室遗址等。按照考古学的惯例,它们被统称为"仰韶文化"。仰韶文化属于新石器时代中晚期的彩陶文化,其持续时间大约在公元前5000年至公元前3000年,这些文化遗址主要分布在黄河中下游的河南、山西和陕西一带。

此后,梁启超的儿子梁思永从美国哈佛大学考古专业毕业回国,他与中国考古学家李济、董作斌、吴金鼎等人也开始了寻找中国史前文化遗址的征程。他们多次在山东济南城子崖发掘出黑陶器具,这些器具具有新石器时代特征,但却与仰韶文化风格迥异。这些陶器通体黑亮,薄如蛋壳,其制作工艺达到了新石器时代的巅峰,这种工艺是一种文化标志——黑陶文化,它成为一个时代的绝响。由于城子崖遗址地处龙山镇,考古人员将这一史前文化命名为"龙山文化"。

龙山文化,泛指中国黄河中下游地区约新石器时代晚期的一类文化遗存,属铜石并用时代文化。其年代大约为公元前2500年至公元前2000年,广泛分布于黄河中下游的河南、山东、山西、陕西等省,考古学家把以黑陶为主要特征的文化遗存都视为"龙山文化"。

黑陶文化在许多方面与殷墟文化更加接近,兽骨上刻着的符号已经显出了文字的雏形,明显处于画(符号)与字的过渡状态。骨刻文与甲骨文,二者应具有某种传承关系,是解释中国汉字起源的新依据,从而否定了"中国文化西来"的假说。正是

第一辑 掀开尘封的历史

由于这样的原因,李济在《城子崖(山东历城县龙山镇之黑陶文化遗址)》一书序言结尾处写道:"所以我们决定以这篇报告集作为首卷,希望能由此渐渐地上溯中国文化的原始,下释商周历史的形成。"

梁思永在城子崖发掘结束之后,又在后来几次的殷墟发掘中发现了龙山黑陶文化遗址,他由此坚信殷商文化就建立在黑陶文化之上,并首次提出了仰韶文化、龙山文化、殷商文化三叠文化层的时间划分。也正是这一划时代的发现,奠定了梁思永在中国考古史学的地位。自此枯竭中断了的史前华夏历史再次沿着时间的脉络重新展开。

龙山文化以出土的黑陶而闻名,器物质量更精致,陶面光亮如漆,薄如蛋壳,是中国制陶史上的巅峰时期。器型有鼎、鬲、盉、豆、尊、单耳杯、觚形杯、高领罐、背水壶等,与展出的殷商青铜器器型十分相似,有着明显的一脉相传的印迹。仰韶文化和龙山文化都出现过很多刻画符号,这些符号都属于阴线刻,笔画婉转曲折,刻画纤细,多为弧笔和曲笔。有的刻画在陶器上,有的刻画在兽骨上。数字形式和简单象形是那个时期的明显特征。文字是记录语言的符号,仰韶和龙山时期出现的大量刻画符号是史前"图画记事"的化石,是文字起源的萌芽形态的见证。在仰韶彩陶上,还发现了与太极图相似度非常高的图案,这种神秘的阴阳太极出现在这么遥远的时期,有什么特别的寓意呢?这些图案让人们穿越时光隧道,重回五六千年前那遥远而神秘的氏族村落,仿佛听到来自远古部落那铿锵又神秘的鼓声。

如果说仰韶文化的发现破除了西方"中国无石器时代"的谬论,揭开了中国新石器考古事业第一页,书写了中国田野考古史的新篇章并成为划时代的里程碑,那么接下来龙

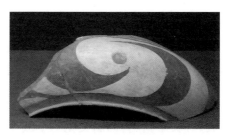

▲绘有原始太极图的陶片,仰韶文化。(现收藏于郑州市大河村遗址博物馆)

山文化的发现则在证明了中国东部存在一个土生土长不同于彩陶文化的黑陶文化的同时,又有力地回击了国外考古学家因仰韶文化的彩陶与近东和欧洲的彩陶有近似之处而提出的"中国史前文化西来"说。

一百多年来,中国田野考古蓬勃发展,取得了骄人的成绩。新的考古发掘给我们带来大量的实物信史,这些正迅速地改变着世界对中国远古历史面貌的认知。通过考古实证再现了在中华大地上200万年来人类各个时期的活动足迹,特别是在文字起源的考证上也突破了文献的束缚,发掘了新石器时代中国文字起源的萌芽。

经考古发现,大约距今9000年至8000年间,代表中国新石器时代早期的贾湖遗址文化已出现了原始文字性质的符号。贾湖遗址共发现契刻符号17例,分别刻在甲、骨、石、陶器上,其中龟甲上刻符9例、骨器上刻符5例、陶器上刻符3例,其特点均是契刻而成。

距今八千多年前,黄河流域出现了磁山文化、裴李岗文化。在裴李岗出土的手制陶瓷上出现了较多的符号,这种符号是先

民们的最原始的思想表达方式。

距今约六千多年前的仰韶文化的半坡遗址，出土了一些类似文字的简单刻画的彩陶，这些符号已区别于花纹图案，虽不是真正的文字，却是文字的雏形。郭沫若在《古代文字之辩证发展》一文中指出，仰韶文化的半坡遗址距今有六千年左右，"我认为，这也就是汉字发展的历史"。半坡彩陶上，发现有一些类似文字的简单刻画，这些符号已区别于花纹图案，把汉文字和书法艺术的发展又向前推进了一步。他又说："在陶器上既有类似文字的刻画，又有使用着颜料和柔软的笔所绘画的花纹，不可否认在别的质地上，如竹木之类，已经在用笔来书写初步的文字了。只是这种质地是容易毁灭的，在今天很难有实物保留下来。总之，彩陶和黑陶上的刻画应该就是文字的原始阶段。"

距今约五千年前的大汶口文化是龙山文化的源头。在大汶口文化的陶器上出现了刻文，我们可以认为它是较早的文字，也

▲大汶口文化黑陶尊，大汶口文化，1979年出土于山东省莒县凌阳河。该陶尊上刻有日、云、山三个象形字组成的陶文。（现收藏于中国国家博物馆）

可以把它看作是一种表达有明确意义的刻符，所以它不是普通的刻符。不同之处在于所见有近十种形、义结合体的象形字。其中一个日、云、山三个象形字组成的合体字，它的笔画相当工整，与甲骨文字体有明显的渊源关系。所以大汶口文化的陶器文字应属于象形文字体系。

1959年，徐旭生先生在豫西进行"夏墟"调查时，在洛阳偃师市翟镇乡二里头村发现了一处大型遗址。此后新中国三代考古学者对这一遗址先后进行了四十多次发掘。考古发掘和研究情况表明，这里是公元前3000年时期中国乃至东亚地区最大的聚落，它拥有目前所知中国最早的宫殿建筑群、最早的青铜礼器群及青铜冶铸作坊，是迄今为止可确认的我国最早的王国都城遗址，这个遗址就是夏都斟鄩（zhēn xún）。

▲网纹青铜鼎，夏朝，1987年出土于河南省二里头遗址。（现收藏于河南省偃师商城博物馆）

　　古老的《竹书纪年》提道，"太康居斟鄩，羿亦居之，桀又居之"，字数虽少却讲了一个大故事，这个"太康"就是禹的孙子。在上古传说里，中国人最熟知的故事就是大禹治水了，禹的儿子启以自己家族"夏后氏"的名字建立了中国第一个王朝——"夏"。启传位于太康，太康时期夏的都城就叫"斟鄩"，直到最后一代夏桀，都以斟鄩为都。夏桀心狠手辣，情贪而淫荡，他筑酒池肉林，让三千人豪饮；建倾宫和长夜宫，日夜在里面寻欢作乐。荒淫的夏桀断送了夏朝的江山，一个叫商的部落推翻了夏朝改王朝名字为"商"并建都于亳（bó，今河南商丘）。夏都斟鄩从此变成了废墟。

　　在二里头文化考古发掘中，发现有刻画记号的陶片，其记号共有24种，有的类似殷墟甲骨文字，都是单个独立的字。遗址文物中出现的许多陶文、兽骨刻文，已经不像仰韶文化和龙山文化简单的刻符和图案,这些"文字"在形状与结构上更加接近甲骨文。这个发现也填补了从仰韶文化、龙山文化到殷墟甲骨文之间的空白。特别是占卜所用龟甲和兽骨,在烧灼方式上与殷墟甲骨极其相似。在这里相继发掘出中国最早的铸铜作坊,出土了中国最早的青铜礼器群。发掘中还出土了一条绿松石龙,它全长65厘米,扬首蜷尾,弯腰弓背,龙爪若隐若现,雕刻精良,这与在濮阳发掘的四千多年前的颛顼墓中的蚌壳龙一脉相承。濮阳是中华上古文明的重要发源地,传说黄帝与蚩尤的涿鹿大战,黄帝将蚩尤追杀于此地。后来黄帝之孙,也是上古五帝之一的颛顼就定都于此。1987年考古学家在濮阳西水波一古墓中挖掘出了蚌壳龙,就是用蚌壳精心摆成一条长两米左右的龙形图案,据测定距今六千年左右,大概就是颛顼的墓了,蚌壳龙因此成为中华第一龙,这跨越时空的龙文化传承是多么的神奇。

2015年6月中国社会科学院在北京举行了"山西·陶寺遗址考古成果新闻发布会",宣布中国最早的国家社会不是夏朝而是帝尧邦国,并且认定陶寺遗址与五帝中尧帝的都城存在高度联系。在陶寺,还有一个特别振奋人心的考古发现,就是找到了文字。在陶寺遗址中发现的一把残破陶制扁壶,则可能改写我们对中国文字史的认识。扁壶的两侧有两个用朱砂书写的符号,多数专家认为其中一个是"文"字,对另一个符号则分歧较大。考古专家何努先生将其解释为"尧","文""尧"连起来解释,可能是当时人们对尧帝的一种称颂。另有很多专家将后一个符号解释为"命""易(yáng)""邑""唐"等不同的文字。北大考古文博学院院长赵辉说："这两个符号是文字的可能性很大。甲骨文被发现时，经常是成串成片的字符一起出现，即便我们一时无法准确判读出这些字符的含义，也不影响我们认定它就是文字。"

陶寺遗址被证明是中国已知最古老的王国都城，或许就是尧都，其年代为距今四千年左右，比甲骨文要早七八百年。当然也有专家持反对意见，认为这些都不是文字，还有待于更多的考古发现来印证。但从大量的考古发现中不难看出，中国文明深厚的根基是植根于中国本土的。中国文明的起源与发展有自己的特点，具有循序渐进的演化痕迹和一脉相承的悠久历史。中华大地在遥远的史前时代，已经发射出文明的曙光。今天人们看着这些泥土中古老而又鲜活的文字，仿佛依然能够听到远古部落的鼓声。

▲陶寺遗址残破陶制扁壶，尧舜时期，2007年出土于山西省襄汾县陶寺遗址。（现收藏于中国社科院考古研究所）

走下神坛的传说

中国的远古历史知识是分成两个部分的：一部分是文献历史，比如三皇五帝，尧舜禹，夏商周，夹杂着神话传说；另一部分是考古历史，比如旧石器时代、新石器时代、红山文化、大汶口文化、裴李岗文化、仰韶文化和龙山文化等。考古中的史前文化与文献上的上古文化好像是风马牛不相及，其实它们完全是相关联的一回事。中国古代文献所反映的是上古时代的史影,有其真实可靠性。我们的先人,那些神圣而伟大的祖先就生活在那里,我们不应将上古圣王理解为某个个人,而应理解为一个时代。

郭沫若将甲骨文以前的文字都称为原始文字。通过考古的发现,可以将原始文字划分为结绳、数字刻符、图像刻符、象形刻符、象形文、陶文六个阶段。这六个阶段是对中国古代文献记载的文字起源传说的一种印证。

上古三皇燧人氏、伏羲氏、神农氏,他们代表从旧石器时代到新石器时代中华文明的起源。中国上古神话传说总是将某一重大事物的发现归功于某一姓名相关的圣贤所造,比如燧人氏是发明火的,有巢氏是发明巢的,神农氏是发明农耕的,这些当然不是事实,所以上古人物的名字是一个时代的象征。

据考古发现,约一百七十万年前云南元谋县"元谋人"就已经开始了人工取火的历史,点燃了文明的种子。燧人氏作为旧石器时代晚期人类的代表,是传播中华文明火种的象征。

伏羲是新石器时代早期渔猎部落联盟首领的象征,大约生活在距今约九千年至七千年前的贾湖、裴李岗文化时期。从结绳记事已经发展到数字刻符,即河图、八卦产生的时期。

距今约七千年至五千年的半坡、仰韶文化和河

▲贾湖刻符(现收藏于河南博物院)

姆渡文化大致属于中国早期农耕时代,黄河流域的西安半坡遗址保存有古人种植的粟子。距今约七千年前,长江流域的河姆渡遗址保存有古人种植的稻谷。这可以对应于中国古代传说的神农时代。仰韶遗址发现了象形的图案,这就是原始文字的图像刻符和象形刻符时期。

此后中国考古学上的龙山文化时期,属于早期铜器时代,距今约五千年至四千年,大致对应从黄帝到尧舜,即司马迁所说的五帝时代。很多遗址发现象形文和陶文,这个时代,已经和"仓颉造字"传说时代较为接近了。

距今约五千年前,黄帝统一中原并开创了龙山文化前期,龙山文化后期是尧舜禹时代,直到中国进入第一个国家形式——夏。仓颉造字的时代就是龙山文化时期,也是汉字的陶文时代。

陶文是远古先民认知世界的记载。与仰韶文化时期对应的炎黄时期,人类进入宗教发展的萌芽时期,在万物有灵观念的支配下,产生了灵魂崇拜、祖先崇拜和自然崇拜等,巫术与图腾崇拜并存。象形文字刻在陶器上并不仅仅是装饰上的需要,而是体现一种神秘的力量。古代众多文献称仓颉是黄帝的史官,实

◀刻符陶钵,仰韶文化晚期很多陶器上刻画着具有一定规律和共性的符号,姜寨遗址中发现的刻画符号有38种,半坡遗址中发现了27种。这些符号显然不是无意识留下的痕迹,考古学家认为它们与甲骨文、金文类似之处,可以说是汉字的雏形。(现收藏于陕西历史博物馆)

▲变体神人纹彩陶瓮,马家窑文化,兰州市土谷台出土,腹部绘变体神人纹和圆形网格纹。(现收藏于甘肃省博物馆)

▲新石器时代人面鱼纹彩陶盆,仰韶文化,1955年出土于陕西省西安市半坡。(现收藏于中国国家博物馆)

际上仓颉就是当时巫师的代表。

上古的官职巫史不分,巫即是史,史就是巫。史的职务起初也是宗教性的,随着商周国家职能的发展,史官职能转向了人事方面,并从原始宗教中脱离出来。巫师们上知天文下知地理,熟悉贵族世系和他们的礼仪,还擅长占卜,是早期文明时期垄断宗教和知识的人。所以陶文最早的功能就是祭祀天地与祖先和宣示神谕。已经高度发展的汉字在最初只服务于一种高度专门化的用途(王朝卜筮的记录),中国文字和许多文化都是占卜文化的繁衍。人文始于八卦,到孔子晚年学《易》,都一直在传承。而在接下来的几百年中,又用于另一个高度专门化的用途(青铜器铭文),占卜文字逐渐发展为王室记录、歌功颂德再到发布律令,他们小心翼翼地护卫着自己书写汉字的技能。《淮南子》的"昔者仓颉作书,而天雨粟,鬼夜哭",是多么形象地说明了文字神秘的功能,只有占卜才有如此强大的魔力。

青铜王朝续写传奇

西周是继夏商之后中国第三个王朝,是中国远古社会青铜器发展的鼎盛时期。铸于青铜器上的铭文被称作金文,金文的光芒照耀了青铜器也照耀了这个历史时期。汉字从初创以来,第一次展示了书写形式之美的艺术魅力。

一次华丽的转身

周族是一个古老的部族,有着悠久的历史,长期在渭水流域一带活动,始祖名"弃",善种植,尧舜时被封为"后稷"(传说中的农业始祖),以岐山之南的周原为主要生活聚集地。至公元前11世纪初,周虽然还是向商称臣的诸侯国,但已不甘心偏居一隅。周不断征伐附近小国以扩充自己的实力,同时把它的都邑从周原迁到今西安市长安区沣水西岸,建都丰京,大有不断向东逼进的势态。周文王看到当时的商王朝政治腐败,内外矛盾空前尖锐,认为伐商条件已成熟,临终嘱咐太子即后来的周武王,积极准备伐商。

武王即位以后,趁商朝主力征战在外之际,率军东征,经牧野之战灭了商朝。武王灭商后回到周族旧地,建都于丰镐(今西安),史称西周。西周之后,甲骨文没再续写辉煌,这在陕西出土的零散的甲骨即可看出。因为周人不喜欢通过龟(jūn)裂的方式来占卜,他们使用六爻即八卦进行卜筮。《史记》记载"文王拘而演周易"。殷商末年,周文王被囚禁在羑(yǒu,地名,今河南省汤阴县北),这期间他根据伏羲的"八卦"推演出了六十四卦,代表各种自然现象乃至社会现象的发展变化以及相互转换,后世人将六十四卦及其批注合称为《周易》。《周易》既是周人预测占卜的工具,也是古人对天文地理万物变化的理解。后来周公、孔子等人作有卦辞、爻辞以解读,将《周易》上升为哲学思想,成为群经之首,中国的诸子百家之源。

西周时期,汉字的主要载体从甲骨转移到青铜器上,青铜器是宴飨和祭祀祖先的礼器,也是权力和地位的象征。西周礼制森严,在青铜器的配置上也有象征地位高低的列鼎制度和编钟制度。鼎为食器,钟为乐器,它们都是青铜器中的重要礼器,所以钟鼎也是青铜器的代名词。铸于青铜器上的铭文称为金文,也叫钟鼎文,文字的主要功能也从占卜转移到礼仪,被当作王室贵族歌颂、祈福及记载重大事件的工具,所以金文较之甲骨文更彰显庙堂之气,字形华美、典雅。

夏商周时期铸造钟鼎是国家大事,尤其是鼎,是王权的象征。《吕氏春秋》记载:鲁宣公三年,楚庄王自封为王并领兵至洛水,在周天子脚下耀武扬威。楚庄王问周王九鼎的轻重,意思就是想要将其搬走,与周天子争天下。周臣王孙满看出了楚庄王的意图,于是对楚庄王讲了九鼎的来历:夏禹实施德政,各地诸侯都把自己的奇异之物献给朝廷,九州的长官也把金属制品上贡。夏禹就把这些金属制品做成九鼎,上面铸出各种奇异之物的形状。这样,百姓在山川林泽就不会碰到妖怪,不会遇到不顺利的事,因此上下和睦,人们都可以受到上天的赐福。夏桀昏乱,九鼎就迁到商朝。商纣暴虐,九鼎又迁到周朝。有美德的时候,鼎轻也搬不动。背离德行的时候,鼎重也能被移走。而且上天保佑品德好、施宽政于民的君王。周朝的国运还未完,鼎的轻重是不可以问的。楚庄王听后,自知理亏便退兵而去。从此以后,人们就将企图夺取政权称为"问鼎"。

西周时期青铜器制造已经非常发达,青铜是指红铜与锡或铅的合金,加入锡是为了降低青铜的熔点,增加光泽度和抗腐蚀性。但随着锡量的增加,合金的硬度增高了,使合金变脆,容易断裂。加入铅是为了增强合金的韧性,提高铜液在灌注时的流畅性。根据现代科学的实验,铸造青铜器的熔点在一千摄氏度左右,在三千多年前那样落后的生产力水平下,其难度可想而知。

"模范"一词现今解释为人或事物参照仿效的样板和榜样,也有模式和规范的意思,而这一词汇的源头是古代铸造青铜器的"模"与"范"两种工具。先秦时代的青铜器大多以模范法制造,所谓模范法就是先以泥土制作一个与最终铸造的青铜器物相同的"模",然后将湿软的黏土敷上去翻制出器物的"外范",之后将其制成的"外范"切成数块,再对原先那个"模"进行削刮形成"泥芯",这个泥芯也就是器物的"内范",接着把"内范"和"外范"阴干定型后再放入窑内烧硬,然后装配合拢,让"外范"套住"内范",这之间有个空隙,就是要铸造的青铜器的形体,再将熔化后的青铜液从浇注孔中注入,待其冷却后敲去"外范",凿碎"内范",一个华美的青铜器就大功告成了。

西周青铜器不仅造型奇特，纹饰精美，而且在其腹部、底部或盖部等位置铸刻有记事性的铭文，这对于考古学、文字学和历史学等都具有极其珍贵的研究价值。

随着青铜器的发展，金文迎来了鼎盛时期。在殷商时期，青铜器上只有族徽文字，大部分只有一至两个字，至今发现商代青铜器最多的只有四十几个字。到了西周时期，青铜器的铭文较商代相比字数上有了明显的增加，增加到几百字的长篇铭文，其中以毛公鼎的497字为最多。青铜器铭文内容也越来越丰富，包括族徽、用器者、铸器者、重要事件、祖先的功绩、买卖交易情况、周王的告诫等。有关西周史迹的重要铭文，如武王时期的利簋，确切记载了武王伐纣的日期；成王时期的何尊留下了武、成两代周王营建东都洛阳的原始记录。随着时间和人们认知的变化，金文在甲骨文的基础上经过了简化、繁化、美化、假借、重组等，逐渐发生了很大的差异，字形结构和书写形态都形成了独立的风格。其表现出来的浑厚、苍劲、自然的金石气味，成为后世学习书法的重要取法对象。其中散氏盘就是历代金文书法临习的法宝。

散氏盘于清乾隆初年出土于陕西凤翔（今宝鸡市凤翔县），为西周后期厉王时代的青铜器，现藏于台北故宫博物院。散氏盘上刻有铭文19行357个字，因铭文中有"散氏"字样而得名。记述的是夨（sè）人付给散氏田地之事，详细登记了田地的四至及封界、举行盟誓的经过等，是研究西周土地制度的重要史料。

散氏盘铭文的最大审美特征在于一个"拙"字，拙朴、拙实、拙厚、拙劲，线条的厚实与短锋形态，表现出一种斑驳陆离、浑然天成的美。其"浇铸"感很强烈,表现了浓重的"金石味"。透过浇铸翻模的痕迹,我们依稀可以感受到书写人不拘泥于书法技巧的豪放情怀,一种任凭感受的自由驰骋代替了理性的严谨法度。因此,散氏盘自出土以来备受书法家的青睐,成为当代书法家的必临法帖之一,近代吴大澂、吴昌硕、李瑞清、曾熙等书法大家都曾对《散氏盘》临摹不辍。

西周后期的周宣王在位时,文字的功能有了重大的发展,教育成为它的新职责。《汉书·艺文志》著录周宣王命太史籀作《史籀篇》十五篇,作为太史教授学童的课本教材刻在石上,这是中国历史上记载最早的儿童识字课本。太史籀的《史籀篇》也在文字形态上做了改革,较

▲散氏盘,西周晚期青铜器,盘高20.6厘米,腹深9.8厘米,口径54.6厘米,底径41.4厘米,清乾隆年间出土于陕西省宝鸡市凤翔县。它和毛公鼎、虢季子白盘一起被称为西周三大青铜器。同时,又和毛公鼎、大盂鼎、虢季子白盘并列晚清四大国宝。(现收藏于台北故宫博物院)

▲《散氏盘铭文拓》,民国故宫传拓,是青铜器时期书法艺术作品中的杰作。

之金文线条金属浇铸的特点有所不同,字体更为流畅、圆润、饱

满、气势浑厚。《史籀篇》的文字被称为篆。篆是传的意思,即传播它的道理、规律。秦始皇统一天下后,决定统一各国文字为小篆,为与秦小篆相区别,后世学者又称之为大篆、籀篆、籀书等。汉字自此完成了从甲骨文到大篆的一次华丽转身。

铭文里的中国之最

西周青铜器上的许多文字具有补史籍之疏漏和正典章之误谬的重要作用。看着铭文拓片像是穿越到三千多年前,在周原大地上,古代先人用朴素的智慧开创着一个个美丽的中国之最。

何尊——"中国"这个称谓
最早出现在西周青铜器何尊上

何尊,1963年出土于陕西省宝鸡市宝鸡县贾村镇(今宝鸡市陈仓区),尊内底铸有12行122字铭文,尊高38.8厘米,口径28.8厘米,重14.6千克。圆口棱方体,长颈,腹微鼓,高圈足。腹足有精美的高浮雕兽面纹,角端突出于器表。体侧并有四道扉棱,造型浑厚,工艺精美,现收藏于中国宝鸡青铜器博物院。

▲何尊

"中国"两字作为词组,首次在何尊铭文中出现。何尊是西周贵族"何"为祭祀先祖所制作的礼器,是西周初年第一件有记年铭的铜器。

何尊上的铭文"宅兹中国,自兹乂民"中的"中国"两字,就是指西周的陪都成周"洛邑",意思是要建都于天下的中心,说明了武王想在河南一带建立国都,藉以控制东方的战略思想。

何尊还是第一个出现"德"字的器物。何尊之前的器物,无论青铜器还是甲骨文,"德"字都无心。在这之前,无论是表示得到还是表示道德,全部是无"心",全写为"得"。何尊之后的铭文,表示道德的"德"有了"心",表示其他意思的"得"无"心"。证明了周王朝以德治国的理念。

▲何尊上的铭文拓片"宅兹中国"

多友鼎——记录历史上与匈奴的最早战争

多友鼎,1980年出土于陕西省西安市长安区斗门镇下泉村,高51.5厘米,口径50厘米。多友鼎呈半球形体,器腹较深,蹄足,装饰花纹简单,仅在器腹上部装饰两道弦纹。器内壁有铭文两百七十余字,是新中国成立以来陕西地区出土的铭文较多的青铜器之一,现收藏于陕西历史博物馆。

多友鼎是西周晚期的文物,它记录了历史上与匈奴的最早战争。其铭文是重要的上古文献,对研究匈奴史及当时社会的政治、经济、军事和民族关系有着重要的史料价值。

铭文记载的是西周厉王时期与猃狁(xiǎn yǔn)的一场战争。猃狁此次入侵危及京畿腹地,厉王命令武公派遣多友率兵迎击,双方先后在郪(cǎi)、龚、世、杨冢等地战斗,历时半个月,共打了四次大仗,多友都取得了胜利。西周军队杀掉敌军300余人,俘获20多人,缴获战车127辆,夺回了被掳去的平民,将猃狁逐出了周境。武公将多友的战绩报告给了厉王,厉王重赏了多友,赐给多友青铜100多钧,多友特铸此鼎以纪念此事。

▲多友鼎

▲多友鼎铭文拓片局部

在许多西周晚期的青铜器铭文中,都记载了周人和猃狁的战争事件。猃狁是当时北方地区重要的民族之一,是西周主要的边患。猃狁时常劫掠财物和人口,他们严重威胁了周王朝的统治。在铭文中涉及猃狁的铜器中,多友鼎是最为重要的一件。这篇铭文对战争的原因、过程以及结果进行了详细的介绍,这些资料对研究西周晚期的历史、西周晚期同北方少数民族的关系、古文字研究和历史地理研究等都有重要的参考价值。

多友鼎铭文结构凝练,字迹秀丽,也是中国书法艺术史中的重要篇章。

朕匜——中国最早的法津判决书

朕匜(yí,古代盥器),1975年2月在陕西岐山董家村一号青铜器窖藏出土,现收藏于陕西省岐山县博物馆。器高20.5厘米,腹深12厘米,腹宽17.5厘米,长31.5厘米,重3.85千克。器形整体像一只羊,盖前端为兽头且宽流直口,口缘饰兽体卷曲纹,平盖面呈琵琶形。

朕匜是西周中期的盥洗器,其铭文是中国现存最早最完整的一篇诉讼判决书。朕匜记载的铭文大意是:西周某年的某一天,一个叫牧牛的人将他的管理者朕告了,"审判长"伯扬父处理这件民告官案件时,认为牧牛胆敢同管理者打官司,要定罪为诬告,判决他要送5个奴隶给朕以惩罚他的诬告行为,要打他1000鞭子,还要在他的脸上刺字,一世只能用黑巾蒙面。后来,牧牛为了减轻惩罚,就送了3000锾(huán,相当

▲朕匜铭文拓片局部

▲朕匜

于汉代2000两银)给伯扬父,于是伯扬父就改了判词,改判为只打500鞭,并免于刺字,3000锾作为罚金归入了伯扬父的私人口袋。判决书还要牧牛立誓,以后不能再上诉。如果朕要告牧牛的话,那就只能恢复先前的惩罚。

卫盉——记载了中国第一部土地交易地契

卫盉(hé),1975年2月于陕西岐山南麓古周原遗址范围内的董家村出土,为西周周原董家窖藏裘卫盉,通高29厘米,口径

▲卫盉

20.2厘米,重7.1千克。卫盉的盖与器以链环相接,盖沿及器的颈部均装饰着垂冠回首分尾的夔龙纹,流管装饰三角雷纹,是西周共王时期铸造的温酒器,现收藏于陕西历史博物馆。

卫盉是一种酒器但却记载了中国第一部土地交易地契。该器盖内有铭文132个字,主要记载了周恭王三年,一个名叫矩伯的人向奴隶主裘卫分两次索取了觐见天子的东西,即价值八十朋的玉质礼器和价值二十朋的皮裘礼服,矩伯分两次总共付给了裘

▲卫盉铭文拓片

卫1300亩农用土地作为索取礼品的代价。裘卫把这件事情报告了执政大臣，得到了大臣们的认可，还进行了授田仪式，从而确认了转移土地归属的合法手续。卫盉铭文中，"贝"已经作为商品交换的媒介，它把当时具有货币职能的贝作为衡量和计算商品价值的尺度记载下来，这在西周铜器铭文中尚不多见。

阳燧——中国最早的人工金属取火用具

1995年9月，陕西省扶风县黄堆村周原遗址出土了一件西周时期的阳燧。"燧"为取火的工具，有木燧和阳燧之分，木燧即钻木取火的工具，发明较早；阳燧发明比木燧晚，又名金燧，可利用日光取火，是一种曲率很大的凹面铜镜。取火时，用阳燧光滑的凹球面将太阳的直射光线反射聚成一个焦点，进而产生高热，引燃艾草等易燃物。正如《古今注》所载："阳燧，以铜为之，形如镜，照物则影倒，向日则火生，以艾炷之则得火。阳燧因取火于日，近于天也，所取之火属于天火，故多为占卜与祭祀时使用；而木燧取火于五木（榆、柳、桑、槐、檀等），近于人也，只是烹饪用之。"

周原遗址出土的阳燧证实了早在距今三千多年前的西周，人们就已经开始使用了这种取火工具。据《周礼》记载，周天子专门设立了"司烜氏"作为执掌阳燧的官员，负责"取明火于日"。据《礼记》记载，在行军或打猎时，阳燧也是必备之物，"左佩金燧、右佩木燧"，以便在晴天时用金燧向日取火，阴天时用木燧钻木取火。而成书于战国的《考工记》则精确记载了阳燧制作的材料配方："金有六齐，……金、锡半，谓之鉴燧之齐也。"其中"金"指的是纯铜，"锡"指的是铅锡合金，即制造阳燧的铜锡比约为二比一，

第一辑 掀开尘封的历史

▲阳燧

这说明战国时期的工匠已经较好地掌握了制造阳燧的材料比例。

阳燧可以说是青铜镜铸造中的衍生物，它与同时代的青铜镜造型、铜质、纹饰、打磨光洁度等特点完全一致，所不同的是青铜镜的背面有平面和凸球面两种，而阳燧的燧背是凹球面状的。

阳燧是中国古代利用太阳能取火的伟大发明，科学价值极高，展现了我国古代先民在改造自然、寻求生存过程中的聪明才智。它的聚光原理被近代科学大量运用，从航天航空到太阳能清洁能源的利用，都有它的贡献。所流传下来的阳燧也反映了各时期人们的审美和价值取向，使其不仅具有科学价值，而且更具有重要的历史和艺术价值。

"匍"鸭形盉—— 一部中国早期的邦交史

"匍"鸭形盉，1988年出土于河南省平顶山应国墓地，通高25.2厘米，长31.8厘米。盉，是古代调和酒、水时的专用器具，用来控制酒的浓淡。之所以叫作"匍"鸭形盉，是因为作器人的名字叫"匍"而得名的。现收藏于河南博物院。

▲"匍"鸭形盉

"匍"鸭形盉的铜质精细光滑，整体造型新颖活泼，仿制成鸭子的形状：前端的鸭颈和鸭嘴构成流部用来倒酒；后部的鸭尾由一条弯曲的小龙构成鋬（pàn，器物侧边供手提拿的部分）部，成为把手。古代工匠把鸭的形象和酒盉的作用完美地融为一体，设计得十分合理。在盉的颈部和器盖上以云雷纹作地纹，上面还装饰了两组相对而立的凤鸟，纹饰细腻典雅。器身上装饰的各种形象惟妙惟肖高贵大方，洋溢着浓厚的生活气息，令人叹为观止！更为巧妙的是，

▲"匍"鸭形盉铭文拓片

鋬手上部浮雕一只牛首，站着一位奴隶形象的侍者，他的双手拉着连接器盖与器身的铜环，这样不仅装饰了器物，而且器盖是无论如何也不会脱落的。这不正是我们今天为了防止壶盖滑落，而在自家茶壶盖与茶壶之间拴上绳子而达到的效果吗？上古先民就有了如此的创造，真可谓匠心独具！

如果我们把器盖打开，还能够发现盖子里面阴刻有5行共43个字的铭文，行距规整，笔画均匀，字迹清晰。据铭文记载，鸭形盉铸造于西周穆王时期的应国。应国当时国小力微，南边的楚国不断闹事滋扰，为了保全自己，应侯决定派团出使北边的邢国以寻求支持。可是，当时应、邢两国一直都是井水不犯河水，关系紧张，第一次出使绝非易事，所以由谁来带团出使邢国，便成了摆在应国侯面前的一大难题。应国有位匍将军，当差多年却一直未能升迁，就快退休了，他突然萌生了一个念头，想要

第一辑 掀开尘封的历史

效仿圣贤周游列国,出国去看看。见应侯准备派人出使邢国,匐将军毛遂自荐,称自己是西周当朝相国匐侯的远房族亲。就这样,匐将军就在次年四月戊申这天率使团来到了邢国。

匐将军与邢国使臣会见结束后,双方互赠了礼物。鉴于匐将军与当朝相国的关系特殊,邢国侯还另外赏赐给匐将军一些鹿皮服饰和30斤纯铜等作为私人礼物。后来,匐将军在回国途中遇到了山洪暴发,情况万分危急。但就在此刻,忽然有几只巨大的飞枭飞来把他们驮起向南飞去,匐将军苏醒后发现自己就在应都附近的一座小山上。为了表达自己对飞枭救命之恩的感激,于是他决定把邢侯所赐的纯铜制成一个飞枭形象的器物,并把他出使邢国和接受礼品的事情铭刻器上。这件器物就是鸭形盉。通过这件珍贵的青铜文物,我们可以了解到西周时期的各个诸侯国之间已经有了一定的互访邦交礼节,也印证了古文献中应国和邢国存在的真实性,为后世留下了一段宝贵的文字资料。

柞伯簋——记录中国最早射箭比赛过程

柞(zhà)伯簋(guǐ,古代盛食物的器具),1993年于河南平顶山市应国墓地第242号墓出土,铭文铸于簋内底部,共8行74个字,现收藏于河南省文物考古研究所。

▲柞伯簋

柞伯簋记录了中国最早的射箭比赛过程,同时也反映了西周时期的贵族教育制度。八月庚申日这天早晨,周王在都城镐京举行大射礼,即举行射箭技艺的比赛,参加比赛的人员被分成两个小组。周王命令南宫负责"小子"组的比赛事宜，又命令师免父负责"小臣"这一小组的有关事宜。周王拿出十块红铜板材作为奖品，并说道："小子、小臣，你们要按长幼次序，谦敬恭和地进行比赛，射中靶心较多的人可以得到这十块红铜板。"比赛结果是柞伯十发十中，周王便把奖品给了他，并且把赏射礼仪式上的某种乐器也赐给了他。

▲柞伯簋铭文

柞伯为纪念这一殊荣，特用周王赏赐的这些红铜为原料，铸造了用来祭奠周公的铜簋。

柞伯簋制作精细，造型别致，特用支座垫高器体，装饰纹样布局合理，对称庄重，主体为纤细的凸线，又用细如发丝的雷纹衬底，线条流畅自然，轻盈飘逸。铭文字体很漂亮，为早期书法珍品之一。

班簋——中国最早的纪传

班簋何时何地出土现无考证，为清宫旧藏，八国联军占领北京时散出。1972年北京市文物管理处拣选修复，现收藏于首都博物馆。簋通高27.7厘米，口径26厘米，四耳饰兽首，下垂长珥作为支柱，其后又另有小珥。口沿下饰囧纹，夹有两道弦纹。腹饰阳线构成的兽面纹。低圈足，无纹饰。内底有铭文20行197个字。

班簋是西周中期的青铜器，中国最早的纪传体就刻在上面，

第一辑 掀开尘封的历史

▲班簋

▲班簋铭文拓片局部

有关周成王时代伐东夷国之事,史料没有记载,此簋铭文内容可补史籍的不足,这就是其最大的历史价值。

内容大意是:八月上旬某一天的甲戌时辰,在镐京,周王命令毛伯继承虢成公的官位,作为王师统帅辅佐周王监管繁、蜀、巢三个方国。周王命令毛伯率领邦国的大小首领,制造战车,征召战士以准备攻打东边的蛮夷族;命令吴伯作为毛伯的左师,吕伯为毛伯的右师,在三年内完成对东国的平定任务。毛伯将这些事迹告诉了子孙毛班,并告诫班要吸取蛮夷国灭亡的教训,要敬德爱民,不要有一丁点儿的违背。毛班拜手叩首,颂扬父考蒙受周王室美好的福荫,养育出了英明神武的文王圣孙,接掌了周王朝执政大臣的职位,建立了征伐东夷的丰功伟绩。文王的子孙们无不感念在心,无不敬佩毛伯的威猛。毛班不敢淹没先人的功勋,于是做了这个宝尊来颂扬先祖的辉煌事迹,铭记先祖曾被周王任命为执政大臣的这个荣耀。

墙盘——中国最早的追孝式铭文

1976年12月15日,宝鸡市扶风县法门公社庄白大队白家生产队队员在平整土地时,在距地表30厘米处发现了一个西周时期的青铜器窖藏，专家将其定名为庄白一号窖藏，其中便有墙盘。盘腹部和圈足分别饰凤纹和兽体卷曲纹，雷纹填底，圈足有折边。盘是食器的一种，出现时代比较早，而且器型一直到今天都没有大的变化。西周时期的盘一般有双耳，圈足或者在圈足下再加三个小足。墙盘内底部铸刻有18行铭文共计284个字，记述西周文、武、成、康、昭、穆六王的重要事迹以及作器者的家世，这是新中国成立以来发现的最长的一篇铜器铭文。现收藏于宝鸡青铜器博物院。

墙盘记录了中国最早的追孝式铭文。墙盘铸于西周共王时期，是西周微氏家族中一位名叫墙的人为纪念其先祖而做。铭文首先追述了周代各王的事迹并叙当世天子的文功武德。铭文接着叙述自己祖先的功德，从高祖甲微、烈祖、乙祖、亚祖祖辛、文考乙公到史墙。颂扬祖先功德，祈求先祖庇佑，是典型的追孝式铭文。铭文内容涉及统治阶级的政治谋划、征战杀伐、祭辞诰命、册赐宴享以及贵族间的土地转让、刑事诉讼、盟誓契约、婚嫁礼俗等。此铭文字体为西周时期的标准

▲墙盘

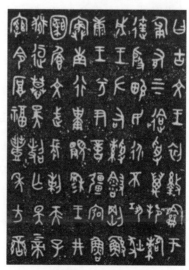

▲墙盘铭文拓片局部

字体,其字形整齐划一,笔式流畅,是不可多得的书法佳作。

墙盘所记述的周王政绩与司马迁的《史记·周本纪》中的内容非常吻合,关于微氏家族发展史的部分内容则并不曾见于现在已知的文献,故填补了西周国史微氏家族的一段空白,属于重要的历史资料。

兮甲盘——中国最早关于集贸市场与税收的记录

2010年,一位常年旅居美国的华人慧眼识珠,在美国一家小型拍卖会上发现了兮甲盘,并花重金买到了这件遗失百年的国宝重器。2014年11月,流落海外多年的兮甲盘归国后首次亮相在武汉举行的中国文化艺术品博览会,引起海内外关注。2017年7月,在西泠春拍"南宋宫廷旧藏西周重器国宝兮甲盘专拍暨中国青铜器专场",备受关注的"西周宣王五年青铜兮甲盘"以成交价为2.1275亿元创造了古董艺术品在中国拍卖的纪录。

兮甲盘高11.7厘米,直径47厘米,敞口浅腹,弧底,下原有圈足。外置双附耳,耳与盘壁有细柱支撑。整器造型图案简约,

耳内外两侧,装饰连续鳞纹。腹身口沿下外壁,装饰兽体交连纹一周。两种纹饰皆属兽体变形纹,流行于西周中、晚期。腹内铭文13行133个字。

铭文大意:在周宣王五年三月,国王亲自率兵讨伐猃狁,兮甲

▲兮甲盘

随王出征，杀敌执俘，荣立战功，宣王赏赐给兮甲马四匹、车一辆，又命令兮甲掌管成周及四方交纳的粮赋。南淮夷本来就是顺从周王朝的贡纳之臣，不敢不缴纳贡赋，不敢不运送通商货物，否则将兴兵讨伐。凡属南淮夷来的人，必须到指定的地方留住；做买卖的商人，必须到政府管理的市场营业，胆敢不服从周王的命令，则受刑罚处置。周王朝属下的诸侯、百姓做买

▲兮甲盘铭文拓片

卖，胆敢不到市场上去，胆敢擅自接纳蛮夷的奸商，也要受到严厉的惩罚。

　　铭文反映了四点内容：一是兮甲跟随周王北伐匈奴获胜。与多友鼎记录与匈奴的战争前后呼应印证；二是兮甲治理南淮夷，维护了王朝东南边疆的稳定；三是兮甲监督贡赋，规范商贸，是中国关于集贸市场和税收的最早记录；四是据专家考察南淮夷向周的进贡主要是丝织品，线路自黄淮到陕西，是早期"丝绸之路"的起点。

　　依据传世文献，器主兮甲就是尹吉甫，是西周的军事家、政治家和诗人。他是《诗经》的主要编纂人，保留和弘扬了中国早期文化，被认作"诗祖"。正如王国维所说："此种重器，其足羽翼经史，更在毛公诸鼎之上。"

汉字的春秋战国

在春秋战国时代,玉、石等新的书写载体让汉字得以多样而优美地呈现,文字也从神坛走向民间。这个时期,列国文字经由方、长、圆、曲的不同创造,出现了严重的分化,正如春秋战国诸侯割据一样的纷乱。

文字的列国时代

公元前783年,周宣王死,其子宫涅继位,是为周幽王。当时周室都城一带发生了大地震,加以连年旱灾,民众饥寒交迫四处流亡,社会动荡不安,国力渐渐衰竭。周幽王即位后,他非但不思挽救周朝于危亡,还纵情声色,重用佞臣。大臣褒珦力谏幽王勤政,周幽王恼羞成怒,把褒珦关押起来。褒族人为救褒珦,将一位叫褒姒(sì)的绝色美女献于幽王,替褒珦赎罪。幽王见了褒姒,惊为天人,非常喜爱,马上放了褒珦,并立褒姒为妃。

褒姒虽然生得艳如桃李,但却冷若冰霜,自进宫以来从来没有笑过。有个叫虢石父的佞臣献计给幽王,以点燃烽火台的烽火招来千军万马来逗引褒姒发笑。昏庸的周幽王竟然采纳了虢石父的建议,马上带着褒姒,由虢石父陪同登上了骊山烽火台,他命令守兵点燃烽火。一时间,狼烟四起,烽火冲天。各地诸侯一见警报，以为犬戎打过来了，带领本部兵马急速赶来救驾。可到了骊山脚下，连一个犬戎兵的影儿也没有看到，只见周幽王和褒姒正高坐台上饮酒作乐，才知被戏弄，怀怨而回。褒姒见到诸侯们吃惊的样子觉得十分好玩，禁不住嫣然一笑。周幽王大喜，立刻赏虢石父千金。后周幽王数次烽火戏诸侯，诸侯们渐渐地也不再理会了。

周幽王为进一步讨褒姒欢心，又罔顾老祖宗的规矩，废黜王后申氏和太子宜臼(jiù)，册封褒姒为后，封褒姒生的儿子伯服为太子，并下令废去申氏的父亲申侯的爵位，还准备出兵攻伐他。申侯得到这个消息，决定先发制人，他联合缯侯及西北夷族犬戎之兵于公元前771年攻破镐京。当周幽王十万火急地点起烽火时，已经没有人前来救援了。犬戎兵马蜂拥入城，周幽王带着褒姒和伯服仓皇从后宫门逃出，奔往骊山。途中，他再次命令点燃烽火。烽烟虽直透九霄，还是不见诸侯救兵前来。犬戎兵紧紧追逼，一路上周幽王的随从也纷纷逃散，最后只剩下一百余人逃进了骊宫。周幽王采纳臣下的意见，命令放火焚烧前宫门，以迷惑犬戎兵，自己则从后宫门逃走。逃不多远，犬戎兵又追了上来，一阵乱杀，只剩下周幽王、褒姒和伯服三人，他们早已被吓得瘫在车中。犬戎兵见周幽王穿戴着天子的服饰，就当场将他砍死，又从褒姒手中抢过太子伯服，一刀将他杀死，只留下褒姒一人做了俘虏。至此，曾经强盛一时的西周王朝覆灭了。

诸侯们知道犬戎真的打进了镐京，这才集结兵马赶来救援。犬戎看到诸侯的大军到了，把周朝多年聚敛起来的财宝一抢而空，纵火后退兵。犬戎攻破镐京，杀死幽王退走后，申侯、鲁侯、许文公等共立原来的太子姬宜臼为天子，于公元前770年在申（今河南南阳北）即位，是为周平王。因镐京已遭战争破坏，而周朝西边的大部分土地已经被犬戎所占，在戎、狄等外患威胁之下，周平王即位后的第二年，在郑、秦、晋等诸侯的护卫下，将国都东迁。此时距离商王盘庚东迁至殷墟整整五百年，周平王在几乎同样的背景下迁都至距离殷墟仅300公里的洛邑（今河南洛阳），开启了东周的历史。所不同的是盘庚走向中兴，东周却走向了解体。

上文中有关"烽火戏诸侯"的故事是根据《史记·周本纪》的记载而广泛流传，但是因为一批"清华简"的发现，所谓因为褒姒而发生的烽火戏诸侯事件不过是子虚乌有的虚构传说罢了。

2008年7月，清华大学校友向母校捐赠一批竹简。经碳14测定年代方法的证实，这是战国中晚期文物，竹简的数量一共约有2500枚。这批竹简是由清华大学校友从境外拍卖会所得捐赠给清华大学的，至于它的出土时间、流散过程，如今已不得而知。简上记录的"经、史"类书，大多数前所未见，曾任夏商周断代工程首席科学家、专家组组长的李学勤教授评价说："这将极大地改变中国古史研究的面貌，价值难以估计。"学界以"清华简"统一称之。学者们在清华简中发现了众多先秦历史记载，多处与《史记》的文献记载有出入。其中也找到关于周幽王灭亡的记载。清华简记载为周幽王主动进攻原来的申后外家申国，申侯被迫联络犬戎族与周幽王开战，周幽王战败而亡。此竹简上并无"烽火戏诸侯"之事的记载。清华大学出土文献研究与保护中心教授刘国忠称，史学界对"烽火戏诸侯"曾有过质疑，认为

《史记》中所载只是"小说家言"。清华简的内容一定程度上支持这种质疑，从而部分推翻《史记》的记载。清华简文字风格主要是楚国的，其文字书法不仅符合战国文字特点而且非常典雅工整，且由不同书手抄录而成，各篇书写风格笔法自成一派，从而也展现了战国时期文字发展变化的面貌。

平王东迁洛邑以后，周天子及其诸侯的政治权威逐步衰落，在历史上展开了一幕幕诸侯群雄纷争的激烈场面。东周的前半期，诸侯争相称霸，称为春秋时代。公元前453年，韩、赵、魏三家分晋，各诸侯相互征伐，称为战国时代。春秋是中国文化大发展的时期，实现了中国思想文化史上由卜巫的宗教迷信文化向以人为中心的理性人文文化的历史转型。在这个转型期，王权逐渐衰落，典籍文化也从王宫走向民间，形成以孔子、老子、墨子为代表的三大哲学体系，出现诸子学说百家争鸣的繁荣局面。而汉字也同样开始了新的时代，更多的人参与到文字的创造和发展改进过程之中。

春秋早期因接近西周，故这一时期的列国金文皆不同程度地保留有西周晚期金文的一些特征。其中，一些重要的诸侯国的金文，更与西周晚期金文形似，文字作长方形，端庄凝重，布局较整齐规范，

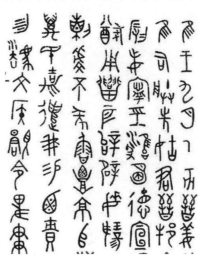

▲晋姜鼎铭文拓片局部，作器者晋姜是晋文侯夫人，铭文记述她辅助文侯建立功业，铸鼎以为纪念。

如晋姜鼎、曾侯簠（fǔ）等。春秋早期的秦国金文与西周晚期虢季子白盘铭文在字形结构与风格上很相近，这可由1978年宝鸡太公庙出土之春秋早期偏晚的秦公镈铭文与虢季子白盘铭文相比较得知，这说明秦国文字继承了西周晚期的文字特征。

至春秋中期，列国金文在形体上均已形成较鲜明的书写特色，不同地理区域，甚至区域相邻的不同国家间的金文也都有了较大的差别。比如北方的齐鲁等国，齐国字形较方，笔画舒张，风格比较豪放，例如国差（dǎn）铭文，传世之洹子孟姜壶的铭文《大系》都可归属此种形式，唯布局较为草率。鲁国与齐国相毗邻，但现所见到的春秋中晚期鲁国金文罕见齐国金文那种瘦长、工整而多垂笔的字体，多数器铭之书体仍较多地保留西周晚期金文的风格，稳重而敦厚，只是个别字体笔画亦迂曲，布局多显得较宽松，体现了独特的风格。比较典型的字体，如鲁大司徒厚氏元铺铭文、鲁大司徒子中白匜铭文。此一阶段齐、鲁金文不仅在书体上有一定差别，而且在习惯采用的字形结构上也不尽相同，说明列国政治上独立性之增强与地域上割据之状态加深了文化上的隔阂，即使地域邻近亦未可免。

在南方列国，主要是指当时江淮流域或邻近江淮流域的诸国，包括

▲鲁大司徒铭文拓片，铭文大意：鲁国的大司徒厚氏元自做盛食之之，祈望万年长寿无疆，子孙后代永远宝用此器。

蔡、许、徐、楚、吴、越等国。这一区域的列国的金文出现两种截然不同的形态：一是较为随意的字体，亦可称为手写体或俗体。特点是字形长方或较瘦长，圆笔较多，稍显粗犷，笔画多拉长，末端弯曲。如徐王义楚鍴、宋公栾簠、楚王子申盏等铭文。二是较工整的艺术型字体，其字形颀长，笔画细劲，竖笔挺直，撇捺多迂曲，并列笔画喜作平行婉蜒之态，带有很强的修饰性。如吴王孙无壬鼎、蔡公子义工簠、许子妆簠等铭文。

春秋晚期出现特殊的图案化字体，即所谓鸟虫书，常以错金形式出现，高贵而华丽，富有装饰效果，流行于春秋晚期至战国早期。此类书体可细分为虫书、鸟书两种，但有时兼用于同一铭文中。鸟书亦称鸟篆，笔画作鸟形，即文字与鸟形融为一体，或在字旁与字的上下附加鸟形作装饰，如越王勾践剑铭文。鸟书多见于兵器，少数见于容器、玺印，至汉代礼器、汉印，乃至唐代碑额上仍可见。虫书笔画故作蜿蜒盘曲之状，中部鼓起，首尾出尖，长脚下垂，犹如虫类身体之弯曲，故名。春秋晚期楚王子午鼎铭，除少数几个字近鸟书外，其余多当属于虫书。吴王子于戈铭亦是鸟书与虫书。虫书不仅见于容器和兵器，亦见于战国古玺及两汉铜器、印章、瓦当。

战国时代，诸侯国各自为政，互不统属，东周王朝的中央集权差不多丧失殆尽，就连文字也是各写各的，所以各国的文字在形体结构和书写风格上都有许多差异。此外，随着经济和文化的发展，文字在这一时期已比较普及，铸、刻和书写文字的载体更加多样，除青铜器外，木牍、竹简、缣帛、货币、玺印、瓦当、玉石等都可以刻写文字。各种字体各种分类不一而足：金文、石鼓文、诅楚文、盟书、玺印文、货币文字、简牍文字、孔子壁中书、汲冢竹书、楚简、秦简、曾侯乙墓竹简、青川木牍、缯帛文字、兵器文字等。这就使得不同地区使用的汉字呈现出不同的风貌,汉字此时也进入百家争鸣、百花齐放的战国文字时代。

以韩、赵、魏、齐、楚、燕六国为代表的"六国文字"与金文、籀文相比,最明显的特点是笔画的随意简化,形体结构极为混乱,异体字大量出现。此时的文字已日趋大众化,俗体字普遍流行,而且对正体的冲击很大,明显地体现出省改严重、草率怪异的特点。这种现象也有其积极的一面,因为这些字体改变了正规的金文、籀文圆转的笔道,已经带有隶书的意味。文字发生了结构和书写性的变化(隶变),并经漫长的"隶变"过程而形成了一种新的相对独立的字体,是隶书出现的摇篮。

与"六国文字"并称的是"秦国文字",秦金文与六国文字在字形结构与书体上均有比较明显的差别。秦公簋铭文即是秦金

▲秦公镈铭文拓片局部,作器者是秦武公,他在铭文中追溯先祖立国兴邦的事迹,表达自己夙兴夜寐,虔诚祭祀先祖,以求祖先庇佑,并记述了自己在位的功绩。

▲秦公簋铭文拓片局部

文的代表,将此铭与春秋早期秦公镈铭文比较,可以看到此时的秦金文较多地承继了春秋早期秦金文之特征,即依然有西周晚期金文的遗风。秦公镈、秦公簋铭与石鼓文无论在字形结构还是书体上均相近。秦公镈文字较舒展,多圆转,而秦公簋文字与石鼓文一样,结构上较为严谨方正,字形上更加规整,且在笔法上改圆转为圆折之笔,这说明秦金文字体是在春秋中期开始得到进一步改造,从而更规范化,渐接近于小篆的,比较严谨统一,后世也将其称为"大篆"。但"大篆"这个词,用起来有些混乱,文字学的"大篆"仅指秦统一前的秦国正体文字,而书法界的"大篆"则泛指金文、籀文、石鼓文等。这个时代秦国书体形式也非常丰富,许慎在《说文解字叙》中说:"从这个时候起,秦代的书法有八种体势,第一叫大篆,第二叫小篆,第三叫刻符,第四叫虫书,第五叫摹印,第六叫署书,第七叫殳书,第八叫隶书。"

秦国这个时期书法艺术的最高成就莫过于石鼓文。石鼓文是刻在十个鼓形碣石上的文字,其内容是描写秦国君的狩猎活动,采用四言诗体,每石一篇,与《诗经》中的大小雅相似。初唐时发现于天兴县(今陕西省宝鸡)三畤原,现收藏于北京故宫博物院。它高约90厘米,直径约60厘米。它原有700多个字,由于年代久远,字多残损,存世的宋代拓本最多的尚存491个字。

金文时代后期,出现了在石头上刻制的文字,石鼓文就是早期刻石的典型代表。与青铜载体不同,石头简单易得,而且所刻之字同样经久长存。因此,在简牍、缣帛等专用书写材料出现后,刻石记文方式仍然长期存在。在中国历史上,刻石记文主要有官刻和私刻两种形式。官刻是指在政府主持或支持下的刻石行为,多用于刻制重要的文字内容,如儒家经典等。东汉熹平四年(175)至光和六年(183)的八年间,东汉中央政府共将七部经书约20余万字刻录于46块石碑之上,这是儒家经典的第一次上石。此后,不断有石经问世。清乾隆五十六年(1791),清政府最后一次刻制石经,共刻经书13部,刻石189块,立于北京国子监内。

◀ 楚王子申盏盂铭文拓片局部

◀ 楚王子午鼎铭文拓片局部

◀ 越王勾践剑铭文

江山仍在　盟书难托

1965年,国家计划建设侯马电厂,选址在山西省侯马市东郊浍河北岸的一处台地上。在动工前,考古人员进行了前期勘察,时值数九寒天,寒风凛冽,20名探工用洛阳铲试探了一个月,陆续发现了60件石片。这些石片看似不起眼,但薄薄的一层泥土下隐约有些红色符号,大家争相辨识,有人喊道:"好像是文字!"可惜当时没有人能识别这些文字,后来考古专家辨认出那是春秋战国时代的文字。

随后国家组织了大规模考古发掘，陆续出土了五千多件写有文字的玉或石残片，同时出土的还有玉圭、璋、璧、璜等祭器，但大家看后依然不明白那到底是什么。我国著名历史学家、考古学家张颔听到消息后立即赶赴发掘工地，很快赶写了一篇文章《侯马东周遗址发现晋国朱书文字》，简单介绍了出土情况并作出初步考释，即"在东周时的晋国，定公以后，某年十一乙丑之日，卿大夫赵等家族多人，集于祭祀场所，以祭其皇公之宗庙"。

考古人员又将石片拿给郭沫若，当时郭老是中国科学院院长兼考古所所长。他细读了张颔对出土石片的文字记载，来回端详上面的朱书文，突然面露惊讶之色，抑制不住内心的激动，连说三声："太珍贵了！太珍贵了！太珍贵了！这是春秋时期的盟书啊！古书中提到过，但从没见过实物呢！"并以其四川口音大声说道："好得很！这个发现很重要啊！"郭老指出，侯马出土的文字资料文物就是《左传》《史记》等古籍中古人常提到的盟书，也就是古代人们在某种政治斗争后订立的约信文书。郭老一锤定音，亲自将其命名为"侯马晋国盟书"，后来郭老还写了一篇文章《侯马盟书试探》。侯马盟书是1949年后中国考古发现的十大成果之一，也是山西博物院馆藏的十大国宝之一。五千余件盟书用毛笔书写在圭形的玉石片上，文字大多为朱红色，也有黑色的，字体接近春秋晚期的铜器铭文。书写在玉石上的这些文字是中国现今考古发现最早的毛笔字迹，运笔娴熟流畅，字形活泼多变，其书法价值、历史研究价值极高。

盟书又被叫作载书，中国古代为了某些重要的事件，会举行集会,制定共同遵守的公约,并对天立誓,表明谁也不能违反天命,否则便会受到严惩。明誓是诸侯或卿大夫为了对内巩固统一对外打击敌人而举行的一种礼仪活动,庄严而神圣。举行盟誓时要先掘地为坎,再奉置玉币(祭祀用的礼玉)、杀牲,礼仪后将盟书与玉币、牺牲掩埋于坎中。仅《左传》一书所记,在春秋时期诸侯国之间举行的盟誓就达两百多次。

参加盟誓者要在祭祀坑边杀牲取血,用毛笔蘸血,把结盟的誓言写在玉片或石片上,这就是所谓的盟书。然后再把盟书放在用做祭祀的牛、马、羊身上,埋藏在地下。盟书必须一式两份,一份埋在祭祀坑中,一份收藏在盟府,在侯马发现的盟书就是埋在地下的那一份。但是,侯马盟书上的文字与古籍记载的情况不同,它不是蘸牲畜血写的盟文,而是用朱砂写的。不知到底是从何时开始,盟书由鲜血改为了红色朱砂书写。郭沫若先生认为,可能到春秋时期前后就已改用朱砂了,毕竟用血在玉或石上写字的缺点很明显。春秋晚期正是血雨腥风的年代,周王室名存实亡,各路诸侯争权夺势大肆杀戮,使社会变得礼崩乐坏诚信缺失。诸侯国间为保证某些利益,常常聚集一处,结为同盟,并写下盟书。

侯马盟书的主盟人是谁? 他们为何而起盟? 其仪式又是怎样进行的? 张颔和考古学家陶正刚、文物研究员张守中三个人开始对其进行研究,并由此解开了许多史书中记载的疑惑,史学家们触摸到了真正的历史,从此拉开了破解神秘盟誓之谜的序幕。

在这些写在玉或石片上的盟辞里,专家发现有"子赵孟"的称谓,所以这些盟书的主盟人应该是"赵孟",即曾经担任晋国执政卿长达22年、叱咤疆场雄霸诸侯的赵鞅,也叫赵简子!若翻开中国古代著名的史书《左传》和《史记》,我们便会看到,对于赵简子在春秋晚期所做的事情,都有相当精彩的描述。在《史记·赵世家》中就写有:"赵名晋卿,实专晋权,奉邑侔于诸侯。"侔,即"相等"的意思。相信很多人小时候都听过《东郭先生和狼》这个寓言故事吧,讲的是春秋时期晋国有一位善战的将军追赶恶狼,恶狼在逃亡中遇到了一位心地善良、是非不分的东郭先生,东郭先生救了恶狼,事后狼却恩将仇报,要吃掉东郭先生……最后这位将军及时赶到,杀死了恶狼,而这个故事中的那位将军就叫赵简子。还有著名的《赵氏孤儿》这个故事中,《史记》卷四三《赵世家》载,赵氏先祖在晋景公三年(前597)曾遭族诛之祸,赵朔遗腹子赵武在公孙杵臼和程婴的佑护下侥幸免祸,后赵武长大成人,依靠韩厥等人的支持恢复了赵氏宗位,而赵简子就是"孤儿"赵武的孙子。

《侯马盟书》就是以赵鞅为主盟,众多本族与异姓宗族举行盟誓的载书。盟书里的盟文,记载了公元前497年前后晋国历史上的几个重大事件,是赵鞅与联盟人之间订立的文字条约,要求参加盟誓的人须效忠盟主,一致诛讨已被驱逐在外的敌对势力,不得私自扩充奴隶、土地、财产,不得与敌人来往。在暴力高压下,参盟者一个个胆战心惊,向神明起誓,以表忠心。如果有违反盟誓者,就要遭到全族诛灭。通过盟书记载我们还看到,不管赵简子及其同党如何反复举盟,信誓旦旦,但利益的血腥争夺是诸侯争霸的本质使然,一到面临利害权衡时,他们就会背信弃

第一辑 掀开尘封的历史

义反目成仇。其实正是由于利欲熏心，尔虞我诈，出现了大量背信弃义的言行，才需要盟誓来约束，这就不难理解《侯马盟书》何以出土达五千多件之多。据考释，最大规模的参盟者有152人之众，还有许多反复举盟的现象。

《侯马盟书》分为宗盟类、委质类、内室类、诅咒类、卜筮类和其他，共六大类。宗盟类，同姓同宗的人在一起举行盟誓，要求与盟人效忠盟主，一致讨伐敌对势力，是主盟人团结宗族内部的盟誓。委质类，就是把自己抵押给某个人，表示一生忠于这个人永不背叛。内室类，与盟人盟誓后不再扩充奴隶、土地和财产；内同"纳"，"室"包括人口和财产，内室就是把别人的"室"夺取过来纳入自己的家室范围，以壮大自身的实力。诅咒类，对既犯的罪行加以诅咒与谴责，使其受到神明的惩处。卜筮类，盟誓中有关卜筮文辞的一些记录。

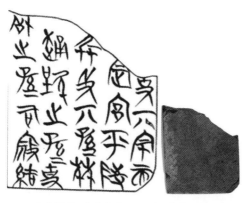

▲《侯马盟书》残石及拓片（现收藏于山西博物院）

▲《侯马盟书》残石及拓片（现收藏于山西博物院）

盟书记载了参盟人表白诚信时要请已故先君及神明鉴察，这说明了当时鬼神观念还在一定程度上占据着人们的头脑。不过在赵鞅的时代，鬼神观念只是一种敬畏的心理因素，是软约束。盟书中强调参盟人要以身家性命担保，才是最强有力的保证，是硬约束。盟誓成为赵鞅壮大赵氏而频繁使用的必要手段，他联络团结各种力量为己所用，不断与支持者举行盟誓。赵鞅作为晋国的新兴势力代表之一，堪称一代枭雄，为了扩张宗族势力及维护和巩固自身权势，可谓煞费苦心。

具体到晋国而言，从平公开始，赵、魏、韩、智、范、中行六卿专权，公室衰微，政出私门。六卿各自为了获取最大的经济利益，对内无不在各自的势力范围内推行社会变革，以适应形势的发展。对外则尔虞我诈，相互倾轧。赵简子增强自身势力，不断扩充军队，南北征战，多次主持盟誓活动。他联络本宗，招降纳叛，召集同宗与投靠他的异姓，反复多次举盟，以聚拢人心。同时，赵鞅采取经济赏赐等手段，极大地激发了同盟者的斗志，他联盟韩、魏、智，孤立范和中行二卿。晋定公十九年（前493），铁丘之战爆发，赵简子奋勇杀敌，取得了决定性胜利，范、中行二氏从此衰落。在之后的三年内，赵简子攻朝歌，战潞城，击百泉，又转战邯郸，伐卫国，围中牟，最后征伐鲜虞，彻底消灭了范、中行二卿。这是晋国历史上的一个重大转折，晋国由六卿掌权转变为四卿掌权，后来韩、魏、智三家联合起来围攻赵襄子（赵简子的儿子），曾引汾水灌晋阳城。在这次战役中，智最终被赵襄子消灭。

可以说，赵简子的一生对春秋战国的历史发展起到了推波助澜的作用。在他继位之初，赵氏家族实质已处于存亡绝续的紧要关头,而他采取了革新措施,使赵氏家族的势力迅速增强。赵襄子正是在继承其父改革的基础上,笼络民心,任用贤臣,虚心纳谏,最终同韩、魏一起灭掉贪得无厌、刚愎自用的智伯,才有了韩、赵、魏"三家分晋"的局面。正是赵简子为赵氏立国奠定了基础,最终形成战国时期七雄并立的争霸格局。

千里江山仍在,盟书尘封地下,一代枭雄赵简子已化为尘土。在今天看来,整个春秋也只不过是历史长河中的一朵小小的浪花,但那些波谲云诡变、诈迭出的惊世场面演绎出多少英雄豪杰。

一场被诅咒的战争

宋仁宗嘉祐六年(1061),苏轼参加科举考试,中第三列第三等,初入仕途,就职凤翔府签判。次年苏轼到凤翔开元寺游览时发现了一块古老的石碑。苏轼把这个发现告诉了前辈欧阳修,欧阳修经过一番文字考释,辨认出是秦代刻有诅咒文字的石刻。战国后期秦楚争霸激烈,秦王祈求天神保佑秦国获胜,诅咒楚国败亡,因称《诅楚文》。带着尘封一千三百多年的历史,第一块《诅楚文》就这样横空出世了,宋人因石刻文中祈祷神灵的名字为"巫咸",便将之命名为《告巫咸文》。随后许多文人学士纷纷为之题咏、著录、注释和考证,一时轰动朝野,后来宋徽宗把此石收归御府。

六盘山麓的朝那湫,因周幽王时期的一场大地震而淤塞成湖,成为方圆40里、与长江黄河齐名的圣水,被秦皇汉武封禅而声名显赫。历经一千多年,到了唐玄宗开元二十二年(734),同样一场大地震,水泄湖缩,沧海桑田,曾经的烟波浩渺的湖水大部分还原成耕地。北宋治平年间(1064—1067),一位农民在朝那湫旁耕田,掘得一石碑,当时并不知为何物。公元1068年,宋代官员蔡挺出任渭州知州时,发现这又是一块《诅楚文》,朝那湫便是大沈厥湫神主所在之地,于是命名为《告大沈厥湫文》。《诅楚文》还有第三块,因亚驼祈祷亚驼神而被命名为《告亚驼文》,据传出自洛水,也为蔡挺收藏。三块石刻均为秦王的巫师宗祝在神前咒诅楚王,文词相同,只是所祈求之神不同。

《诅楚文》与石鼓文一样,在书法史上有着承前启后的作用。从《诅楚文》中可以看出,秦代字体从金文演变到小篆的过程和它们的变化规律。其字结构与石鼓文之方正相近,笔画安排得很匀称,在风貌上非常接近秦代的小篆,其线条光洁劲挺,有明显的粗细变化,收笔大多呈尖状,犹如青铜器凿刻所产生的率真意味。《诅楚文》有较高的文学价值、史料价值和书法价值。《诅楚文》原刻均已遗失,流传到现在的都只是拓本。

《诅楚文》内容以《告巫咸文》为例,石刻共326个字,有34个字模糊不可辨认,可能是因为出土后没有很好保存而造成的,原文如下:

> 有秦嗣王,敢用吉玉瑄璧,使其宗祝邵鼛(gāo)布忠,告于丕显大神巫咸,以底楚王熊相之多罪。昔我先君穆公及楚成王,实勠力同心,两邦若壹,绊以婚姻,袗以齐盟。曰:叶万子孙,毋相为不利。亲即丕显大神巫咸而质焉。今

楚王熊相康回无道，淫佚耽乱，宣侈竞从，变输盟制。内之则暴虐不辜，刑戮孕妇，幽刺亲戚，拘圉其叔父，置诸冥室椟棺之中；外之则冒改久心，不畏皇天上帝，及丕显大神巫咸之光烈威神，而兼倍十八世之诅盟。率诸侯之兵，以临加我，欲灭伐我社稷，伐灭我百姓，求蔑法皇天上帝及丕显大神巫咸之恤。祠之以圭玉、牺牲，遫取我边城新隍，及邘、长、亲，我不敢曰可。今又悉兴其众，张矜亿怒，饰甲底兵，奋士盛师，以逼我边竞。将欲复其凶迹，唯是秦邦之赢众敝赋，輨(kuò)輸(shù)栈舆，礼使介老，将之以自救也。繄亦应受皇天上帝及丕显大神巫咸之几灵德，赐克剂楚师，且复略我边城。敢数楚王熊相之倍盟犯诅，箸诸石章，以盟大神之威神。

文中主要是指责楚王违背了十八世的"诅盟"。一开始就说秦穆公和楚成王既通婚姻，又订立了万世子孙毋相为不利的盟

▲《告巫咸文》石刻拓片局部

◀《告大沈厥湫文》石刻拓片局部

约,秦楚两国的联姻结盟关系,从秦穆公到秦惠文王,总共十八代。然后秦惠文王在位的最后年间,两国关系破裂,发生了大规模的战争,诅楚文就在这个时候产生了。后来随着时间的流逝,没有人再记得这个故事,但"十八代祖宗"这句常用来咒人的词句却口口相传到了现在。尽管秦《诅楚文》咒诅楚王违背了十八世的诅盟,咒诅楚王犯有殷纣同样的残暴罪行,这些都是夸大不实之辞,但是文中所讲到的战争都是确凿的事实,因为秦王的巫师宗祝咒诅楚王,目的就是为了祈求在这场关系到秦楚两国兴衰的大战中,能够得到神灵的"德赐",从而"克剂楚师"。

"盟"与"诅"是春秋战国时代诸侯和卿大夫之间在战争中常用来相互合作和彼此约束的政治手段。诅就是咒诅,当时"诅"有两种,一种是对内的,常是先结"盟"而后加"诅",如《侯马盟书》,这是在神前立誓发咒,遵守盟约,而请神今后处罚不守盟约的一方;另一种"诅"是对外或对敌的,就是对罪犯或敌人加以咒诅和谴责,请神加以惩罚甚至加以毁灭。

春秋战国时期一直流行着在天神前咒诅敌国君主的祭礼,而且在祭礼上使用咒诅的巫术。他们雕刻或铸造敌国君主的人像,写上他们的名字,一面在神前念着咒诅的言词,一面射击敌国君主的人像。

《墨子》曾列举鬼神"罚暴"的故事,其中包括商汤战胜夏桀和周武王战胜殷纣,都说是鬼神"罚暴"的结果。《墨子》的这种说法就是传统的信仰。巫师奉命举行咒诅敌国君主的巫术时,必须一面高赞自己的君主"贤于汤、武矣",一面诅咒敌国君主如殷纣般残暴。这篇宗祝奉秦惠王之命而写作的《诅楚文》正

第一辑 掀开尘封的历史

是如此。

公元前328年，也就是楚怀王开始执政的第一年，张仪来到秦国。张仪本是魏国人，拜鬼谷子为师并苦学纵横之术。他曾赴楚国求官，楚威王之时，在楚国司马昭阳家中担当家臣。因昭阳怀疑他偷盗了楚王赏赐给自己的无价之宝"和氏璧"，惨遭毒打，随后逃命天涯。张仪以"连横"之说破除"合纵"之说，进言于秦，被秦惠文王慧眼识玉，任命为相国。

张仪拜相后，积极策划向中原地区开拓。秦惠文王更元十一年（前314），秦兵出函谷关，向东北攻取了魏的曲沃（今河南省三门峡市西南），同时秦兵已从武关向东，早已占有了楚的商於之地。当时魏韩两国因连年被秦攻打，不得已接受了张仪的"连横"策略，形成了秦、魏、韩三国与楚、齐两国对峙的形势，于是秦所占有的曲沃和商於两地，成为秦从函谷关和武关向中原伸出的两个进攻的矛头，对楚国形成了很大的威胁。楚国因此调集大军准备还击，一方面屯军于鲁、齐以及韩的南边，以便向韩进攻，并加强东部的防守；另一方面楚又派三大夫统率九军，向北进围曲沃和商於两城。进围曲沃的楚军，因得到齐的支援，攻下了秦的曲沃。在这样的形势下，如果楚在齐的支援下全力进攻商於之地，商於之地将失守，就使得秦从函谷关和武关伸出的两个矛头全部折断。此时秦慧文为了报仇想要进攻齐国，可是由于齐、楚是友好联盟国家，秦惠文王为此甚感忧虑，于是对张仪说："寡人想要发兵攻齐，无奈齐、楚两国有盟约，请贤卿为寡人出一计策。"张仪为秦慧文王策划了拆分齐楚、各个击破的计谋。

公元前313年，张仪出使楚国。张仪见楚怀王说秦国要用商於六百里土地换取楚国与齐国的断交,秦国战胜齐国后,使齐国更加依附楚国。楚怀王一听,非常高兴,立刻当朝宣布:"寡人已经从秦国得到商於六百里肥沃的土地!"群臣都一致向怀王道贺,唯独客卿陈轸不语。怀王很诧异的问陈轸:"寡人不发一卒,而且没有伤亡一名将士,就得到商於六百里土地,朝中文武百官都向寡人道贺,偏只有贤卿一人不道贺,这是为什么?"陈轸回答说:"我认为大王不但得不到商於六百里的土地,反而会招来祸患,故臣不敢随便向大王道贺。"怀王问:"这是什么道理呢?"陈轸回答说:"秦王之所以还忌惮大王,是因为我国有齐国这样一个强大盟邦。如今秦国还没把土地割让给大王,大王就跟齐国断绝邦交,如此会使楚国陷于孤立状态,秦国又怎会重视一个孤立无援的国家呢?如果让秦国先割让土地,楚国再来跟齐断绝邦交,秦国必不肯这样做。要是楚国先跟齐国断交,然后再向秦要求割让土地,一定会被张仪欺骗,大王必然懊悔万分。结果是西面惹出秦国的祸患,北面切断了齐国的后援,这样秦、齐两国都将进攻楚国。"楚王没有听从陈轸的劝阻,立即派了使者前往齐国宣布跟齐断绝邦交。

张仪回到秦国之后,秦王就赶紧派使者前往齐国游说,秦齐的盟约暗暗缔结成功。果然不出陈轸所料,当楚国一名将军去秦国接收土地时,张仪为了躲避楚国的索土使臣,竟然装病不上朝。楚怀王说:"张仪以为寡人不愿诚心跟齐国断交吗?"于是楚怀王就派了一名勇士前去齐国骂齐国,张仪在证实楚齐确实断交以后,才勉强出来接见楚国的索土使臣,说:"敝国所赠送贵国的土地,方圆总共六里。"楚国使者很谅讶地说:"臣听说是六百里土地,却没有听说是六里土地。"张仪赶紧郑重其事的狡辩说:"我张仪在秦国只不过是一个微不足道的小官,怎么能许诺六百里土地呢?"

楚国使节回国报告楚怀王以后,怀王大怒,准备发兵去攻打秦国。这时陈轸走到楚王面前激动地说:"楚国发兵去攻打秦国,绝对不是一个好办法。大王不如趁此机会,不但不向秦国要求商於六百里土地,反而再送给秦一个大都市,目的是跟秦连兵伐齐,如此或许可以把损失在秦国手里的土地再从齐国得回来,这不就等于楚国没有损失吗?大王既然已经跟齐国绝交,现在又去责备秦国的失信,岂不是等于在加强秦、齐两国的邦交吗?如果这样,楚国必受大害!"可惜楚怀王仍然没有采纳陈轸的忠谏,而是照原定计划发兵,北去攻打秦国。秦、齐两国组成联合阵线,同时韩国也加入了他们的军事同盟。秦早已料到楚国会大举报复,不仅进行了军事备战,还启用了巫术:诅楚,并在玉石上郑重写下《诅楚文》。

秦军以逸待劳,变守为攻。楚军在丹阳被秦军重重包围,此战楚军被斩首八万多人,包括屈匄(gài)在内的七十多个高级军事将领成了秦国的俘虏。秦军大胜,乘胜追击,占领了楚王国的汉中郡(现在的陕西南郑)。之后楚怀王再次召集全国的部队,发动进攻,但惨败于蓝田。第三战,公元前311年,秦国挟两战之胜攻取召陵。楚国历经三连败,非但没有收复六百余里商於之地,反而失去了汉中、召陵等千里沃土。一个六百余里的骗局带来三场战争的胜利,秦国愈发强大,楚国日渐衰微。战国中期,齐、楚、秦三强的天下格局,被强秦一国独大所取代,秦国统一中国的步伐已经迈出了重要的一步。

《诅楚文》石刻,短短三百多字,记录了几场战争,见证了一段历史,更关乎中华民族的历史走向!留存了巨大而丰富的人文信息。当年苏轼读过《诅楚文》这些文字后,对秦楚之争感慨万千,遥望曾经的战火弥漫,烟波浩渺,山峦依旧,英雄千古,不禁对这种夸张的诅咒方式粲然一笑,挥笔赋诗一首:

峥嵘开元寺,仿佛祈年观。

旧筑扫成空,古碑埋不烂。

诅书虽可读,字法嗟久换。

词云秦嗣王,敢使祝用瓒。

先君穆公世,与楚约相捍。

质之於巫咸,万叶期不叛。

今其后嗣王,乃敢构多难。

刳胎杀无罪,亲族遭围绊。

计其所称诉,何啻桀纣乱。

吾闻古秦俗,面诈背不汗。

岂惟公子邛,社鬼亦遭谩。

辽哉千载后,发我一笑粲。

初兼天下书同文

战国文字异形严重的情况给社会经济文化的发展交流造成巨大障碍,当秦王的铁骑横扫六国后,创建帝制,推行秦国法令,书同文字已经迫在眉睫。《说文解字·序》中所谓"罢其不与秦文合者"其实质内容是废除列国文字中结构与秦式写法相异的区域性异体字。李斯作《仓颉篇》,诞生小篆,对后世文字的发展产生了深远的影响,为中华民族的长久统一奠定了文化基础。

今古汉字从此分

春秋战国时代,王令不行,礼崩乐坏,诸侯各自为政,籀文大篆也在各国遂渐演变成为不同的字体。《说文解字·序》说:"分为七国,田畴异亩,车涂异轨,律令异法,衣冠异制,言语异声,文字异形。"那个时期,各诸侯国对每个字的写法都不完全一样,有的字有几十甚至上百种写法。当今书法家们喜爱写的百福字、百寿字等,这些不同的字形大多来源于这个历史时期。

春秋战国时代的文字、语言很像现在的欧洲,欧洲各国很多同一名词的拼写很相像,但细看又不同,发音各异但又有些相似,也能看出它们曾经是同源的。原来古代罗马人随着帝国的扩张,将他们使用的拉丁文带到他们征服和生活的地方,但久而久之这种文字逐渐发生了变化,于是在意大利半岛上成为意大利文,在伊比利亚半岛上成为西班牙文和葡萄牙文,在高卢成为法兰西文,在多瑙河下游成为罗马尼亚文。而拉丁文本身却成了只有梵蒂冈才使用的文字。又如中古日耳曼民族的文字分别演化为德文、荷兰文、英文、丹麦文、瑞典文。读欧洲史往往会产生这样的疑问,欧洲怎么有那么多的小国家?除了一些地理政治原因以外,最重要的是说不同的语言,使用不同的文字,彼此自然容易产生隔阂和冲突。世界上大多曾崛起的帝国一直追求让所有人信仰同一个宗教,但最终国家的分裂也导致宗教的分裂。在中国,宗教是多元化的,一统的是文字。而且中国汉字不像拼音文字那样依附于语言发音,所以它更容易将所有方言统一到这个具有形意的方块字上来。

公元前221年,秦王嬴政先后灭掉韩、赵、魏、楚、燕、齐,完成统一大业后建立秦朝并称帝,史称"秦始皇"。秦朝结束了自春秋战国五百余年以来诸侯分裂割据的局面,成为中国历史上第一个多民族共融的中央集权制国家,对中国历史产生了深远影响。秦朝也是为中国文化,特别是为中国汉字书写了重要一章的王朝。

秦人是黄帝之孙颛顼的后裔,舜赐其嬴姓。因其为周王室养马有功,被周孝王封在秦地,秦成了他们的正式族称。周幽王时期犬戎攻入镐京,秦襄公因为保卫周王室有功,正式被封为诸侯国,秦成为国号。周平王东迁时将原西周发源地西岐赐给秦,所以秦也算是西周文化的继承者。秦统一中国后,李斯建议把田亩、车轨、律令、衣冠、言语、文字等,全部以秦制为标准,公行天下。秦始皇遂采纳开国功臣廷尉李斯的建议，下令全国法度统一，也就是《史记》所说的"一法度衡石丈尺，车同轨，书同文字"。李斯以西周籀文为基础，保留了籀文典雅庄重的结构和线条、简化了繁复杂乱的笔画、规范了同类偏旁部首等，最终形成"小篆"。"篆"的本意，《说文解字》解释为"引书"，"引"有开弓之意，线条形状圆润，结构严谨，作风端庄，故篆书一直被用在非常庄重的场合。为此，廷尉李斯作《仓颉篇》七章，车中府令赵高作《爰历篇》六章，太史令胡毋敬作《博学篇》七章，作为官定的标准字书，颁布于世作为范本在全国推行，至此"小篆"成为汉字今古文字的分水岭。小篆以前（含小篆）的文字都被称为古文字。小篆的形成是对古代汉字几千年发展演变的一个总结，汉字书写方式在其后几百年的时间里有过多次较大的改变，先后出现了隶、草、楷、行等书体，但基本结构没有变化。

秦王政二十六年（前221），秦始皇使用李斯整理的小篆首次向全国颁发了诏书，即《二十六年皇帝诏版》，也称《秦诏版》。古时帝王下诏书，将诏书内容刻在金属版上称为"诏版"。秦诏版为青铜质地，长方形，长10.8厘米，宽6.8厘米，厚0.4厘米，重量是0.15千克，诏版四个角有钻孔，原先应该是固定在什么器物上的一个牌子，正面有秦小篆的文字，字体大小不到1厘米，竖向五行横向八行，上下左右结构比较整齐，上面有阴文40个字："廿六年，皇帝尽并兼天下诸侯，黔首大安，立号为皇帝，乃诏丞相状、绾，法度量则不壹、歉疑者，皆明壹之。"其大意为："秦王政二十六年，秦始皇兼并了各国诸侯，统一了天下，百姓安居乐业，于是立称号为皇帝，并下诏书给丞相隗状、王绾，把全国不统一而混乱不清的法律、度量和各种制度都明确统一起来。"《秦诏版》是秦始皇统一中国、统一度量衡的实物证据。两千多年前那场风起云涌的大一统壮举，在《秦诏版》上得到了真实的体现。2015年，国家邮政局发行了一枚世界计量日邮票，主图案就是镇原《秦诏版》的拓片。《秦诏版》是秦朝统一文字，改大篆为小篆的实证。

《秦诏版》的发现是很有传奇色彩的。1976年7月，甘肃省镇原县文化馆的干部张明华在废品收购站看到一块有字的废铜片，就花了八毛钱把这个铜片买了下来。当时所有文物的买卖都是国家统管，废品回收是最后一个把关的环节，要经过文博方面的人来进行筛选，这个规定在当时挽救了不少国宝级的文物。例如湖南省博物馆的珍贵藏品商代大禾人面纹方鼎，1959年秋，宁乡一位农民偶然得到了它，由于不方便携带，就把它砸碎了，当成废铜卖给了当地的废品收购站，在准备拉到工厂回炉的时候，恰好被湖南省博物馆派驻在废品收购站的工作人员发现，随后他们顺藤摸瓜，把方鼎的碎片收集齐，并最终将方鼎修复完好。如今这件方鼎是湖南省博物馆的重要馆藏，被

◀《秦诏版》（现收藏于甘肃省镇原县博物馆）

传奇

列为禁止出境展出的文物。

张明华是文化馆的干部，他买回这个诏版以后，自觉地遵守了文博界的规定，考古不藏古，把它上交到了馆里。那时候我国很多文化馆都同时兼有博物馆和图书馆的职能。20年之后，《秦诏版》的价值才得到了确定，最终成为一块镇馆之宝。

《秦诏版》上的小篆文字线条瘦硬果断，大小参差错落，显得纵横自如，洒脱随意，加之章法疏密有致，布局黑白差异颇大，令其展现出活泼动人的独特意趣。通过对这块诏版的了解，我们不仅可以窥见两千多年前那场波澜壮阔的度量衡改革风暴，更是能领略到中华文明光辉灿烂的历史，同时诏版这种形式也为人们提供了一个文字书写的范本，对于当时统一全国文字以及后世的书法创作都有着极为重要的影响。

为了巩固帝国的统治，秦始皇率百官巡视各地，并让李斯用秦小篆刻石记功，以颂扬他废分封、立郡县、统一中国的历史功绩。据《史记》记载，从秦始皇二十八年到秦始皇三十七年，秦始皇一共立了六块碑文。他每立一碑，就等于公布了一批标准小篆。以这六篇碑文字体为规范，便可以整理出其他小篆字体。

秦始皇东巡的刻石多已残毁佚亡，今所存者仅《泰山刻石》和《琅琊刻石》。这两个石刻虽已残毁，但秦篆面目尚存。而《峄山刻石》《会稽刻石》等均为后人翻刻，仅存字形格局而神意俱失。

《泰山刻石》也称《封泰山碑》，是秦代具有代表性的文字刻石。此石刻于秦始皇二十八年(前219)，内容是歌颂秦始皇统一中国的功绩，颂辞144个字，二世诏78个字，共计222个字，李斯手书。碑石四面环刻，书体为小篆，今存10字，字形结构长形整

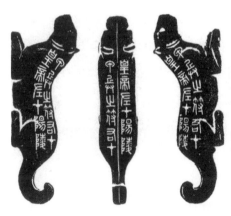

▲阳陵虎符拓片

▶泰山刻石安国北宋拓本（现收藏于日本东京台东区立书道博物馆）

齐一致,运笔流畅飞动,转折处柔和圆匀,风格优美,生动有力。

《琅琊刻石》刻于秦始皇二十八年(前219),是秦始皇下泰山、南登琅琊山所刻,今藏于中国历史博物馆。它四周环刻,剥蚀严重,仅存两面13行86个字。清代书法家杨守敬在《平碑记》中评价道:"嬴秦之迹,唯此巍然;虽磨泐最甚,而古厚之气自在,信为无上神品。"

以上诸碑皆为李斯书写的小篆,充满雄强浑厚之气,笔画均衡,提笔疾过,圆浑而遒健,笔法若玉箸,后人又称其为玉箸篆。它结体平稳,上密下疏,沉着舒展。这类风格的篆书非常适合于庄重严肃的场合。秦刻石上的小篆比《石鼓文》《秦公簋》上的籀文简化,并且结束了战国时代六国文字混乱的现象,统一了全国的书体。

除刻石之外,秦代小篆还铭刻在秦虎符上。如《阳陵虎符》,

第一辑 掀开尘封的历史

铭文是极精美的小篆，笔道圆匀，笔力雄健，对称均衡，结法谨密，更兼字画错金为之，灿灿金光，眩人眼目。《新郪(qī)虎符》也是笔道圆融，结体严密，字体风格属于秦系文字，精美异常。

篆书主要用于诗书百家经典，而篆书也是凭借着诗书百家经典得以流传应用。当时，早年抄写的经典用籀文大篆；新近抄写的经典用李斯小篆。始皇下焚书令后，使篆书抄写的经典很少幸存，此后篆书仅用于金石铭文及书法艺术，正如许慎在《说文解字·序》中所说的，古文由此而绝矣！而隶书从此成为通行天下的实用文字。

寄自两千年前的家书

秦朝"书同文字"主要的工作不仅仅是推行小篆，还要推行隶书。关于隶书的来源，历来说法很多。相传秦代有一个叫程邈的狱吏，因得罪始皇而被下狱，在狱十年中，他把篆书简化，变圆形为方形，变曲笔为方笔，从而创造出一种新的书体——隶书。不过，这种程邈个人创造出隶书的说法或许难以令人信服。

春秋战国时代，社会结构发生了很大的变化。官学流入民间，教育也较前普及，社会上文书往来增加，书写缓慢的大篆已不符合大众的需求。大篆在秦国低级官吏和平民百姓中，已逐渐演变成为书写便利快捷的隶书。秦始皇统一天下后，李斯等人整理大篆而成小篆。此后，小篆取代了大篆，成为标准篆体字。但隶书仍在下层社会中继续流行，特别是徒隶（狱卒）一类的下层吏员，因此称为隶书。1975年12月，在湖北省云梦县睡虎地秦墓中出土的大量竹简,内文为墨书秦隶,写于战国晚期及秦始皇时期,反映了篆书向隶书转变阶段的情况。它在演变的过程中亦会受到六国字体及小篆的影响。隶书笔划平直自然,经民间无数才华之手逐渐演变,终于成为一种敦厚祥和、妙趣天成的字体,很受百姓喜爱。隶书是由古汉字向现代使用的楷书过渡的字体,为汉字的成熟奠定了基础。

湖北省孝感市云梦县睡虎地先后发掘出两座古墓,它们相隔不远,一大一小,大墓中发现了一千余块竹简,这些竹简长23.1厘米至27.8厘米,宽0.5厘米至0.8厘米,记载的大都是战国末期秦国的法律条文以及一些典型案例,称之为睡虎地秦墓竹简。与大墓相比,小墓则显得非常寒酸,里面只发现两块长22厘米的木牍,木牍正反两面都写满了文字。这是一座战国晚期的秦墓,虽然墓地的主人不是贵族,但出土的两件木牍却震惊了考古界,这是秦国士兵黑夫和惊兄弟俩写给他们的哥哥衷的两封家书,被考古界证实是迄今我国发现最早的家信实物。这封寄自两千多年前的家书是一个令人备感心酸的故事。

黑夫的信是这样写的:

二月辛巳,黑夫、惊敢再拜问衷,母毋恙也? 黑夫、惊毋

◀睡虎地秦墓竹简(现收藏于湖北省博物馆)

恙也。前日黑夫与惊别,今复会矣。黑夫寄益就书曰:遗黑
夫钱,母操夏衣来。今书节(即)到,母视安陆丝布贱,可以
为禅(dān)裙襦者,母必为之,令与钱偕来。其丝布贵,徒
(以)钱来,黑夫自以布此。黑夫等直佐淮阳,攻反城久,伤
未可智(知)也,愿母遗黑夫用勿少。书到皆为报,报必言相
家爵来未来,告黑夫其未来状。闻王得苟得……毋恙也?
辞相家爵不也? 书衣之南军毋……不也? 为黑夫、惊多问
姑姊、康乐孝须(嫂)故尤长姑外内……为黑夫、惊多问东
室季须(嫂)苟得毋恙也? 为黑夫、惊多问婴记季事可(何)
如? 定不定? 为黑夫、惊多问夕阳吕婴、區里阎诤丈人得
毋恙……矣。惊多问新负(妇)、娿(婉)得毋恙也? 新负
勉力视瞻丈人,毋与……勉力也。

信的大意是,今天是二月辛巳日,黑夫和惊恭祝大哥安好。
母亲身体还好吧? 我们兄弟俩都挺好的。前几天,我们两个因
为作战没在一起,今天终于见面了。黑夫再次写信来的目的,是
请家里赶紧给我们送点钱来,再让母亲做几件夏天穿的衣服送
来。见到这封信之后,请母亲比较一下安陆的丝布贵不贵,不贵
的话一定要给我们做好夏天穿的衣服,和钱一起带过来。见到
这封信之后,要是家乡的丝布贵,那只带钱来就行,我们自己在
这边买布做衣服。我们马上就要投入淮阳之战了。进攻这座叛
逆之城的战事不知要持续多久,谁也说不准会发生什么意外,所
以母亲给我们带的钱也别太少了。收到信后请马上给我们回
信,一定要告诉我们官府给我们家授予爵位的文书送到没有,如

果没送到也跟我说一声。大王说只要有文件就不会耽搁。好，就说到这。人家送文书来，你们别忘了说声谢谢。信和衣物寄到南方军营时千万别弄错了地方。替我们问候姑姑和姐姐，特别是大姑。再问问婴记季，我们和他商量的事怎么样了，定下来没有？还有，代我们向夕阳吕婴、匾里阎诤两位老先生问安，他们身体还硬朗吧？惊特别惦记他的新媳妇和媛（yuàn），一切都好吧？新媳妇要好好照顾老人，别跟老人闹别扭。大家尽量吧。

惊的信是这样写的：

惊敢大心问衷，母得毋恙也？家室外内同……以衷，母力毋恙也？与从军，与黑夫居，皆毋恙也……钱衣，愿母幸遣钱五、六百，布谨善者毋下二丈五尺……用垣柏钱矣，室弗遗，即死矣。急急急。惊多问新负、媛皆得毋恙也？新负勉力视瞻两老……（转背面）惊远家故，衷教诏媛，令毋敢远就若取新（薪），衷令……闻新地城多空不实者，且令故民有为不如令者实……为惊祠祀，若大发（废）毁，以惊居反城中故。惊敢大心问姑秭（姐），姑秭（姐）子彦得毋恙……？新地入盗，衷唯毋方行新地，急急急。

信的大意是，现在是惊发自内心地问候大哥。家里家外的和睦全靠大哥了。自从我们出外征战之后，母亲真的没事吧，真的跟以前一样硬朗吧？跟黑夫住在一起的时候，她老人家一直都是很健康的。钱和衣服的事，希望母亲能寄个五六百块钱来。布要仔细挑选品质好的，至少要二丈五尺。我们借了垣（yuán）柏的钱,而且都用光了。家里要是再不寄钱来,就要出人命了。急急急。我非常惦记新媳妇和嫛,她们都还好吧?新媳妇你要尽力照顾好爸妈。我出门在外,嫛就拜托大哥你来教育管束了。如果要打柴,一定不要让她去太远的地方,大哥你一定要把她替我看好了。听说新地城中的百姓大都逃空啦,而且让这些原住民干什么他们也真的不听招呼。问候姑姐,她和她儿子彦还好吧?为我求神祭拜的时候,如果得到的是下下签,那只是因为我身在叛逆之城的缘故,别想多了。新地城中多有盗贼,大哥一定不要去那里。急急急。

从这两封家书中看出,兄弟俩当中,哥哥叫黑夫,弟弟叫惊,他俩大约是家里的老三、老四,因为上面还有个大哥,单名一个字衷,有个姐姐,没提到名字。兄弟俩对大哥衷相当尊重,哥哥黑夫性格沉稳,说话周到,弟弟惊比较调皮,在外借钱被人催债急得要死,新婚不久,对新媳妇放心不下。

家书中提到,黑夫和惊都是南郡安陆县人,而安陆则是秦昭王二十九年(前278),武安君白起为攻占楚国郢都,在秦楚边境新设立的一个县。黑夫在信中特别提到"黑夫等直佐淮阳,攻反城久",即淮阳叛乱。综合考证,这两封家书的时间应该在秦王嬴政刚开始讨伐楚国的那一年,即秦王政二十一年(前226)。王翦率大军攻伐楚国,秦国已经到了统一天下最关键的时刻。当时秦国约有人口500万,为了攻打楚国,秦先后出动约100万人,几乎是五个秦国人当中就有一个人去参军打仗。依据秦国兵制,只有四类人不用服兵役:17岁以下60岁以上的人、官吏、女人和残疾人。

当时秦国的人力非常紧张,而黑夫和惊的哥哥衷却待在家中没有参军,根据家书提供的情况分析只有一个可能,即衷是个残疾人。两兄弟家书中始终没有提到父亲,有可能他们是单亲家庭。由此推测黑夫和惊的家庭情况是:兄弟俩参军打仗,家里只有哥哥一个男丁,而哥哥衷是个残疾人,也需要别人照顾。但因形势所迫,衷必须成为家里的顶梁柱,承担起照顾一家妇孺的责任。生活负担本来就重,还要给两个弟弟提供军饷。从家书中我们可以发现,在秦国,当兵不但没有军饷,连军装都要自己准备。这种不合常理的事情,有什么缘由吗?

秦自商鞅变法之后,施行二十等爵制,战场上斩首五级,即可得爵一级。一旦有了爵位,能让家人免罪,能得到可以世袭的田地,一级爵位,徭役兵役的年龄可以向下递减一年,总结下来,都是实打实的实惠。而且君王说话算话,不与百姓争利,百姓能不打心眼里拥护他吗?所以,尽管条件艰苦,黑夫和惊以及如他们一般的秦国士兵,还是对未来充满希望并愿意为秦国赴汤蹈火,人人以国为家,也许这才是秦能统一天下的重要原因。

两封家书的发掘地在湖北省孝感市云梦县,云梦距安陆仅28公里,从考古分析看,那个非常小的墓地应是大哥衷的墓,家书应该是收到了的。那么,兄弟俩寄出家书后,最终命运如何呢?

黑夫在家书中提到,因为淮阳叛乱,所以他们即将准备攻打淮阳。淮阳属今河南省周口市。叛乱的始作俑者是秦昭王的外孙——秦始皇的长辈昌平君。家书中的新地就是秦国新征服的楚国首都郢陈,秦占领郢陈后,更名为"淮阳",而楚国迁都到寿春。秦王派昌平君前往淮阳稳定局势,也利用其楚国公子的特殊身份安抚当地的楚人。正如惊家书中所说，新地的老百姓还很不安分。不久，楚人便怂恿昌平君造反，发生了"淮阳之乱"。昌平君被楚将项燕拥为楚王，在淮南一带反抗秦国。秦王政二十二年(前225)秦王嬴政派李信、蒙武领兵20万伐楚，在平舆、寝丘(沈丘)一带大胜项燕率领的楚军。李信是来灭楚的，既已攻克了平舆和寝丘，楚都寿春已经近在咫尺，本应挥师东进，直取寿春。可李信不得不回头朝着西北的方向来平定淮阳的叛乱。在昌平君和项燕联手夹击之下，李信、蒙武全军大败，死伤惨重。很不幸的是，根据时间和战争地点推算，黑夫和惊此时应该就在李信的大军之中。

秦王政二十三年(前224)，秦王嬴政又派王翦率60万大军伐楚，大将军王翦的一声令下，数十万秦兵楚士湮灭在沙场，数十万家庭就此破灭，只凝练成了《史记》里的21个字："其后，王翦、蒙武攻荆，破荆军，昌平君死，项燕自杀。楚亡。"

这封饱含亲情的家书却留存下来，给我们无尽遐想，它留存在大哥衷的墓葬中，家书随葬，可能的原因是黑夫与惊兄弟俩战死沙场。哥哥思念战死沙场的弟弟们，生前家书随身，死后家书随葬，兄弟情深感人肺腑。在那个年代，衷这个普通平民能拥有专门的墓葬，可见黑夫和惊两兄弟拼死换来的荣誉爵位得以光宗耀祖了！更可怜的是惊的新媳妇和婴再没等到从战场上归来的男人。

秦嬴政用了15年时间建立起的统一帝国，也仅存在了15年便被两个楚国人推翻了，这应验了秦国灭楚时一个楚国老人说的"楚虽三户，亡秦必楚"的预言。他们一个是楚霸王项羽，另一个是楚人刘邦。大家都知道项羽是楚国人,但因刘邦建立的是汉朝则容易让人迷惑。其实刘邦是地道的楚人,因楚王熊心封刘邦为汉王,所以刘邦统一天下后就以王号为国号,开启了中国历史上最伟大的帝国时代。强盛的汉帝国为反击匈奴入侵,与匈奴进行了长期大规模的惨烈战争,由于空前强大的汉军在西域和中亚各地演绎了一百多年不败的神话,使汉军和汉人威名远播域外。

最初人们所称汉人,意为汉朝之人,但后来无论中原华夏怎样改朝换代,都称为汉人,汉人演变为中国人的代称。后来,"汉人"所包含的范围越来越大,经过历代各族之间的杂居、融合,许多民族加入汉人的行列,这就是汉民族的来历。久而久之,中原汉人写的文字就被称作汉字,汉字自诞生起就充满了荣耀与自豪。汉字在汉朝时最通行的书体是隶书,隶书也由隶变初期的秦隶发展到具有鲜明特点的汉隶,讲究"蚕头雁尾""一波三折",笔势生动,风格多样。所留存的东汉碑刻也成为文字与艺术融合的一个时代的高峰。

千秋功过话李斯

在秦始皇兼并六国统一天下的过程中,李斯起着极为重要的作用。李斯不是武将,无法像王翦、蒙恬等那样征战沙场,获得赫赫战功,李斯的功绩主要体现在运筹帷幄上。秦国兼并六国的策略和外交政策是李斯提出来的,秦国统一中国后,"废分封""行郡县""车同轨""书同文"也是李斯力排众议的主张。可以毫不夸张地说,李斯是中国古代历史上第一流的能臣,但最后

第一辑 掀开尘封的历史

却落个被腰斩的下场,一生功过应该如何评述呢?

李斯原本是楚国上蔡人,年轻时在郡里当过小吏。据《史记·李斯列传》记载,有一天他去厕所,无意间看到厕所里的老鼠在战战兢兢地吃脏东西,每逢有人或狗走来时,这些厕鼠们都受到惊吓而四处逃窜。后来李斯又走进粮仓,看到粮仓中的老鼠,吃的是屯积的粟米,住在大屋子之下,不必担心人或狗的惊扰。同样是老鼠,厕鼠吃得差,还要担惊受怕,而仓鼠却吃得好,还肆无忌惮。李斯受厕鼠、仓鼠不同际遇的启发,得出了自己的结论,慨叹道:"一个人有出息还是没出息,就如同老鼠一样,是由自己所处的环境决定的。"于是,李斯下决心在乱世之中成为一只昂首挺胸的"仓鼠",以国为"仓",干出一番伟大的事业。

为学帝王治国之道,李斯拜荀子为师,学成之后决定西行到秦国,他认为战国七雄中,除了秦国,其他六国国势都已衰弱。临行之前,李斯向自己的老师荀子辞行,荀子问他:"是否愿在楚国显身手?"李斯摇摇头说:"楚王不中用,六国皆孱弱,不足以成事。只有秦国才是当今豪杰用武之国。"荀子道:"秦法苛峻,商鞅死之,你必小心。"李斯道:"商鞅佐孝公变法,位至丞相,最后车裂而死,但也功成名就了。"荀子见李斯求功名之心太切,于心不悦,于口默然。

几天后,李斯正式向荀子辞行说:"我听说一个人若遇到机会,千万不可松懈错过。如今各诸侯国都争取时机,游说之士掌握实权。现在秦王想吞并各国,称帝治理天下,这正是平民出身的政治活动家和游说之士奔走四方、施展抱负的好时机。地位卑贱而不想着去求取功名富贵,就如同动物一般,只等到现成的肉才去吃，白白长了一副人的面孔，勉强直立行走。所以最大的耻辱莫过于卑贱，最大的悲哀莫过于贫穷。长期处于卑贱的地位和贫困的环境之中，却还要非难社会、厌恶功名利禄，并标榜自己与世无争，这不是士子的本愿。所以我就要到西方去游说秦王了。"荀子道："你要走，我不留。处当今乱世，人情多伪，不可太看重富贵。你过于追求和看重功名利禄，将来必为所累。"

李斯来到秦国时，正赶上秦庄襄王去世，年仅13岁的嬴政继位，秦国大权几乎掌控在相父吕不韦手中。于是李斯投奔到吕不韦门下，充当吕不韦的门客。吕不韦很赏识李斯，任命他为郎官，李斯有了接触秦王嬴政的机会。有一天李斯给秦王上了《论统一书》奏折，劝说秦王抓紧"万世之一时"的良机，"灭诸侯成帝业"，实现"天下一统"。秦王嬴政欣然接受了李斯的建议，先任命他为长史，后又拜为客卿，命其制定吞并六国统一天下的策略和部署。李斯开始在秦国政治舞台上崭露头角。

经过秦王嬴政首肯，李斯暗中派遣谋士带着金玉珍宝去各国游说。对各国有能力有才华的人物，能收买的就送礼物加以收买，不能收买的就派刺客把他们杀掉。在除掉了各国能臣名将之后，秦王派出良将攻打各国。李斯的离间和削弱诸侯国君臣关系的计谋取得了预想的效果。赵国因此失去了李牧等大将，齐国也坐看秦国逐一消灭各诸侯国而无动于衷。秦王嬴政因此任命李斯为客卿（即在秦国担任高级官员的外国人）。

公元前237年，秦国发生了一个"间谍"事件，韩国水工郑国被韩国派往秦国，利用大修水利工程而消弱秦国国力，韩国"疲秦"的阴谋败露，秦王因郑国的欺骗而大怒，要杀郑国。郑国说：

"始臣为间,然渠成亦秦之利也。臣为韩延数岁之命,而为秦建万世之功。"汉代编纂的一篇中国古代水利通史《沟洫志》记载了这一事件,秦王政是位很有远见卓识的政治家,认为郑国说得很有道理,同时秦国的水工技术还比较落后,在技术上也需要郑国,所以对郑国仍然加以重用。经过十多年的努力,全渠完工,秦王命名这条渠为"郑国渠"。

秦国人听到郑国是韩国派来的间谍时,舆论一片哗然。因为随着李斯事业的风生水起,六国客卿逐渐占据高位,已极大地侵犯了秦国宗室的利益,让宗室贵族们感到了不安。秦国宗室贵族借口这次"间谍"事件,说六国客卿都是"间谍",都应被驱逐。于是秦王不得不下令驱逐六国客卿,李斯也在被逐之列。天有不测风云,人有旦夕祸福,李斯万万没想到,城门失火殃及池鱼的事竟然会发生在自己的身上。李斯在被逐离秦的途中,写了《谏逐客书》,劝秦王收回成命。他在《谏逐客书》中,列举大量历史事实,说明客卿辅秦之功,力陈逐客之失,劝秦王为成就统一大业,不讲国别不分地域,广集人才。秦王看了《谏逐客书》后深受感动,立即取消了逐客令,并恢复了李斯的官职,不久又提升他当了廷尉。《谏逐客书》不仅是具有重要价值的历史文献,而且也是一篇脍炙人口的优秀文章。鲁迅先生曾说:"秦之文章,李斯一人而已。"

李斯重新获得重用后不久,战国时期的法家集大成者、李斯的同门师兄弟韩非子也来到了秦国。韩非子虽是韩国的贵族,但在韩国并不得志,反而处处受到排挤。韩非子来到秦国后,向秦王嬴政提出了称霸天下的策略。秦王嬴政很满意,这令李斯十分紧张，决定要除掉这个实力出众的竞争对手。关于韩非子的死，司马迁的《史记·老子韩非列传》这样记载，李斯对秦王嬴政说："今王不用，久留而归之，此自遗患也。不如以过法杀之。秦王以为然，下吏治非。"李斯给在狱中的韩非子服下毒药，一位伟大的法家思想代表人物就这样倒下了。

时光荏苒，一晃便到了秦帝国时期。秦帝国初立，李斯参与了不少初创工作，有两件事对后世影响最大，其中一件事便是废分封、行郡县。当时，丞相王绾等进言说："诸侯刚刚被打败，燕国、齐国、楚国地处偏远，如果不给它们设王，就无法镇抚那里，请封立各位皇子为王，希望皇上恩准。"已经由秦王华丽转身成秦始皇的嬴政把这个建议交给群臣商议，群臣都认为这样做有利，唯独廷尉李斯发表了不同意见，他说："周文王、周武王分封子弟和同姓亲属很多，可是他们的后代逐渐疏远了，互相攻击，就像仇人一样，诸侯之间彼此征战，周天子也无法阻止。现在天下靠您的神灵之威获得统一，都划分成了郡县，对于皇子功臣，用公家的赋税重重赏赐，这样就很容易控制了。要让天下人没有邪异之心，这才是使天下安宁的好办法啊！设置诸侯没有好处。"秦始皇认同李斯的看法，把当时的天下分为三十六郡，后来又增加到四十四郡。

李斯力排众议，反对分封制，固然是从更好地统治天下的需要考虑，但也不能说李斯就没有一点私心。因为分封制是儒家治理天下的策略，郡县制是法家治理天下的策略。如果秦帝国实行分封制，那么儒家思想便要占据上方而法家地位必将受到压制。皮之不存，毛将焉附？作为法家代表的李斯显然看到了

第一辑 掀开尘封的历史

这其中的危险信号，因此他必须站出来力排众议，后来的焚书坑儒，其实也是这一思想的延续罢了。

秦始皇于公元前221年统一六国后，数次出巡各地。群臣为歌颂其功德、昭示万代而刻石共有七处，分别称《峄山刻石》（前219）、《泰山刻石》（前219）、《琅琊刻石》（前219）、《之罘刻石》（前218）、《东观刻石》（前218）、《碣石刻石》（前215）和《会稽刻石》（前210），故又称"秦七刻石""秦七碑"。

▲琅琊台刻石拓本

秦始皇去世后，秦二世于元年（前209）出巡，又于始皇所立石旁刻大臣从者姓名，以彰始皇成功盛德，复刻诏书于其旁。秦二世诏书全文79

▲泰山刻石明拓本

个字，字体与七刻石相同。它们均由秦相李斯以小篆写成。后世对李斯的秦刻石历来评价很高，鲁迅誉之为"汉晋碑铭所从出"，堪称是艺术瑰宝。

公元前210年，秦始皇在巡游途中驾崩。在临死之前，秦始皇曾命令赵高拟写一份给长子扶苏的诏书，让扶苏把军队交给蒙恬，速往咸阳主持葬礼。按照这份诏书的意思，扶苏自然是秦二世的人选，但赵高与胡亥早已进行了精心的篡位谋划。赵高知道只有争取到李斯，篡位之事才有可能成功。为此他颇费了一番心计。赵高了解李斯本出身布衣，正是因为不堪卑贱穷困才效命于秦始皇，而今虽然位居三公，享尽荣华富贵，但依然时时为自己的未来担忧，唯恐有一天眼前所拥有的一切会化为泡影。于是他决定从李斯这个弱点发动进攻，赵高径直找到李斯，有恃无恐地对他坦言："皇上驾崩一事，外人还不知道，给大公子扶苏的诏书及符玺在我那里，定谁为太子，全在丞相与我一句话，丞相看着办吧！"

李斯听出了他想篡诏改立的意图，当下断然拒绝，义正辞严地说："如此大逆不道的话，你怎么说得出口！李斯本来出身低微，幸得皇上提拔，才有今日的显贵。皇上现今将天下存亡安危托付给你我，我们怎么能够辜负他呢！"赵高见正面游说无效，便一转话锋，问道："丞相，依你之见，在才能、功绩、谋略、取信天下以及扶苏的信任程度这些方面，你与蒙恬将军谁强呢？"李斯沉默半响，黯然地说："不及也。"赵高进一步试探道："丞相是个聪明人，其中的利害关系恐怕比高看得更清楚。大公子一旦即位，丞相之职必定落入蒙恬之手，到时候你还能得善终吗？胡亥公子慈仁敦厚，实乃立嗣的最佳人选，希望丞相仔细度量度量。"赵高的这番话击中了李斯的要害。如果李斯不与赵高同流合污，就无法接着当仓鼠成就伟大的人生。最终李斯答应了与赵高密谋改诏，逼死了扶苏和蒙恬，辅立胡亥为秦二世，秦帝国的历史也因此被改写了。

第一辑 掀开尘封的历史

情陆奇命

在赵高和李斯的帮助下,胡亥顺利登基成为秦二世。但胡亥根本不是当皇帝的料,帝国的大权逐渐落入郎中令赵高之手。俗话说,一山不容二虎,李斯感受到了危险。恰在此时,陈胜、吴广揭竿而起,天下陷入混乱,李斯开始展开反击。但赵高以谋反的罪名把李斯及李斯的家人、宾客全部打入牢房。在牢房之中,李斯仍然心有不甘,他仿效多年前给秦始皇上《谏逐客令》的办法,在狱中给秦二世写了一封情深意切的奏折,希望秦二世看到他的奏折,能够回心转意。然而,这次不再有奇迹发生,李斯的奏折直接被赵高截留,秦二世根本就没能看到。

公元前208年,《史记·李斯列传》记载:"二世二年七月,具斯五刑,论腰斩咸阳市。"李斯被判处五刑,在咸阳街市上腰斩。五刑是秦汉时期一种残酷的处死方法。《汉书·刑法志》曰:"当夷三族者,皆先黥(qíng,以刀刻凿人面)、劓(yì,割掉鼻子),斩左右趾,笞(chī,用杖或竹板子抽打)杀之,枭其首,菹(zū,切碎)其骨肉于市。其诽谤诅詈(lì,辱骂)者,又先断舌,故谓之具五刑。"即对被判处"夷三族"罪的人,先施之墨劓之刑,又斩左右趾,再以笞杖杀之,然后割下首级并悬之于木,最后将尸体剁成肉酱。李斯在临刑前对他的儿子说:"吾欲与若复牵黄犬俱出上蔡东门逐狡兔,岂可得乎!"(我想和你再牵着黄狗一同出上蔡东门去打猎追逐狡兔,又怎能办得到呢!)话毕,李斯父子二人相对痛哭。

李斯此时方得大彻大悟,然而为时已晚矣!他不知道的是,他的"书同文字"不仅推动了秦汉王朝政治、经济、文化的发展,更重要的是这一文字统一的局面横贯了整个中国历史。其意义之巨,对中国和世界产生了极其深远的影响!

第二辑

展开汉字的维度

汉字之物以载文

汉字自初创以来就不断地寻找着一种能广泛传播或永续传承的载体。继陶器、甲骨、青铜、玉石之后,中国历史上最早出现的专用文字载体是简牍,它对后世书籍文化产生了深远的影响。直至今日,有关图书的名词术语依然承袭了简牍时期形成的传统,继而缣(jiān)帛、石碑、摩崖等也都成为汉字的载体形式,直至四大发明之一的纸张出现……物以载文,中国汉字载体发展及演变的过程也是异彩纷呈。

留取丹心照汗青

辛苦遭逢起一经,干戈寥落四周星。

山河破碎风飘絮,身世浮沉雨打萍。

惶恐滩头说惶恐,零丁洋里叹零丁。

人生自古谁无死?留取丹心照汗青。

公元1278年,元兵大举渡江,南宋局势岌岌可危。著名的民族英雄、南宋政治家、文学家文天祥虽顽强抵御,但终因孤立无援而兵败被俘。次年正月,当元军出珠江口,准备进攻南宋最后的据点崖山时,元军统帅张弘范强迫被拘押舟中的文天祥写信劝说宋帅张世杰投降。此时正逢船过零丁洋，文天祥写下这首《过零丁洋》作答以诗明志。敌人虽多方诱降，文天祥始终不肯屈服，最后从容就义，年仅47岁。

诗中的最后一句提到的"汗青"是什么呢？它是先秦时期人们书写记事所用的一种载体——竹简。竹简就是把削好的竹片一排排穿成一册，这个"册"字就是这么来的。古人把青竹叫"青"，制作竹简时要用火烤，让竹子里的水分像汗一样从青竹中渗出来，这样竹简容易刻上字并且不生虫子，所以竹简又叫汗青。古时竹简主要用作记录史实，所以又称为史册。文天祥借用"汗青"的寓意寄托自己誓死不降、以身殉国、永垂史册的高洁志向。

到了秦朝，毛笔被广泛使用，竹简上的字可以不用刀刻而代以毛笔书写了。那时人们写文章时，常常用毛笔把初稿写在竹青上，因为竹青光滑，要修改只须抹去就可以了。初稿改定后，就削去竹青，把定稿写在竹白上。这一道工续也叫"杀青"。因古时杀字有削、剐之意，故后世就用"杀青"泛指书籍定稿。如宋代陆游有"《三巷》奇字已杀青，九泽旁行方著录"的诗句。"杀青"现在多用于影视作品的制作上，经常会看到"某某片于某日杀青"的说法。

中国是发明纸张的国家，这一伟大发明正是由于华夏祖先不断探索汉字书契载体的必然结果。在东汉纸张发明之前的"前纸时代"，汉字载体经历了三千多年的演变。仰韶文化和龙山文化时期书契在陶器上，殷商时期书契在龟甲兽骨上，商周时期铸刻在铜器上，先秦初期还盛行镌刻在石器上，到了周朝特别是战国时代,使用最为广泛的还是简牍。简牍是对古代遗存下来的写有文字的竹简与木牍的概称。用竹片写的书称"简策",超过100字的长文就写在简策上。用木版写的叫"版牍",不到100字的短文便写在版牍上。

写在版牍上的文字大多数是官方文书、户籍、告示、信札、遣册及图画等。由于文字内容有异,其称谓亦有别,如军事的文书叫"檄",用于告示则称之"榜",将信写于木版,再加一版叫作"检",在检上写寄信人和收信人的姓名地址叫作"署"。将两版合好捆扎,在打结的地方涂上黏土,盖上阴文印章,黏土上出现凸起的字,这就是"封",这是信封的起源。使用的黏土叫"封泥"。由于写信的木版通常只有一尺长,故信函又叫"尺牍"。笺是古代一种短小的简牍,是供读书者随时注释的,将它系在相应的简上以备参考之用,现在人们所说的"笺注"就是起源于此。

简牍是我国先秦书籍的最主要形式,直至今日,有关图书的名词术语依然承袭了简牍时期形成的传统。先秦时期最长的简长约三尺,多用于书写国家法律条令,故有"三尺律令"之说。每根简上所写字数也不相同,但多数竹简较窄,仅能书写一行。牍的大小也无严格规定,有时将面积稍小的牍称为札,而面积更小的牍则称为笺,这些源于简牍的词汇至今仍为我们使用。传统的书写格式及写作方法也因简牍窄长的形状而自上向下书写,写好串起来可卷成册。而打开卷册自然是右手执端,左手展开方便,书写形式自然也就形成自上而下从右往左了。还有一种说法是因为竹简的书写是一片片单片写好按顺序排列后再装订的。一般是左手持简,右手写字,写好后自然由左手放下,既然是由左手排列的,从右往左写会比较顺手。

汉字书写的自上而下,自右而左,也反映了古人的尊卑思想。在古代,上为君,为父母;下为臣,为子女。右为大,左为小,所谓"无出其右",天下第一。这样的书写习惯也从未改变。最早提议汉文横书的是爱国华侨、教育家陈嘉庚先生。1950年6月在全国政协一届二次会议上,陈嘉庚提出了中文书写应统一由左而右横写的提案。之后,郭沫若、胡愈之等也撰文指出文字横排的科学性,称人的两眼是横的,眼睛视线横看比竖看要宽,阅读时自然省力,不疲劳,各种数、理、化公式和外国人名、地名排写也比较方便,同时还可提高纸张利用率。1955年1月1日,《光明日报》首次用横式排版,并刊登一篇题为《为本报改为横排告读者》的文章:"我们认为现代中国报刊书籍的排版方式,应该跟着现代文化的发展和它的需要而改变,应该跟着人们生活习惯的改变而改变。中国文字的横排横写是发展趋势。"到1955年11月,中央级17种报纸已有13种改为横排。1956年1月1日,《人民日报》也改为横排,从此,文字横排得到全国响应。

1996年在湖南长沙走马楼出土了三国时期吴国的简牍,数量大约有10余万片,多达200余万字。这批简牍包括木简、竹简、木牍、签牌和封检等,上有三国时期吴国嘉禾元年(232)至嘉禾六年(237)的年号。出土的简牍呈灰棕色或黄褐色,长短宽窄各异,字体工整有序,简牍的字体介于隶书、楷书、行书之间,还有一些优美的草书,它们在中国书法史上占有重要地位。每片字数多少不等,木牍每枚80个字至120个字,竹简每枚30

个字至40个字。其内容可大致分为经济券、司法文书、民籍、账簿及名刺、官刺等类，是20世纪重要的考古发现之一。

走马楼简牍中藏着许多有趣的故事，比如有一个"录事掾(yuàn)潘琬文书"木牍，可以说是一件三国时期的反腐档案。"录事掾潘琬文书"木牍是临湘(今湖南省长沙市)一位叫潘琬的官吏对仓吏许迪犯罪行为核实的上报文书。许迪是政府的一名小官吏，他盗用了官府的112斛6斗8升盐米，被当时值班的官吏廖某发现并举报。在给都尉的供词中，许迪否认自己曾盗用盐米。嘉禾四年(235)十一月七日，长沙郡督邮二次下书，彻查许迪贪污案，负责对许迪案件进行拷问核实的人正是文书中的呈报者潘琬。结合"走马楼吴简"其他相关简牍，我们渐渐地还原出许迪的一生：许迪出生于下隽(今湖北省通城县)，世代耕种为业。父亲早逝，母亲独自抚养许迪兄弟四人。作为政府小吏，最初许迪工作勤勤恳恳，所任官职也渐渐重要，最后成为孙吴军事重镇陆口的仓吏。不料监守自盗东窗事发，因为贪赃罪许迪最终被判死刑。他的老母亲当时已85岁高龄，二弟三弟已成家各立门户，没有受到他的牵连。而他的妻子和幺弟，则作为奴隶被没入官府。

那么许迪贪污的112斛6斗8升盐米到底价值多少呢？相关简文的记载，当时一斛米的市价是1500钱，许迪贪污的盐米共值16万9千20钱。根据丘光明《中国历代度量衡考》，三国时期，112斛6斗8升米约等于1724千克。若以1千克米价值6元人民币计算，则相当于今天的10344元。汉魏以来，对贪赃的人惩罚十分严厉。《后汉书·郑均传》中曾提到"为吏坐臧，终身捐

弃"，就是说作为官吏，如果贪污终身不再被起用。东汉清河国侯相叔孙光犯了贪赃罪，被禁锢二世，即自己的子侄辈均不能被起用为官。许迪是孙吴军事重镇陆口的仓吏，很可能盗用的是军饷。在战争年代，盗用军用物资是十分严重的罪行，他被处以极刑也在情理之中了。

还有一片用杉木制作的简牍，其中的内容首次出现"合同"一词。嘉禾吏民田家莂（bié）是走马楼吴简中非常独特的一种。"莂"是可剖分的契约文书，一式两份或多份，用于记录农户租佃田地收取租税等情况。嘉禾吏民田家莂可以称为我国古代最早最完整的经济券书，它详细记载了孙吴时期长沙郡临湘县佃户

▲吴简双面签牌，孙吴时期仓库所用签牌。签牌是一种起标识作用的简牍，其内容讲的是（州）中仓的吏黄讳于嘉禾二年三月书写了签牌，用于标识某册"莂"的内容是嘉禾元年从三州仓运米到（州）中仓的事情记录。为便于日后核对查找，特将此悬挂该册"莂"之上，以示醒目。（现收藏于长沙简牍博物馆）

▲里耶秦简九九乘法口诀表木牍局部，是迄今发现的我国最早最完整的乘法口诀表，也是世界上最早的九九乘法表，比古埃及早了600年。（现收藏于里耶秦简博物馆）

租佃土地的数量及向官府交纳钱粮布匹等赋税的数额。嘉禾吏民田家莂如同现代常用的两联单，将佃农租地情况、纳税数量等数据一式两份书写，在顶端大书一个"同"字或作为"同"字简写的几条直线。而后从中间一剖为二，一份留在官府备案，一份由租佃田地的农户保存。官府要核对时，将两份木简合在一起，核对顶端的"同"字能否合准，这也是今天"合同"一词的来历。政府归档时，将这些田家莂编连成册，用杉木制作，莂上多有用以系绳的契口，正背面亦见编痕，这也证明了简册正是后世书籍竖排制度的雏形。

简牍是中国书法的珍贵遗产，它由篆书的纵势逐步变为横势，千姿百态的书体创造新的美学意义的形象，也让我们从"隶变"中，从各类新体的诞生中看到了崭新的美，看到了古人的笔情墨意。中国汉字真正从"硬书"的契刻时代走向"软书"书写时代，也正是伴随着简牍书法的出现而开创出一个新纪元，东汉书法家蔡邕（yōng）在书论《九势》中说"唯笔软则奇怪生焉"，这就是书法的最奇妙之处。

子弹库的悲伤与马王堆的荣耀

简牍虽然价廉易得，制作也比较简单，但体积较大且笨重，携带非常不便。此外，字数较多的著作由许多竹简编连而成，一旦散乱，竹简混杂，重新整理将是一件非常困难的工作。因此，随着中国古代丝织业的发展，出现了在丝织物上书写的方式。秦汉以前丝织物的统称为帛或缣帛，所以书写在缣帛上的字称

第二辑　展开汉字的维度

之为帛书。

帛书始于何时已不可考。商代已经出现了比较成熟的丝织品，以此推之，帛书的出现也不会太晚。《墨子》曰："古者圣王，书之竹帛，遗传后世子孙。"明确将竹简帛书并称，表明至少春秋战国时期，帛作为文字载体已开始使用。

缣帛平整光滑易于着墨，行列和字数也不像简牍那样受到限制。但是，竹简有一定宽度，通常单行书写，而缣帛则面积较大，多行并列，文字不易对齐。因此，用于书写的缣帛，一般都会事先画好行格，长短宽度与竹简相近。写好的帛书，通常以收卷的方式保存。当然，因为缣帛柔软易折，也可以采用折叠的方式收存。古时缣帛有固定的宽度和长度，即不加裁切，帛书每卷的面积大小也都是一样的，因而帛书时代人们以"卷"作为计量文字的单位。纸张出现后，虽然人们不再以"卷"来计量字数，但仍沿用"卷"来划分书籍的内容。到汉代时总称丝织品为帛或缯（zēng），所以帛书也叫缯书。

与简牍相比，缣帛柔软轻便、幅面宽广、宜于书写，这些都是简牍所不具备的优点。但缣帛产量低成本高，古人通常只将重要或正式的文字书于缣帛之上。《太平御览》说："汉刘向为孝成皇帝典校书籍二十余年，皆先竹书，改易刊定，可缣写者以上素。"也就是说，西汉刘向校书时，先将草稿写在竹简上，直至修改定稿后，才往缣帛上抄录，足见缣帛之珍贵。普通人用不起，它的使用仅限于达官贵人，所以缣帛始终未能取代简牍成为文字的主要载体，常常"简牍、缣帛"并举。到了魏晋时期，纸被广泛使用后，缣帛虽仍在使用，但基本上是作为某些特殊文书和书法绘画的材料。由于帛书易腐蚀不像简牍那样容易保存,我们以前难以见其真颜。

迄今我国仅出土过两次帛书。第一次是20世纪40年代长沙子弹库出土的帛书,它也是唯一一件保存完整的帛书,却被骗卖到了美国。

1942年9月,四个盗墓者在湖南长沙城东南角一处叫子弹库的地方,打开了一座战国时期的楚墓,从中发现了一片薄如蝉翼、上面写有文字画有图案的丝织物。由于在子弹库出土,因而这片丝帛便被称为"子弹库帛书",也称"楚帛书"。

经考证,子弹库帛书距今2300年,它是目前已知年代最早,也是迄今发现的唯一一件战国帛书。帛书高38.5厘米,宽46.2厘米,中心是书写方向互相颠倒的两段文字,四周是作旋转状排列的12段边文,四方交角用青、赤、白、黑四木相隔,每段各附有一种神怪图形。帛书全篇共有900多个字,内容大意是在天地尚未形成,世界处于混沌状态之时,先有伏羲、女娲二神,他们结为夫妇,生了四子。这四子后来成为代表四时的四神,分别是青干、朱四单、白大燃、墨干。四神用阴阳参化法则开辟大地,然后由禹与契来管理大地,制定历法,使星辰升落有序,山陵畅通,并使山陵与江海之间阴阳

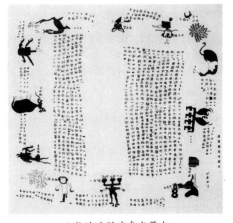

▲长沙子弹库帛书摹本

通气。一千多年以后，帝俊生出日月。从此九州太平，山陵安靖。四神还造了天盖，使它旋转，并用五色木的精华加固天盖。炎帝派祝融以四神奠定三天四极。人们都敬事九天，求得太平，不敢蔑视天神。帝俊于是制定日月的运转规则。后来共工氏制定十干、闰月，制定更为准确的历法，一日夜分为霄、朝、昼、夕。长沙子弹库帛书所写的内容主要是讲述开天辟地的神话故事。帛书不仅保留了大量战国楚文字的字形，而且遗存了上古时期的诸多原始神话到诸子哲学之间流转与传承的脉络。

可如此重要的文物，竟被盗墓者随意送给了一个古董商。文物收藏家、研究家蔡季襄得知消息后，当即斥资法币3000元将它买了下来。当时日本侵略军已经打到长沙，在逃难过程中，蔡季襄的妻子和女儿在挣脱日军凌辱后跳水自尽。蔡季襄怀着满腔的悲愤，带着其他四个子女逃到湘西。为了纪念妻女，他在湘西山城写下了《晚周缯书考证》，蔡季襄在文章中讲述了爱妻与女儿的悲惨经历以及人类应该如何面对命运和死亡。1944年该书出版，书里第一次向世人披露了子弹库帛书的资料与他的研究成果，这一发现立即在学术界引起轰动。

1946年4月，蔡季襄携帛书来到上海，想为帛书拍摄一张红外线照片以方便研究，期间巧遇一位老相识，一个中文名叫柯强的美国人，他是美国军事情报机构战略情报局的一名重要官员，曾在长沙最有名的、由耶鲁大学创办的雅礼中学当过教师。早在1945年日本投降之前，他就被派往上海搜集情报。在中国，柯强一面做情报工作一面从事文物搜集，他对楚国文物特别感兴趣。柯强以能为蔡季襄拍摄红外线照片为名，将帛书骗到手，然后偷偷将帛书送去美国，还假装答应蔡季襄一周后一定将帛书送回上海归还。蔡季襄预料到大事不好，气愤地要求柯强马上退还帛书。柯强欺骗蔡季襄签了一个协议，并在协议中讲明帛书价值1万美元，柯强需立即支付给蔡季襄1000美元；如果到期不能归还帛书，柯强需再向蔡季襄支付9000美元。

一周后，蔡季襄再向柯强索要帛书，柯强又找借口推脱。此后，每隔两三天，蔡季襄就去询问一次，柯强或说已写信去询问，或干脆谎称不在家。直到有一天柯强的佣人告诉蔡季襄柯强已经飞回美国了。为了打探音信，蔡季襄又在上海住了一个多月，囊中金尽后，只得垂头丧气地回到长沙。蔡季襄明白，楚帛书已经被骗抢走了。

由于一念之差，国宝级文物被骗酿成大错，蔡季襄饱受世人指责。1951年，蔡季襄由湖南省文物管理委员会副主任陈浴新介绍进入文管会工作。他毅然将家中所遗留的许多珍贵文物全部捐赠给国家，其中有战国时期的丝带、带钩、东汉陶屋、铜爵、铜方壶、唐宋瓷器、数千余枚历代珍稀古钱币、玉器、滑石器、印章、漆木器等，这些珍品现收藏于湖南省博物馆。

子弹库帛书在美国一再辗转经多人私藏，最后对中国深怀友谊的美国著名医药学家、慈善家、艺术品收藏家赛克勒将它买了下来。20世纪30年代，赛克勒曾募捐支持白求恩大夫在中国救治抗日将士的工作。1986年，他在北京大学捐建的赛克勒考古与艺术博物馆破土奠基，他曾说要在博物馆落成之际给大家一个惊喜——将子弹库帛书送还中国。可是，等到博物馆1993年5月落成的时候，赛克勒已经去世六年了。子弹库帛书

第二辑　展开汉字的维度

现藏于纽约大都会博物馆。

继子弹库帛书后,第二次出土的就是马王堆汉墓帛书。马王堆汉墓帛书不仅数量大而且保存相对完整,具有很高的历史研究价值。

1973年底,在长沙马王堆汉墓出土了28种帛书,总字数约12万字。书写年代最早的大约是在汉高祖初年,其中许多是失传了一两千年的古佚书。如《战国纵横家书》系对纵横家苏秦言行与活动的记录,它可订正《史记》中有关苏秦事迹之误,补充了战国时期的史实。帛书《老子》是现存最古的《老子》版本,让我们知道了《老子》的原貌。帛书《周易》也与现在通行本有较大的不同。出土的还有《黄帝四经》,黄老之学在战国中期已开始流行,但两千多年来黄学没有一部书流传下来,这批书的重现对中国古代哲学思想史的研究有极其重要的价值。

古老的丝绸历史织绣着中国的繁盛与光华,伴随着东方最美丽的传说,彰显着华夏最璀璨精致的文明,也写下了汉字历史上最为华丽的一页。

公元前202年,汉高祖刘邦正式称帝并建立西汉王朝,封吴芮为长沙王,这是刘邦所封八个异姓诸侯国王之一。当时各诸侯国都是由西汉朝廷直接委任丞相,名为辅佐,实际上是掌握该国实权以控制地方政权。西汉杰出的政治家、文学家贾谊就曾是长沙国的丞相,但今天我们要讲的主人公是他的前任——利苍。利苍早年因追随刘邦参加秦末农民起义和楚汉之争而深得刘邦信任,并于西汉初年被委派到长沙国担任丞相。利苍带着年轻貌美的妻子辛追和刚满周岁的儿子利狶(xī)来到长沙。上任不久即遇邻国淮南王英布反叛，关键时刻利苍劝说长沙王吴芮诱杀了英布，利苍因此被刘邦封为轪（dài）侯（即第一代轪侯）。

公元前185年利苍去世，而此时他的妻子辛追还未满30岁，10岁的儿子利豨成为第二代轪侯，不幸的是利豨30岁时意外暴病身亡。经历过这两次沉痛的打击，辛追伤心欲绝，也于三年之后撒手人寰，与亲爱的丈夫、儿子合葬在一起，她希望在那里能够与亲人长相厮守永不分离。利豨的儿子第三代轪侯离开了埋葬着亲人们的长沙去了长安，后来利豨的孙子第四代轪侯在担任武官时因为擅自调兵而被判处死刑，虽得到赦免保住了一条性命但终被削为庶民。利氏家族的爵位从此就再也没有延续。然而一段悲伤的家族故事却在两千年后闪烁出它的华美与荣耀。

1972年，湖南省长沙市东郊一个建筑工人将钢钎插入一个形似马鞍的巨型土堆中，意外地打开了已埋葬了千年的宝藏。一座汉朝墓地的横空出世拉开了震惊世界的考古大发现的序幕，这就是长沙国丞相利苍一家三口尘封两千多年的马王堆汉墓。有人把它誉为中华民族的地下文化宝库，西方人称之为东方的"庞贝城"。2016年6月，马王堆汉墓被评为世界十大古墓稀世珍宝之一。

在中国各地的省立博物馆中，湖南省博物馆最鲜明的特点是它几乎被一个家族承包了，这个家族就是马王堆汉墓墓主西汉长沙国丞相利苍一家。马王堆汉墓共出土珍贵文物三千多件，绝大多数保存完好。五百多件各种漆器，制作精致，纹饰华丽,光泽如新。大量丝织品绢、绮、罗、纱、锦等品种众多,其中辛追的素纱襌(dān,单衣)可谓精美奇妙,巧夺天工,更是珍贵国宝。出土的还有彩俑、乐器、兵器、印章、书画等珍品,为我们全方位地描绘出汉代贵族的真实生活场景。

帛书对汉字发展研究和书法艺术有极其重要的文献价值。《马王堆帛书》用笔沉着遒健,给人以含蕴圆厚之感。它的章法独具特色,既不同于简书也不同于石刻,纵有行,横无格,长度非常自由,有强烈的跳跃节奏感,总体反映了由篆至隶的隶变阶段的文字特征。现代人一般能看到的汉人书法多为刻石,能看到这么多墨迹,实为幸事。因为帛书上的墨迹没有刻凿的修饰和传拓的残损,人们能清楚地认识"古隶"的本来面目。其书风古朴自然,笔墨饱满流畅,用笔已规范化,波笔、挑笔形成了特色,字体富于变化,错落有致而又气脉贯通。学习和借鉴它,或许能给我们今天的书法实践提供更多更广阔的思路。

千古第一后与她身后的"遗产"

在中国历史上,第一个由少数民族在中原大地建立统治政权的是南北朝时期的北魏,而这个政权却创造出一个汉字书法史上的奇葩——魏碑。魏碑是我国南北朝时期北朝文字刻石的通称,魏碑原本也称北碑,在北朝相继的各个王朝中以北魏的立国时间最长,后来就用"魏碑"来指称包括东魏、西魏、北齐和北周在内的整个北朝的碑刻书法作品。这些碑刻作品主要是以石碑、墓志铭、摩崖和造像记的形式存在的。此时书法是一种承前启后、继往开来的过渡性书法体系。由于魏碑书体都是楷书,因此有时也把这些楷书碑刻作品称为"魏楷"。魏碑书法对后来的隋和唐楷书体的形成产生了巨大影响,历代书家在创新变革中也多从其中汲取书法的精髓。

现存的魏碑作品数量巨大,仅发现于龙门石窟的造像记就有数千方。经过前人的整理,部分作品从中脱颖而出,被视为魏碑的代表作。康有为在《广艺舟双楫》中赞誉魏碑有"十美":"一曰魄力雄强,二曰气象浑穆,三曰笔法跳越,四曰点画峻厚,五曰意态奇逸,六曰精神飞动,七曰兴趣酣足,八曰骨法洞达,九曰结构天成,十曰血肉丰美,是十美者,唯魏碑南碑有之。"中国古代文化学者、书法家钟致帅的《雪轩书品》称:"魏碑书法,承汉隶之余韵,启唐楷之先声。"唐初几位楷书大家如欧阳询、虞世南、褚遂良等,都是取法魏碑的。

这究竟是一个怎样的民族,为何能在汉字史上留下浓墨重彩的一笔呢?继匈奴之后,在蒙古草原崛起的另一支游牧民族——鲜卑族,是魏晋南北朝时期对中国影响最大的游牧民族。五胡十六国时期,鲜卑族各部落趁中原混乱不堪之际,分别建立了诸侯国。公元385年,鲜卑族拓跋氏建立了魏(史称北魏),依靠骁勇善战的骑兵部队长驱直入中原,迅速吞并北方地区的几个割据政权,在公元439年统一了中国北方,与东晋形成南北朝对峙局面。鲜卑族也成为中国历史上第一个在中原建立政权的少数民族。

鲜卑民族主要活跃于十六国和北朝时期的政治舞台。而这一时期,恰是中华文明大转型的时代,是多元一体格局的中华民族形成时期。民族大迁徙、大融合是魏晋南北朝历史的主旋律。北方各民族相继水乳交融般地融为一体，成为中华大地上民族融合和文化融合的典范。在这方面，北魏冯太后和孝文帝推行的"汉化改制"，其不朽功业在于把"汉化"进程纳入国家政治体制，使之法制化、定型化、常规化和普及化，对民族融合产生了有力的促进作用，为隋唐王朝的崛起和中华大一统的重建铺垫了基石。

中国历史上临朝听政的太后不少，但就对中华文明的贡献而言，几乎没有一位能超过冯太后，因而她有"千古第一后"之称。汉代的吕后是我国实行皇帝制度以来第一位临朝称制的太后；唐代的武则天是历史上唯一得到普遍承认的女皇帝；慈禧是大清帝国的实际统治者，在位时间仅次于康、乾；文明太后冯氏则是鼎鼎大名的北魏孝文帝改革的真正策划人，她使这个由鲜卑族建立的国家空前强盛。

冯氏本是罪臣之女，自幼就经历了满门抄斩的惨剧。因为年幼（当时只有12岁）又是女孩，她被送入宫中，成了拓跋氏的婢女。冯氏入宫一年后，北魏文成帝拓跋濬登基继位。有一次他在宫中偶遇冯氏，《魏书》中这样记载了两人的邂逅："高宗登白楼望见，美之，谓左右曰：'此妇人佳乎？'左右咸曰'然'。"就这样，冯氏成了拓跋濬的妃子。按照北魏的制度，宫中嫔妃要想成为皇后，不论身份，必须先要手铸金人，若能铸造成功则视为吉祥如意，便成为中宫之主，若是铸而不成则妃嫔不能被立为皇后。而聪慧的冯氏在宫内已练熟此功，成为唯一能成功手铸金人的嫔妃，因此被文成帝立为中宫皇后。文成帝为此下令在京师平城（今山西省大同市）西北约三十里的武州山南麓，开凿五所石窟予以纪念,每窟中雕凿石佛像一座,佛像高达六七十尺。云冈石窟便以此为开端,后来又经过了六十多年的开凿与修整,遂形成著名的石窟建筑群。公元一世纪左右,佛教传入中国后,佛造像不断吸收、融合中国古代艺术精华,逐步形成了具有鲜明中国特色的佛造像艺术体系。

冯皇后与文成帝两人感情十分深厚但却没有生育,只得立文成帝妃子李氏所生的不足两岁的拓跋弘为太子。其他朝代,皇帝的妃子"母凭子贵",可在北魏,却有一项"子贵母死"的奇葩制度,凡后妃所生之子一旦被立为储君,生母皆要被赐死,以防未来的母族擅权。于是拓跋弘生母李氏被赐死,冯皇后担当起了养育太子之责。贵为皇后的她,深深地理解文成帝为国操劳的艰辛,尽力为他排解各种烦闷与不快,特别在生活上给他以温存体贴。每次文成帝出征巡幸归来,冯皇后都以她的百般柔情化解皇帝的一路风尘。在冯皇后身边,文成帝忘却了朝廷上大臣的争斗,忘记了柔然、刘宋于南北的威胁。然而天不作美,冯氏做皇后尚不到十年,这种偕鸳效鸯的生活就画上了句号。被誉为"有君人之度"的文成帝英年早逝,崩于平城皇宫的太华殿,此时冯皇后年仅25岁。

文成帝死后,刚刚即位的年仅12岁的献文帝就面临严重的危机,太原王、车骑大将军乙浑举兵叛乱。冯太后不得已临朝听政,很快冯太后就表现出果敢善断的政治才干,平定了乙浑之乱,稳定了北魏动荡的政局。两年后,冯太后停止临朝,还政于献文帝。但由于冯太后的男宠,母子二人间生嫌隙。自文成帝死后,年轻的冯太后不耐守寡的孤寂与冷清,经常选一些美貌男子来做伴。献文帝甚是不喜，认为后宫淫乱有辱颜面，便杀了冯太后的一个男宠。太后大怒，逼迫献文帝禅位给年幼的太子拓跋宏——即是历史上著名的孝文帝，冯氏被尊为太皇太后，转年献文帝死。此时政局又动荡起来，北魏统治面临潜在的威胁。孝文帝即位时还不满五岁，理所当然的这权柄又一次掌握在冯氏的手中。为了北魏的长治久安，也为了巩固自己的权力地位，冯氏恩威兼施，充分施展了她高超的政治才干，并继续临朝摄政总揽大权。

冯氏执掌北魏大权二十多年，她知书达理聪明果断。在这期间，她参照汉族的文化制度，颁布了许多改革措施。这些措施吸取借鉴了汉族的政治制度，促进了北魏王朝的繁荣富庶。冯氏在进行全面改革的实践中，并没有把孝文帝排斥在外，相反她尽可能让他参与，以便使孝文帝得到锻炼。正是由于冯氏的悉心培养，孝文帝才真正成熟起来，为以后孝文帝改革打下了基础。后来北魏孝文帝的改革很多都延续了冯氏的汉化改革，促使北魏国力日盛，达到了自西汉后又一个封建王朝的巅峰。这恰恰也是冯氏作为一位杰出政治家的成功之处。公元490年，冯氏去世，时年49岁，谥号"文明"，又被称为"文明太后"。

历史总有极其相似的一幕，前文曾讲述过的商盘庚迁都和周平王迁都的同一画面再度在北魏上演，而且和周平王前往的地点相同——洛阳。北魏太和十七年（493），北魏迁都洛阳，这是孝文帝一次颇具智慧的决定，他像盘庚当年一样面对重重阻力却有着坚强的决心。

孝文帝当上了皇帝以后，为了巩固自己的统治，就必须进一步推行冯太后的改革，吸收汉族的先进文化，尤其是对落后的风俗要进行彻底的革新。孝文帝首先采取了和盘庚同样的措施——迁都。最初北魏的首都在现今的山西省大同市，而那个时候汉族的经济政治文化中心是洛阳，洛阳便成了孝文帝迁都的首选之地。如果迁都到洛阳，那么离自己祖先居住的地方远了许多，人们的生活习惯需要改变，许多大臣就会反对，孝文帝想到了一个计谋。一天，文帝召集百官，提出要进攻南方的齐国，要派大量的军队去攻打。于是，孝文帝亲自带领着他的部队总共有三十多万人从大同出发，向南出征。大军到达洛阳的时候，大雨不停，道路泥泞，军队行进得十分困难。孝文帝没有让部队停止，故意坚持令军队继续前进，这立即遭到了大臣的劝说和阻止。孝文帝对大臣说："我们率领众人南下征战，如果在半路就停止了，这不是让人笑话吗？这次行动总要有一些收获，如果我们决定不继续前进，不如把都城迁到洛阳，如何呢？"经过一番装腔作势的争论，大臣们见皇帝的意志不可更改，也就无可奈何地同意了，这样孝文帝最终达到了自己的目的——把都城迁到了洛阳。

北魏定都洛阳后，孝文帝开始了全面的汉化改革，诸如推行改汉姓，皇室带头将拓跋姓氏改为元姓；推行说汉语，朝廷严禁说鲜卑语；推行写汉字，奏折必须用汉字书写；推行穿汉服，禁止穿小袖的胡服，仿南朝的服装制做官吏朝服；推行娶汉女，要求北魏贵族必须娶汉家女等。笃信佛教的孝文帝迁都的同时，没有忘记把佛教的发展中心也转移到洛阳来，他组织修建寺院广集名僧，还仿照大同云冈石窟在洛阳以南的龙门伊水两岸,依山开窟造像,由此一个神奇的大型石窟群——龙门石窟开始建造。北魏孝文帝之后,龙门石窟历经东魏、西魏、北齐、隋、唐、五代、宋等朝代连续大规模营造达400余年之久,南北长达1公里。现龙门石窟存有窟龛2345个,造像10万余尊,碑刻题记2800余品。

龙门石窟地处中原,是外来佛教造像艺术深植在中华民族传统艺术土壤中的丰硕成果,是我国古代雕塑艺术完整体系的集中表现,在我国石窟艺术中有着特殊的历史地位。今天龙门石窟已成为中国石刻艺术的宝库之一,与莫高窟、云冈石窟、麦积山石窟并称中国四大石窟。在龙门石窟的古阳洞和慈香窑中有20个造像题记石刻,被称之为"龙门二十品",这是最有代表性的20件具有不同风貌的魏碑书体造像题记,多是北魏的王公贵族、高级官吏和有道高僧为孝文帝歌功颂德或为祈福禳灾而开龛造像的。这些造像题记往往涉及当年的史实,其中的

▲《比丘慧成为亡父始平公造像题记》拓本局部,龙门二十品之一。

▲《新城县功曹孙秋生、刘起祖二百人等造像记》拓片局部,龙门二十品之一。

名字也多在史书上有所记载。龙门二十品是北魏时期书法艺术的精华之作。

北魏除了造像题记，其他石刻种类繁多，包括碑刻、墓志、明堂瓦文等。凡新建寺塔或塑造佛像，必延聘文学之士，撰写文章以记其事，或凿石以作碑碣，或就天然岩壁摩崖勒刻。四海之内虽战乱不止，造像求长生的心理却越发炽烈，刻石佛、记文字漫山遍谷，魏碑书法发展至鼎盛时期。

汉字书法在以石为载体上得以迅速发展演变，它既融合了北方少数民族的粗犷剽悍之风，也渗透了儒家文化的温文尔雅刚正不阿，同时又受到佛教和道教文化的熏陶，呈现出古朴、自然、刚劲、雄壮的风貌。龙门石窟造像题记成为魏碑书法的代表作。冯太后和孝文帝的汉化改革为汉字书法史留下了最为珍贵的历史遗产。

▲《陆浑县功曹魏灵藏薛法绍造像记》拓片局部，龙门二十品之一。

▲《辅国将军杨大眼为孝文皇帝造像记》拓片局部，龙门二十品之一。

第二辑　展开汉字的维度

145

僧安道壹与摩崖石刻

古人把长方形的刻石叫碑。把圆首形的或形在方圆之间、上小下大的刻石，叫碣。而摩崖石刻是指人们在天然的石壁上摩刻的所有内容，包括上面提及的各类文字石刻、石刻造像，还有一种特殊的石刻——岩画也归入摩崖石刻。

著名的摩崖石刻有泰山摩崖碑碣群、丹霞山摩崖碑碣群、天柱山摩崖碑碣群、西岳华山摩崖碑碣群、榆林红石峡摩崖碑碣群等。山石作为文字和图案的自然载体是人类文明的发端，具有与人类一样古老的历史。然而在中国，它并没有随着新载体的丰富而消失，相反，它却超乎想象地迸发出惊人的力量，让中国汉字释放出无限的张力。

中国古代的石刻是非常丰富的文化宝藏，它的品种繁多、数量浩大，分布范围更是十分广泛，几乎可以说自先秦以来，无石不刻无地不刻。我国古代石刻艺术的精华数不胜数，在世界石刻艺术史上占有极其重要的一席之地，也为后人所倾倒。秦襄公时期就有了刻石作品如《石鼓文》，东汉熹平年间（172—178），蔡邕将儒家经典《书》《诗》《仪礼》《公羊传》《论语》等刻石立于洛阳太学门前，供学生们学习勘校。这些刻经，对佛教刻经保存典籍显然有直接的影响。中国摩崖石刻传承了上古记事的文化基因，一些重大的历史记忆虽历经千年仍巍然屹立。

东汉和帝永元元年（89），车骑将军窦宪北伐匈奴，一直打到燕然山（今蒙古国境内的杭爱山），几乎全歼了北单于主力。

当时，随军的班固写了《封燕然山铭》，并刻在摩崖上，但石刻的具体地点一直无人知晓。

两千年以后的一天，内蒙古大学发布了一则消息："2017年7月27日至8月1日，中国内蒙古大学蒙古学研究中心与蒙古国成吉思汗大学合作实地踏察，解读东汉永元元年窦宪率大军大破北匈奴后所立摩崖石刻。摩崖石刻位于蒙古国中戈壁省偏西南杭爱山一支脉向南突出的岩石上。经过认真辨识，初步确认此刻石即著名的班固所书《封燕然山铭》。"这次发现意义重大，燕然山之战是有史记载的重要战役，终结了中原王朝与匈奴长达几百年的战争，对于中国古代历史和文学都有重要影响。汉之燕然山，即今日的杭爱山，位于蒙古国中部，离雁门关约1800公里。历史上，此地一直作为汉族抗击匈奴的前线，燕然山频繁地出现在古诗中。

公元89年，匈奴分南北两部，南匈奴归汉，北匈奴反汉。南匈奴请求汉朝出兵讨伐北匈奴，当时的汉朝国舅兼车骑将军窦宪奉旨远征北匈奴，这也是东汉历史上第一次大规模征讨匈奴势力。窦宪与耿秉各率四千骑与归汉的南匈奴在涿邪山（今蒙古国西部、阿尔泰山东脉）会师。窦宪命副校尉阎盘、司马耿夔（kuí）率一万余精兵，与北单于在稽落山（今蒙古国汗呼赫山脉）作战，大破敌

▲《封燕然山铭》拓片局部

军。敌众溃散,单于逃走。窦宪率军追击,直到私渠比鞮海(今蒙古国乌布苏诺尔湖)。此役共斩杀名王以下将士13000多人,俘获马、牛、羊、驼100余万头,来降者81部,前后20多万人。稽落山战役后,汉军骑兵部队乘胜追击,猛追北匈奴单于到了燕然山。此时的汉军已经前进至远离边塞三千余里的地方。窦宪与副将等登上燕然山视察。当时随军出征的班固撰写了《封燕然山铭》一文,刻石纪功,颂扬汉军出塞三千余里,奔袭北匈奴,破军斩将的赫赫战绩。《封燕然山铭》碑文上刻"上以摅高、文之宿愤,光祖宗之玄灵;下以安固后嗣,恢拓境宇,振大汉之天声"。亦称为"燕然勒石"。

"燕然勒石"成为重要的典故以及后世功臣名将向往的功业巅峰。燕然山之战终结了中原王朝与匈奴长达几百年的战争,蒙古草原上的匈奴从此以后就消失了。

一千五百多年前,南北朝北齐时期,一个和尚叫僧安道壹,不过这个名字怎么念现在还在争论之中。有专家认为他是僧人,叫安道壹;后来专家又说他名僧安,字道壹。反正叫他道壹和尚是没错的,而且目前也只知道他是一个和尚。他是那样的扑朔迷离,没人知道他生于何地,归于何处。正史上没有他的传记,野史上没有他的故事,没有留下后人,没有留下著述,甚至连他真实的名字也无人知晓。

但他是真实存在的。在河北的响堂山、中皇山,在河南的鳌盖山,在山东的泰山、徂徕山、玉山、铁山,都能看到他留在悬崖断壁上的墨迹。《文殊般若经》《金刚般若波罗蜜经》《入楞伽经》等经书都被他刻在了坚硬无比的花岗岩石壁上。其中泰山经石峪

《金刚经》石刻，在2000多平方米的石坪上，自东向西刻字44行，每行字数10至125不等，共有1000余字。这些石刻规模之大、书法之精，令人叹为观止。铁山摩崖石刻，在山南坡一片长66米、

▲铁山摩崖石刻《石颂》拓片局部

宽17米的斜面上，镌刻着字径40厘米至80厘米的《大集经·穿菩提品》930个字及《石颂》600个字，蔚为壮观，虽历经千余年，字迹依然清晰可见。

在他留下的众多石刻遗墨中，真正称为人间奇迹的，还是留在山东平阴四山摩崖上的"大空王佛"石刻。"大空王佛"四字高达11.3米，宽3米。其"佛"字高4.25米，宽3米多，为南北朝之前大字之最。在近乎水平的石崖上，四个大字如山风呼啸，如海潮奔涌。而如此大的字，用笔却能起落自如，端庄雄浑，末一竖笔还呈现出"飞白"之状，更增几分飘逸洒脱之韵。清代著名书法家包世臣谓之"大字鼻祖，榜书之宗"（榜书即题署宫殿匾额的大字）。在那幽静的山谷中，面对这让人几乎不可思议的大字，心灵会受到一种强烈的震撼。

从这些摩崖石刻，可看到僧安道壹非凡的书法造诣。他的刻经，有秦人小篆的严谨规整，有唐人楷书的雄浑华贵，有北魏

石刻的玄远风骨,同时又不乏晋人行书的自然流畅。他多以隶书为基本骨架,吸纳各种书体的艺术内核,将它们融汇在一起,创造出中国书法史上绝无仅有的隶楷书体。书风雄浑刚健,圆润开放,长笔极势而去,短笔蓄势待发,长和短相互映衬,动和静相互顾盼,端庄如山,流畅似水,势如高山悬瀑,动如高原走马,逸如高空飞鹤。康有为、郭沫若对僧安道壹精妙绝伦的书法评价极高,日本书道协会更是建议中国书协应立安氏为"书仙",以与王羲之"书圣"并驾齐驱。

然而,对于一位名不见经传的和尚来说,做一个过人的书法家绝不是他的目的。他为何来到这里,为何在这群山峻岭中异常艰苦甚至冒着生命危险刻下这些石经呢?从摩崖上《石颂》的只言片语,学者们描绘出了一千五百多年前那位披着袈裟的高僧挥动着如椽巨笔以青山作纸的背影。

僧安道壹生在北齐,在他生活的年代,发生了两次著名的"灭佛"运动。僧安道壹作为和尚应该都经历了,而且给他留下了难以平复的心灵创伤。

佛教自东汉时期传入中国,由于历代统治者的提倡,到南北朝时已极为盛行。其中以梁武帝为最,他不仅给佛教极高的政治地位,还给僧侣很高的社会地位和十分优厚的生活待遇。梁武帝广建佛寺,盛造佛像。仅金陵一带就有寺院两千八百多座,僧尼八万多人。杜牧有诗云:"南朝四百八十寺,多少楼台烟雨中。"寺院经济迅速发展,出家僧尼的数量急剧增加,这些必然影响到政治、经济和军事等一系列社会问题,儒、释、道三者的冲突矛盾也不断加深。

北魏太武帝本是信佛的,但佛教势力的增长严重影响朝廷的租调收入和兵丁劳役的需求,因为大量人力和财力流向了寺院。后来道士寇谦之游说太武帝,于是太武帝转而信道,对佛教成见日深。北魏太平真君七年(446),太武帝途经长安时,发现一寺院私藏武器,并有窟室以窝藏赃物及与妇人私通,于是太武帝决意灭佛,下诏诛杀长安沙门,焚毁佛像。

北周建德三年(574),北周武帝也是在道士张宾的影响下对佛教产生了偏见,下令强制灭佛,并全部毁掉齐地寺院,将四万多所寺庙充为宅第,命僧尼近三百万人"皆复军民,还归编户"。这就是历史上有名的"二武灭佛"。北魏太武帝和北周武帝的两次"灭佛"运动,都是基于自身的统治目的而进行的,但结果如出一辙,都重伤了佛教的命脉。虽然破坏了许多佛学经典艺术成果,但大量的僧侣被迫还俗,扩大了国家的税收来源和兵源,为国力的上升提供了坚实的条件。

经历了"灭佛"运动之后的僧安道壹也终结了寺院修行的生活,他独自回到家乡,望着自己家乡山东邹城的一座山丘,其山势嶙峋、巨石相叠、松槐掩映、景色幽深,觉得这是传播佛法最好的地方。"缣竹易销,皮纸易焚;刻在高山,永留不绝。"于是,他发下宏愿,让佛经与青山同在,让佛法与日月永辉。

随即他开始在崖壁上搭架子,从山顶吊下绳子系于自己的腰间,搭云梯,拉绳矩,把字的大小先规划好,然后在选好的区域再用绳矩标示笔画的位置,凝神屏息,气满丹田,将全身之力注于笔端,写出势通天地的摩崖大字,然后再一一凿刻,如同嵌入山体,在苍茫的山水之间,为后人留下了一章章历久弥新的雄浑经卷。置身其畔,仿佛听到了僧侣诵经和石匠锤钎的声响,依稀能看到一千五百多年前摩崖题刻时的浩大工程场面,给人一种超越时空的感动。

僧安道壹耗时二十余年,用尽余生以这样一种令人震撼的修行方式刻下了自己的信仰。从北齐武成帝太宁元年(561)到北周静帝大象二年(580),泰峄山区出现的一系列刻经,大都是由他组织镌刻的。英雄不问出处,历史上的许多至伟功业都是众多名不见经传的寻常人创造的。可能由于身体的原因,僧安道壹未能刻写完就倒下了,他的徒弟在他刻写经文的空地上深情铸文浓墨书丹,写下了《石颂》。《石颂》不但介绍了刻经的详细情况,使刻经活动得以圆满结束,同时也歌颂了尊师的德行与书法,使得僧安道壹之名也能"托以高山,永留不绝"了。《石颂》是一篇关于刻经活动及刻经书法的颂文,或者也可以说是邹城那次空前绝后的摩崖刻经活动的介绍、总结、补充和继续。它不仅是一篇文字优美的文学作品,而且是一篇艺术水准极高的书法作品,同时还是一份极其珍贵的历史资料。

历史早已烟消云散,岁月也渐渐抹去那些记忆,而这些摩崖石刻却依然千年如一日地在风吹雨打中供后人永久瞻仰。

中华民族历经14年壮烈的抗日战争,各地出现了不少与抗战相关的摩崖石刻,它们成为一段段记录抗战历史的实证。神州大地山川之上的字迹任时间飞逝都会保留下去,当后人看到这些摩崖石刻,总会想起那段烽火岁月的往事,想起当年在抗日战争时期,这些爱国志士的忠节气概和当年抗战的决心,这些字迹也会唤起人们对那段沉重历史的记忆。

川军,这支民国时期的四川军阀部队,在抗日战争全面爆发后确是抗战劲旅，战绩卓著，被称为铁血之师。1937年9月，川军20军是第一支请缨出川抗战的部队。在淞沪战役中，20军虽然装备低劣，但他们坚守陈家行蕴藻滨一线七天七夜，未失一寸阵地，打出了川军的威风。随后20军又参加徐州、武汉会战。1939年9月至1944年8月，作为九战区的主力部队，20军参加了四次长沙会战，参加了多次大大小小的战役，为保卫长沙立下了不世功勋。后20军又转战黔桂，收复独山、桂林等地，直到日寇投降前几个小时还在向日寇进攻，是一支打出来的抗战主力。在抗日战争期间，20军全体将士前赴后继，付出了巨大牺牲，给日寇以沉重打击，留下了大量抗战遗迹、文物，更留下了气壮山河的四座巍巍丰碑！

第一座丰碑是江西修水杨汉域勒石。1939年10月，日军进军长沙，20军军长杨汉域将军率134师在苦竹岭一带与敌激战。从被击毙的日军军官身上，搜出了驻武汉日军司令官冈村宁次的作战地图一份，由此获知日军围攻长沙的动向。杨汉域当即调整作战部署，改向东阻击为由南向北攻敌，杨汉域亲率五千精兵在苦竹岭与敌鏖战，最终大获全胜。战后杨汉域手书"大中华民国二十八年九月蜀人杨汉域率精卒五千大破倭寇于此"。杨汉域命石匠在苦竹岭刻下摩崖石刻，以此记录这一战事。

第二座丰碑是杨汉域湖南影珠山勒石。此碑位于湖南省长沙县青山铺镇天华村黄田里组对面的山脚。1941年12月底，驻华中的日军第十一军司令官阿南惟畿为牵制第九战区中国军队增援港九及缅甸，出动兵力12万，于12月24日分八路强渡新墙河，第三次进攻长沙，声称"要到长沙过新年"。面对日军的猛烈进攻，第九战区针锋相对地制定了"天炉战"计划。中国守军将士抱定与长沙共存亡的决心拼死抵抗，1942年1月4日，进攻长沙城的日军在中国守军的顽强抵御下全线溃退。

为全歼入侵之敌，中国军队决定以影珠山为隘，给日军以猛烈的最后一击。1月9日凌晨，南下接应日军第六师团的第九混成旅，在影珠山下遇到20军的顽强阻击。日军第九混成旅遂挑选数百精兵，临时编成"山崎大队"，携带轻机枪、战刀，另加几十名便衣偷袭占领了东影珠山的制高点。此时，已突围的日军第三师团亦派出3000余人的接应部队回援陷入重围的第六师团。20军三面受敌，形势岌岌可危。军长杨汉域将军为解除威胁，令军直属骑兵连、特务连、工兵连和135师一部分部队，向山崎大队发起全面攻击。战至下午4时，不仅全歼山崎大队，还将前来增援的日军第三师团击退，同时包围了日军第九混成旅团的一个步兵大队。

被围日军左突右奔，始终逃不出中国军队铁桶般的包围圈，在死伤惨重仍突围无望的形势下，日军开始相互射杀，有的受伤的日军剖腹自杀，没有自杀能力的由其他日军用刺刀捅死，除一名军曹侥幸逃脱外，包括大队长山崎茂大尉在内的其他日军全部被消灭。此战扬我国威！展我中华民族之豪气！为纪念该战役的功绩，杨汉域将军在此刻石"大中华民国三十一年一月聚歼倭寇于此，蜀人杨汉域勒石！"

第三座丰碑是大云山三战三捷摩崖石刻。1939年9月至1942年1月间，日军为了打通南北交通线，三次进犯长沙。20军与第九战区全体军民英勇抗击，取得了三次长沙保卫战的胜利。长沙会战是第二次世界大战中,中国战场上时间最长、规模最大的战役,中日双方出动的兵力合起来有一百多万,历时五年。正是这场浴血奋战,阻止了日本进攻大西南的野心,打击了日军的嚣张气焰。当时美英军队在其他战场惨败,长沙大捷的消息无异于云开日出,给整个同盟国带来了极大的鼓舞。英国《每日电讯报》评论:"际此远东阴雾密布中,唯长沙上空之云彩,确见光耀夺目。"《泰晤士报》社论:"十二月七日以来,同盟国唯一决定性之胜利,系华军之长沙大捷。"1942年8月,第九战区副司令、27集团军司令杨森在大云山检查布防,行至黄梁伞,回想起湘北抗战中死难的将士,决定在大云山刻碑,最后选址在大云山隆兴宫外一块巨大石壁,由杨森亲笔题词,请来40名石匠花了两个月时间完成。"三战三捷"四个大字,每个字约两平方米。左边镂刻:"倭寇侵我中国,在湘北相持五年,中经大举犯长沙三次,赖民众协力,将士用命,都予击溃。国人正精诚团结,矢志澄清,泐石共勉。杨森题。大中华民国三十一年十二月。"在杨森刻石的下方10米处,还刻有一块石碑"三捷泉源",由20军第133师师长夏炯题。

第四座丰碑为陈亲民所书《胜利铭》,位于桂林全州湘山寺内。1945年8月12日,20军133师师长陈亲民率部在全州向日本鬼子发起猛烈进攻,展开了与日寇在广西战场的最后一仗,最终收复全州,并在湘山寺的飞来石上写下《胜利铭》:"挥戈东指,猛虎驱羊,河山再见,日寇归降;笑口高涨,热泪如狂,空前胜利,国威大扬。弱肉强食,发愤图强,殷鉴不远,悲惧为良;建国上紧,祸戒萧墙,披沥相勉,同胞勿忘。全沦逾年,余帅一三三师为前驱,乘克复百寿,桂林破竹之势,于本年八月十七日光之。兴狂所感,跋此以铭。"

在江苏省连云港市云台群山的摩崖题刻中,最有特殊历史意义的莫过于分散在各处的抗日摩崖题刻。它们虽散处各山,但却是同一时期的刻石,表现出中国人民万众一心,共赴国难的民族精神。将这些石刻按时间顺序缀连在一起,就是一部抗日战争中的连云港保卫战史。

其一:"民国二十七年五月,倭寇由老窑孙家山强行登陆,余奉命率游击第二纵队向后云台山阻击,苦战经月,所赖官兵用命,顽敌迄未得逞,爰勒石志念。"字径6厘米,并有大字"保我河山"四字,字径38厘米,下署"粤东冯岳"。

其二:大字"殷忧启圣、多难兴邦",字径80厘米,下署"曾锡王圭题",并有小篆图章"曾锡王圭氏",后面有跋:"溯自抗日战起,敌恃其海陆空军,联合大力破我要塞,肆行无忌。本年五月二十日,敌又施其故技,进犯我连云港,经我官兵奋勇抗战,时愈匝月,敌终未能越雷池一步。斯诚可堪告慰者。而我守备东西连岛将士,又复慷慨赴义,竟作壮烈牺牲,比古之田横五百蹈海壮士无逊色焉!国家兴亡,匹夫有责;追往思来,慨怀无已。爰刻八字于石,勉我袍泽,此作纪念云尔。公历一九三八年六月二十八日湖北沔阳曾锡王圭识。"字径8厘米。

其三:"保卫疆土,复兴中华",字径19厘米。下署"五月下旬合州李志新题字",前序云:"民国念七年五月,倭寇大举侵犯连云港。余奉命指挥守军与敌血战月余。赖我将士忠勇抵抗,誓保河山,顽敌迄未得逞。爰题数字,共相奋勉。"字径6厘米。

云台山抗日石刻群真实地反映了抗日战争初期，中国守军在连云港保卫战中的悲壮历史。

抗日战争期间，天津蓟县的盘山成为冀东西部军民抗日斗争的依托和敌后斗争的中心，蓟县军民在中国共产党的领导下，创建了著名的盘山抗日根据地。在极为艰苦的环境下，蓟县军民英勇善战，有效地打击了敌人。在十几年的抗战岁月中，蓟县军民积极宣传抗日思想，写下了许多抗日标语。随着时间推移，写在房前屋后大街小巷的标语已被风雨侵蚀，很多已经不复存在，而镌刻在盘山巨石上的石刻依然彰显着其独特的历史魅力，成为不可再生的历史文物。目前在盘山发现的抗日标语石刻，有"誓雪国耻""打倒日本""反对杀人放火的日本强盗""给日本做事最可耻"等十余条。这些石刻都是当年抗日军民留下的誓言，它凝聚着盘山抗日根据地优秀儿女誓与日本侵略者血战到底的决心和宁死不屈的英雄气概。

14年抗战歼倭寇，屡立奇功扬国威。青山有幸载英名，巍巍石刻铸丰碑。

蔡侯纸背后的故事

早在缣帛大量使用的时代，人们就希望能够发现一种既具有缣帛的优点，又价廉高产的书写载体。正是在这种强烈的社会需求以及纺织原料增多、加工工艺不断进步的基础上，诞生了中国古代最伟大的发明之一——造纸术。

古代最初的纸与今天的纸完全不同。根据东汉许慎《说文解字》》的解释,纸是一种从水中汲取的丝织物,即漂丝时将丝绵放于竹席上击打,其中的坏丝绵就会附着在竹席之上,晾干后揭下一层薄丝,称为纸。这种纸其实只是一种漂丝的副产品,产量也不会太高。古人从中得到启示,既然丝绵能够结成薄片,那么麻、葛等植物纤维是否也能沤絮出"纸"呢? 正是从"击丝"时的无意发现到"沤麻"时的有意为之,这一创造性的劳动孕育出造纸术这一伟大发明。从汉代至今,虽然造纸工艺不断更新演变,但植物纤维作为造纸的基本原料却一直沿用至今。

《后汉书·蔡伦传》曰:"自古书契多编以竹简,其用缣帛者,谓之为纸,缣贵而简重,并不便于人。伦乃造意,用树肤、麻头及敝布鱼网以为纸。元兴元年奏上之。帝善其能,自是莫不从用焉。"因为这段记载,蔡伦被认为是造纸术的发明者,其诞生时间就被定在东汉元兴元年(105)。但近几十年来,陆续出土了一些西汉时期的古纸,甚至在甘肃天水出土的西汉麻纸残片上有清晰的绘图痕迹。目前一般认为,以麻为原料的古纸在西汉时就已出现,但较高品质并能普遍用于书写的纸应自蔡伦方始,当时叫作蔡侯纸。蔡侯纸将单一的麻原料扩展为麻、树皮、破布和旧鱼网,不仅丰富了造纸的来源,也反映出蔡伦时期造纸工艺的巨大进步。随着中外交流日益频繁,中国造纸术逐渐向周边传播,并传向全世界。

然而蔡侯纸的发明却伴随着一段争权夺利的后宫争斗,而身为发明人的蔡伦"饰演"了剧中关键的反派人物。公元75年,出身贫穷的蔡伦离开父母,只身来到了千里之外的京城洛阳,进宫做了太监。只有十几岁的小蔡伦从进宫起就下决心要出人头地。进宫第二年,蔡伦就被提升为主管公文传达的黄门侍郎,有了接触帝后妃嫔、王公大臣的机会。

当时汉章帝的中宫窦皇后无子,章帝立宋贵人的儿子刘庆为太子,窦皇后为了自己的未来和窦氏家族的前途,决心除掉宋贵人。适逢宋贵人生病,宋贵人听人说兔子能治病,便立即发动亲戚朋友们去找兔子,这事恰好被伺机整她的窦皇后做了文章。窦皇后立即让已经成为心腹的蔡伦上书诬其"挟邪媚道""欲为厌胜之术",这在当时是很大的罪名。宋贵人因此获罪下狱接受审讯,而审案的人恰好就是蔡伦。经蔡伦多方诬蔑,宋贵人自知已无生路,在狱中服毒自杀。宋贵人的这一举动也连累了太子刘庆,刘庆因"失惑无常",被贬为清河王,章帝另立梁贵人之子刘肇为太子。接着窦皇后又安排人写匿名信陷害皇子刘肇的母亲梁贵人,并强行将尚在襁褓之中的刘肇带走由自己抚养。对于蔡伦来说,宋贵人之死既为他带来了高官厚禄,但也早早的给自己挖好了埋身的坟墓。

公元88年,汉章帝驾崩,十岁的刘肇继位,是为汉和帝,由以前的窦皇后也就是现在的窦太后垂帘听政。窦太后掌权,蔡伦因为"办案有功"而被提拔为中常侍,可以随时陪在小皇帝身边并参与国家大事。东汉后来的灭亡和太监乱政有着极大的关系,而蔡伦正是后汉宦官干政的始作俑者。

十年之后,蔡伦的靠山窦太后去世,他马上投靠了新主子——和帝的皇后邓绥。邓皇后在历史上是有较高地位的,她是个才女,喜欢吟诗作赋舞文弄墨,同时她又是一个喜欢节约不尚奢华的人,所以她非常需要一种比帛纸省钱、质地好的纸张来写字作画。从小就聪明伶俐的蔡伦又发挥了他善于投其所好的特长，毛遂自荐兼任了主管御用器物制作的尚方令，并专心改进造纸技术。蔡伦汲取了西汉以来的造纸经验，带领工匠们用树皮、麻头、破布和破鱼网等原料来造纸，他们先把这些原料剪碎或切断，放在水里浸渍一段时间，再捣烂成浆状物，中间还可能经过蒸煮，然后在席子上摊成薄片，放在阳光下晒干，这样就做成了纸。用这种方法造出来的纸，体轻质薄很适合写字，很受邓皇后喜欢，后来传出宫廷被广泛使用。

公元105年，蔡伦把这个重大的成功报告给了汉和帝，受到汉和帝的嘉奖。从此，全国各地都开始使用这样的方法造纸，用这种方式造的纸被称做"蔡侯纸"。其实造纸技术很复杂，不可能是某一个人想出来的。在蔡伦之前，已经有人使用植物纤维来造纸了。所以我们不能说纸是蔡伦一人发明的，但是也应该肯定蔡伦对改进造纸技术是有很大贡献的。蔡伦带领工匠改进造纸方法，造出了质量较高的纸。他提出用树皮、麻头、破布、破鱼网来做原料，也是造纸技术的一大进步。这些原料来源广泛容易得到，有的还是废物利用，因此可以大量生产。至于用树皮做原料，更是一个新的发现。后代人用木浆造纸，就是受到蔡伦用树皮造纸的启发。蔡伦成功地改进造纸方法是人类文化史上的一件大事，这种植物纤维纸奠定了纸张作为中国书画用纸的基础。随着书画艺术和纸张制造史的演进，纸张在书画创作中大量应用，并不断发明创造出新的质料形式，使得书法家能够挥洒自如地抒情达意，创作出中国历史长河中众多的艺术精品。

就在蔡伦成功改进造纸术这一年，公元105年汉和帝英年早逝,留下了孤儿寡母执掌大汉江山,邓皇后升格成为邓太后。可怜的邓太后命运多舛,两年之后,她抱在怀里的小皇帝也离她而去了。邓太后失去了唯一的儿子,13岁的皇侄子刘祜被选中继位,他就是汉安帝。

刘祜当皇帝的消息让蔡伦寝食难安,因为刘祜是清河王刘庆的儿子,刘庆是被废的皇太子,而他的被废和母亲宋贵人的被害正是蔡伦和窦皇后二人的合谋所致。简单地说,就是蔡伦曾经废掉了(当然是间接的)新皇帝的亲爹,害死了新皇帝的亲奶奶。蔡伦揪着心过日子的生活开始了,好在传国玉玺还攥在邓太后手里,小皇帝只是个前面的傀儡,蔡伦表面上的好日子还可以继续过下去。他先光荣地被封为"龙亭侯",步入了王公贵族的行列。后来蔡伦又当上了长乐太仆,这个职位可不简单,因为只有最受太后信任的人才能担任。当时太后的地位高于皇帝,蔡伦已经处于一人之下万人之上的地位了。

就在蔡伦忐忑不安地居于权力巅峰的时候,邓太后丢下他撒手而去,他感觉一下子跌入了谷底。汉安帝亲政,蔡伦的好日子终于到头了,已经长大成人的皇帝即将对他展开一场彻底地清算。蔡伦是个好面子的人,觉得与其坐以待毙受辱而死,还不如自行了断一了百了。公元121年,为造纸术的发展做出了重大贡献的杰出古代发明家蔡伦在京都洛阳自杀身亡。

蔡伦的造纸术被列为中国古代"四大发明"之一,对人类文化的传播和世界文明的进步做出了杰出的贡献,千百年来备受人们的尊崇。被纸工奉为造纸鼻祖、"纸神"。在麦克·哈特的《影响人类历史进程的100名人排行榜》中蔡伦排在第七位;在

第二辑　展开汉字的维度

美国《时代》周刊公布的"有史以来的最佳发明家"中蔡伦榜上有名；在2008年北京奥运会的开幕式上，创意团队以一幅神奇的"画卷"致敬蔡伦发明的造纸术。

◀伏龙坪东汉纸，1987年9月出土于兰州市伏龙坪东汉砖墓，它是我国最早发现的墨迹纸之一，同时也是"蔡伦纸"的实物证据。（现收藏于兰州市博物馆）

从洛阳纸贵说起

公元290年左右，西晋有一位以写作《三都赋》而名声大振的文学家左思，他出生在齐国临淄(今山东省淄博市)的一个世代研习儒学却境况寒微的家庭中。左思相貌丑陋，少年时读书或弹琴也都很迟钝，不见长进。他父亲对朋友说："这孩子学东西、悟事理，远不及我小时候啊。"这话激发了左思发愤自强的上进心，从此发奋自励，刻苦学习，其诗文词藻华美又气势壮丽，最终成为一代著名的文学家。左思不好交友和出游，用了一年时间写出了《齐都赋》，又准备写作以魏蜀吴三国国都为内容的《三都赋》。正巧这时，他的妹妹左芬因为文才出众被晋武帝选中纳为妃嫔，全家迁居京城洛阳。为了写成《三都赋》，左思辛苦创作了十个春秋。但他仍觉得自己见闻不广知识浅陋，于是便上书朝廷，要求担任管理国家藏书馆的秘书郎。他还曾登门拜访著作郎张载，向他请教巴蜀之地的山川风物。左思家中的房屋庭院篱笆墙垣甚至茅厕里面，到处都置有笔和纸，以便平时无论走到什么地方，只要想起妙词佳句便立即随手记写在纸上。

在此期间，名倾当时的江南才子文学家陆机来到了洛阳，他也正想写作《三都赋》。当听说左思正在写此赋时，他抚掌而笑，在信中对他弟弟陆云说："洛阳有一个齐地的乡巴佬，也正在写《三都赋》，他写成后，他那抄写赋文的纸张，只配用来蒙盖我的酒瓮罢了！"左思笔耕不辍，《三都赋》终于问世了。《三都赋》长一万余言，分别是《吴都赋》《魏都赋》《蜀都赋》。《三都赋》以三国史实为素材和依据，从地理形制、历史人物、民俗物产以及政治措施等方面对吴、魏、蜀三国都城社会生活状况进行了描写和叙述，更重要的是它包含了当时朝野上下关心瞩目的内容：进军东吴，统一全国。

赋，是我国古代的一种文体，它讲究文采和韵律，兼具诗歌和散文性质。关于诗和赋的区别，陆机在《文赋》里曾说，诗缘情而绮靡，赋体物而浏亮。也就是说，诗是用来抒发主观感情的，要写得华美而细腻；赋是用来描绘客观事物的，要写得爽朗而通畅。

尽管左思认为自己的《三都赋》并不亚于汉代班固的《两都赋》和张衡的《西京赋》《东京赋》，但它的问世丝毫没有引起人们的重视。左思认为这是因为自己名位低微而使作品难以显露于世，于是左思把《三都赋》分别抄送给当时的权贵和文坛名流，请他们鉴赏，众人读后纷纷大加称赞。皇甫谧为赋作序，张载、刘逵为赋作注，卫权为赋作略解，陆机见到《三都赋》后，也称绝叹服，并立即停止了自己《三都赋》的写作。随即左思的《三都赋》盛誉大起，豪富之家争相购纸传抄，一时间洛阳纸价为之暴涨，变得异常昂贵。这是在印刷术发明之前手抄书时代的一个比较经典的故事，后世将"洛阳纸贵"比喻著作广泛流传、风行一时的意思。

唐太宗贞观十年（636），唐太宗的皇后长孙氏病逝。长孙皇后曾编写过一本书，名曰《女则》，书中采集了古代女子的得失事迹并加以评论。宫中有人把长孙皇后生前编写的这本《女则》送到唐太宗那里。唐太宗阅后既感动又悲痛，恸哭着对近臣说："皇后此书，足可垂于后代。"随即下令工匠印刷《女则》，赐给文武百官，这是我国印刷术历史上最早的记载。

印刷术是我国古代的伟大发明，后经中亚传往欧洲，是中华民族对世界文明的重大贡献，为中国乃至世界出版史写下了浓重的一笔。印刷术之所以能够由中国首先发明，是中国人不断探索汉字载体传承的必然结果。

先说"印"，顾名思义，印刷术的"印"字，本身是印章的意思。"刷"字，是拓碑施墨这道工序的名称。从印刷术的命名中已经透露出它跟印章、拓碑的"血缘"关系。印章和拓碑是活字印刷术的两个渊源。

印章在先秦时就已经出现，一般印章上只有几个字，刻写姓名、官职或机构。印文均刻成反体，有阴文阳文之别。在纸没有出现之前，公文或书信都写在简牍上，写好之后用绳扎好，在结扎处放黏性泥封结，将印章盖在泥上，称为泥封，泥封就是在泥上印刷，这是当时保密的一种手段。纸张出现之后，泥封演变为纸封,在几张公文纸的接缝处或公文纸袋的封口处盖印。据记载,在北齐时有人把用于公文纸盖印的印章做得很大,像一块小小的雕刻版。

再说印刷术的另一个渊源"拓碑"。汉武帝时推行"罢黜百家,独尊儒术",当时儒家典籍全凭经师口授学生笔录,因此不同的经师传授同一典籍时难免会有差异。汉灵帝熹平四年(175),政府立石,将重要的儒家经典全部刻在上面,作为校正经书的标准本。为了免除从石刻上抄录经书的劳动,在公元四世纪左右,人们发明了拓碑的方法。拓碑的方法很简便,把一张坚韧的薄纸浸湿后敷在石碑上,再蒙上一张吸水的厚纸,用毛刷轻敲,直到纸陷入碑上刻字的凹槽时为止,然后揭去外面的厚纸,用棉絮或丝絮拍子,蘸着墨汁,轻轻地均匀地往薄纸上刷拍,待薄纸干后揭下来,便是白字黑地的拓本。这种拓碑的方法,跟雕板印刷的性质相同,所不同的是碑帖的文字是内凹的阴文,而雕板印刷的文字是外凸的阳文。石碑上的文字是阴文正写。有人趁看管不严或无人看管时,用纸将经文拓印下来,自用或出售,结果使其广为流传。

传拓技艺是中国特有的保存文献的传统方法。用这种技术形成的纸本,称为拓本、拓片。拓本或拓片直接反映了文物的表面信息,还可记录椎拓时碑刻或器物表面的损泐情况,通过对比不同时期的拓本,推断文物的历史背景。根据文献记载推测,传拓最晚在北齐时期已经产生,传拓技艺产生以后,数量众多的金石文献大多以拓本的形式保存流传,化身千百本,为中华文明的传承做出了不可磨灭的贡献。

165

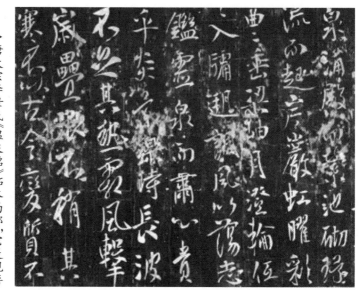

拓碑提供了从阴文正字取得正写文字的复制技术。后来，人们又把石碑上的文字刻在木板上，再重新传拓。唐代大诗人杜甫在诗中曾说："峄山之碑野火焚，枣木传刻肥失真。"这和雕版印刷已经所差无几了。

在唐代，印章与拓碑两种方法逐渐发展合流，从而具备了雕版印刷条件。唐穆宗长庆四年（824），诗人元稹为白居易《长庆集》作序，说到当时扬州和越州一带有人将白居易和他自己的诗"缮写模勒"，在街上售卖或用来换茶酒。"模勒"就是刊刻，这是现存文献中有关雕版印刷术的最早记载。

雕版印刷术在唐朝中后期得到普遍使用，民间多用于印刷神像、经咒、发愿文以及历书等。1966年在西安市西郊西安柴油机械厂出土的雕版梵文陀罗尼经咒单页，刻印于公元704年至公元751年之间，为目前所知最早的雕版印刷品。

现收藏在英国大英博物馆的唐懿宗咸通九年（868）王玠为二亲敬造普施的《金刚经》，是现存最早的标有年代的雕版印刷品。此件由7张纸粘成一卷，全长488厘米，每张纸高76.3厘米，宽30.5厘米，卷首刻印佛像，下面刻有全部经文。这卷印品雕刻精美，刀法纯熟，图文浑朴凝重，印刷的墨色也浓厚匀称，清晰鲜明，刊刻技术已达到较高水平。

▲唐《金刚经》刻本局部（现收藏于英国大英博物馆）

雕版印刷是一种将文字、图像反向刻于木、铜等版料之上，再于印版上刷墨、铺纸张、施印，使版上文字、图像转印在纸张上的传统工艺。在我们的祖先积累了模印、印章、转印等千余年的复印经验后，唐代发明了雕版印刷术，它奠基于五代，兴盛于两宋，延袤于元明清，直至近代，一直占据着中国印刷业的主要位置。古籍雕版，指历史上雕版刷印之后的版片留存，迄今却万不存一，弥足珍贵。版在日常生活中亦有广泛使用，内容颇为丰富，如契约文书、捷报、信、广告单等，颇具实用性、艺术性和研究

第二辑　展开汉字的维度

价值。

由于雕版印刷术能够显著提高图文复制的速度和质量，到唐玄宗在位期间人们印制出版了世界上最早的报纸——《开元杂报》。到了九世纪的时候，用雕版印刷术来印书已经相当普遍了。

雕版印刷术虽然显著提高了书籍复制的效率，但其自身的缺点也非常明显。首先，制作雕版费时费力成本高昂。其次，一部书通常由许多块雕版组成，体积庞大，存储翻检都非常不易。此外，木刻雕版还常常会因火灾、虫蛀和朽烂而损坏。为了克服雕版印刷的这些缺点，北宋时期出现了活字印刷术。

今天，我们对古代活字印刷起源的了解完全来自宋代科学家沈括的《梦溪笔谈》。据记载，最早的活字印刷工艺是由杭州刻版工匠毕昇发明的，时间大约在北宋庆历年间（1041—1048）。毕昇印刷时使用的是胶泥活字，先以胶泥制成方形字坯，再在坯上刻字，最后入炉烧结成坚硬的泥活字。排版时，先备一铁板，板上置方框铁范，框内底部铺一层松脂、蜡、纸灰等混合粉末，然后于框内排列活字。排好一版后，将整版置于火上加热，再以一平板置于字面上施压。因为底部松脂熔化，施压后就会粘住活字，使字面平整无松动。印完后，再次加热熔化松脂，以取下活字。通常，一版印制时另一版同时排字，交替轮回以提高印刷效率。

宋元时有木、泥活字印刷。明代活字印刷术突飞猛进，除木活字外，还有金属活字。嘉靖本《春秋国华》、万历二年本《思玄集》等堪称木活字善本。无锡安国、华氏会通馆、兰雪堂所刊金属活字书,品种多,数量大,传世不少,后世藏家视若宋元珍版。嘉靖后,木活字印本渐多。清代活字印刷以木活字为主,次为铜、泥活字。内廷印《古今图书集成》《武英殿聚珍版丛书》,分别为铜活字、木活字代表。

公元1455年,德国活字印刷术的发明人谷登堡首次以活字方式印制出《四十二行圣经》,但这已经晚于毕昇的发明四百多年。在20世纪末激光照排技术出现之前,活字印刷曾长期是文字印刷的主流。印刷术的发明、进步和推广,是人类文明史上的光辉篇章,对文明的发展起到了巨大的推动作用。尤其是工业革命后的印刷术,极大地提高了效率,书籍的大量生产更方便地传承人类文明成果,并减少了手写本容易出现的错误和因收藏数量有限而绝版的可能性,同时促进了教育的普及和知识的传播,直接影响了人们的人生观和世界观,更是加快了世界文明的发展和传承。

习近平总书记在2010年俄罗斯"汉语年"开幕式致辞中说:"汉字是中华文明的重要标志,也是传承中华文明的重要载体。在长期使用汉字过程中,勤劳智慧的中华民族发明了造纸术、活字印刷术。这两项重大发明,既使历史悠久、博大精深的中华文化得到广泛传承,又使中华文化得以同世界交流、向世界传播。"

汉字之字里玄机

汉字作为一种表意文字,必然透露着原始的自然意象。汉字对于中国文化的意义,除了表达和书写的独特方式外,还蕴含着东方特有的哲学思想。很多道理就在每一个字里面,正所谓字字珠玑。中国人喜欢通过对一个汉字字形结构的拆解和分析,来解释某一观点和哲学道理,抑或猜测造字之初的含义。

止戈为武

►甲骨文『武』,选自《甲骨文合集》

据《左传》记载,鲁宣公十二年(前597),晋楚两国在郑国的邲城(今河南省郑州市东)进行了一场决战,最终楚国打败了中原强敌晋国。楚国大夫潘党劝说楚庄王把晋国军人的尸体堆积起来,筑成一座骨骸台,作为胜利纪念物,让子孙后代铭记,借以炫耀武力来威慑诸侯。当时已为春秋五霸的楚庄王却不同意这种做法,他回答:"非尔所知也,夫文,止戈为武。"楚庄王由此讲述了他对战争的理解:"战争不是为了宣扬武功而是为了禁止强暴,给百姓带来安定的生活。从文字组成上讲,这个'武'字是由'止'和'戈'两个字组成的,'止戈'才是'武'!止息兵戈才是真正的武功。武功应该具备七种德行:禁止强暴、消除战争、保持强大、巩固基业、安定百姓、团结民众、增加财富。……这七种德行,如果我一种也没有,拿什么留给子孙!……晋国的军卒为了执行国君命令而战死,他们也没有什么过错,我们怎么可以用他们的尸体做景观呢?"楚国的军队按照楚庄王的命令,在黄河边祭祀了河神,修建了一座祖先宫室,随后立即班师回楚。

因为"武"字由止、戈两部分组成,止戈为武,制止战事称之为"武",武力存在的意义是维护和平。楚庄王是最早通过对汉字结构拆分解释而提出这一著名论点的人。这也成为后来《孙子兵法》中开宗明义的观点,即战争的最高境界是"不战而屈人之兵"。后来人们越来越热衷把一些合体字拆分来解读并找出其玄机,如今,有一些字已是现在的简体字,拆分起来显得牵强,和造字本意并无实际关联,但也不乏透露出一些生活的哲理,为人们津津乐道。

比如什么是"仙"?人在山中。为什么人在山中就是仙?因为摆脱了市井尘世的困扰,于是就无忧无虑了。"小隐在山林,大隐于市朝。"如果能够像大隐一样,即使身在市朝,依然淡定宠辱不惊,保持平常心,即使不去深山,也能够像仙一样不被各种情绪所困扰,看问题就能看得更透彻更准确。仙其实也是人,只是一些内心修为高的人。

什么是"利"？左边是"禾"，右边是"刀"，用刀割禾稻，所以要想有利必须去工作去付出，不要想不劳而获。另外刀还是利器，除了能够创造利润还能伤人，所以人不能唯利是图。

什么是"看"？上面其实是个"手"，下面是个"目"，手放在眼睛上。手搭凉棚为的是看得远看得广。所以看就要看得远，看得近看得少就是眇。做人做事，眼光要长远，不要鼠目寸光。

什么是"道"？上面是个"首"，下面是走之旁。道就是要多走多看多用脑袋想。不走不看只空想，走走看看但不想，就永远都明白不了道理。所谓"读万卷书，行万里路"就是这个道理吧。

什么是"易"？上面是个"日"，下面是个"月"，日月为易，易其实是指日月的变化，变就是易。所以越是简单的东西，变数越大，不要忽视简单。日月上下为易，左右为明。什么是"明"？日为阳，月为阴。过去讲阴阳，现在说正反。要想搞明白一件事，就必须看清正反两个方面。

以上种种无论是不是造字本意，听起来似乎都很有道理，正所谓字字珠玑。其实对于造字的本意，就连东汉许慎的《说文解字》也有很多以讹传讹的错误，这就是文字演化带来的变异。直到甲骨文被发现后，我们才对造字的真实原意有了一定的了解。

比如"武"字之义到底是"止战"还是"开战"呢？楚庄王提出了他的观点："能平息战乱，停止使用武器，才是真正的武功。"这个观点本身没有什么错误，甚至可谓是极好的思想。但他的"止戈为武"的拆解，却是对"武"字望文生义的强解。"止"在甲骨文里就是一只脚的形状，脚趾朝左，脚后跟朝右，即"趾"的本字。

"止"字由名词"趾""脚"引申为动词"行"。有"戈"有"止",表示持戈行进,征伐动武,其实就是去打仗的意思。古文字学家于省吾《释武》中说:"武从戈、从止,本义为征伐示威。征伐者必有行。'止'即示行也。征伐者必以武器,'戈'即武器也。"尽管"止戈为武"的思想可赞,尽管作为成语已经约定俗成流行千年,但也不能说如此拆解"武"字是正确的。

宋代集儒学大成者朱熹说,"文""孝"谓之"教"。其实,"教"字的右边"攵"与"文"字无关,原本是"攴(pū)"字,即一只手拿着一根木棍,说棍棒教学倒说得通。另一例就是"丘八为兵"。当然,人们把秀才所遇到的没法讲理或者强抢百姓的兵卒称之为"丘八",倒能体现出一种憎恨或幽默。但是,"兵"字却与"山丘"没有什么关系,也不在于"山丘"数是七个还是八个。正确拆分当是上面为"斤"字,就是"大斧"这种兵器,下面一横加八,其实为两只手,两手举斧即为"兵"。

此外还有人认为,仓颉造字时把"出"与"重"、"射"与"矮"弄颠倒了。乍一看似乎很有道理:"出"字为山外有山,那才是"重(chóng)"字的意思,或者"两座山"那才是"重(zhòng)"字的意思;"重"字为"千里"是离家之远,正是"出"字的意思。"射"字为"身高一寸",当为"矮"字的意思,"委矢"正是"射"字的意思。

这些说法，只是依据后来的楷书想象的，并不是文字初创时期的象形文字。比如，"出"字原意是一只脚从坑里拔出或者从门口向外走出，与"山"字毫不相干。

拆字还是猜谜语的重要内容和手段，字谜也成为民间长盛不衰喜闻乐见的游戏形式。字谜就是"猜字"，限定谜底只能是一个字，不能是别的东西，也不能多余一个字。即使别的东西也能扣合谜面，仍算没有猜中。谜目附在谜面的后边，比如"打一字"，"打"是"猜"的意思，"打一字"就是"猜一字"。一般谜目规定的谜底是一个，也有的是两个或者几个，比如：客满（打二字），谜目规定了谜底有两个。用会意法来猜，谜底就是"促""侈"。客满，表示人已经足够了，"人""足"合成"促"；也可以表示人已经非常多了，"人""多"合成"侈"。

再来看看这个灯谜的谜面：三市尺不是米（打一字）；凤头虎尾（打一字）。这样的谜面就是要写出来，因为谜底得反复琢磨。头一个谜底是"来"，因为三市尺是"一米"，"一""米"上下一合，是"来"字。第二个谜底是"几"字，因为凤字的"头"和虎字的"尾"，正好都是"几"字。

中国谜语最早称为"隐"，始于战国时期。其记载见《韩非子》："右司马御座而与王隐。"而后又有"廋（sōu）辞""廋语"之称。最终形成"谜语"一词，见于南朝刘勰的《文心雕龙·谐隐第十五》："自魏代以来，颇非俳优，而君子嘲隐，化为谜语。"秦汉时则成为一种书面创作，三国时代猜谜盛行。宋代出现了灯谜，人们将谜条系于五彩花灯上，供人猜射。中国谜语文化渊源流长，不仅谜面意味深远，而且谜底风趣幽默。

中国最早的文谜,是南朝宋文学家刘义庆所著的《世说新语·捷悟》篇中所载的曹娥碑离合体文谜,距今已有一千五百多年,谜面是"黄娟幼妇外孙齑(jī)臼",分扣"绝妙好辞"四字。

> 魏武尝过曹娥碑下,修从。碑上见题作"黄绢幼妇外孙齑臼"八字,魏武谓修曰:"解否?"答曰:"解。"魏武曰:"卿未可言,待我思之。"行三十里,魏武乃曰:"吾已得。"令修别记所知。修曰:"黄绢,色丝也,于字为绝。幼妇,少女也,于字为妙。外孙,女子也,于字为好。齑臼,受辛也,于字为辤("辤"是"辞"的繁体字,"辤""辤"是异体字)。"所谓"绝妙好辞"也。魏武亦记之,与修同。乃叹曰:"我才不及卿,乃觉三十里。"

刘义庆著的《世说新语·捷悟》篇中还记载了中国最早的实物谜。曹操在门上题一"活"字,暗示门应该"阔"宽了,后被主簿杨修猜出其意。

中国最早的诗谜是南朝徐陵(507—583)编选的诗歌总集《玉台新咏》中的"藁(gǎo)砧(zhēn)今何在"的古诗。全诗是:"藁砧今何在,山上复有山。何时大刀头,破镜飞上天。"谜底是"夫出半月当还"。第一句,"藁"是禾草,"砧"是砧板,古人切草时把草放在砧板上,用鈇来斩,鈇是类似斧子的一种砍刀。"鈇"和"夫"同音,所以用"藁砧"作隐语,来隐射鈇,从而暗指丈夫。第二句"山上复有山"也是一句隐语,是隐射出门的"出"字。第三句中的"大刀头"隐射还家的"还"字,因为古时大刀头上一般都有环,"环"和"还"同音。末句"破镜"是比喻半个月亮。也正是由于这首诗谜,"藁砧"就成了丈夫的代称。

中国最早的字谜是南朝宋文学家鲍照的《鲍参军集》中的字谜。如"二形二体,四支八头,四八一八,飞泉仰流"(打一字)。大家不妨也猜一猜,谜底是什么字?

一个字决定的命运

20世纪50年代末期,几位日本学者攀登泰山,他们穿红门过万仙楼,在自然风光绝佳的北行一段,发现盘路西侧的石壁上镌刻有"虫二"两字,这引起日本学者浓厚的兴趣。他们询问陪同人员这两个字的意思,竟然把在场的人都难住了。游山归来后,陪同人员多方请教,仍得不到满意的答复。

1961年郭沫若先生攀登泰山,陪同的学者特意带他看了这

块碑刻。郭沫若先生端详着这两个字,沉思片刻后,用手在"虫二"两个字外边各加两笔,"虫二"变成了"风月"。郭沫若先生笑道:"这两个字应读作'风月

▲泰山"虫二"石刻

无边'，不过是古代名士的文字游戏罢了。"

但是，在很多时候将汉字拆开来解读就不是"文字游戏"这么轻松的玩笑了。比如古代流行一种占卜的方法叫"相字"，就是以汉字加减笔画，拆开偏旁或打乱字体结构，加以附会人事，以推算吉凶。用拆字来进行相字，就已经偏离了创字哲理与文字游戏，而成了谶纬术的组成部分。"谶纬"是古代官方的儒家神学谶书和纬书的合称，谶纬之学也就是对未来的一种政治预言。后来中国民间发展为在寺庙或道观求签问卜，汉字也变成了问吉凶的谶符。而汉字之所以能成为谶符，是因为汉朝对文字有一种超级崇拜意识，认为它从初创时起就有一种神秘的力量，"仓颉作书，天雨粟，鬼夜哭"就出于西汉的《淮南子》。拆字之谶笼罩着整个汉朝，历史上有两次相关的记载。其中一次是新莽时期，有人把王莽发行的钱币上所写的"货（貨）泉"两字拆成"白水真人"，预言起兵于白水的刘秀将统一天下。另一次是东汉末，董卓入朝时，有人把"董卓"两字拆为"千里艹"和"十日卜"，并编成了童谣"千里草，何青青。十日卜，不得生"。其含义十分清楚，预言董卓执政短暂。正所谓"一语成谶"就是这个意思了。

在谶纬术中，拆分字形不过是寻找依据的一种形式，预言凶吉才是它真正的目的。表面上看，吉凶是从字形而来，实际上凶吉并非拆字的结果，相反一个字如何拆，完全是根据预言内容来决定的。宋徽宗曾向当时很有名气的相字术士谢石问卜"問"字，谢石说："此字右为君、左为君。万民之君万岁万岁万万岁！"后来有一个小庙的和尚也来问卜同样一个"問"字，谢石却说："门虽大，可惜只有一口。"语气中明显含有讥讽之意。

到了南宋时，谢石依然靠相字术在达官贵人中谋生。有一天，宋高宗拿出预先写好的一个"春"字让他测字。这个春字写得上大下小。谢石见后，对高宗说："秦头太重，压日无光。"高宗听后默默无语，给了他一点赏钱就叫他出宫去了。当时正值秦桧专权，谢石测"春"字的事传到了秦桧的耳朵里，秦桧勃然大怒，认为谢石影射他，便找了一个借口在高宗面前奏了谢石一本，后将他发配到了岭南。谢石做梦也没有想到，自己一生给人测凶吉，却无法测知自己的凶吉，落得这个下场，最后谢石在去岭南的途中死去。

如果以上这些用拆字问凶吉全能当作文字游戏一笑了之的话，那么下面要讲的拆字结果可就让人再也笑不起来了，那就是历朝历代屡见不鲜的"文字狱"。

《汉书》记载，司马迁的外孙杨恽因《报孙会宗书》令"宣帝见而恶之"。《报孙会宗书》是杨恽写给孙会宗的一封信，信中有对皇帝的怨恨和对孙会宗的挖苦，为自己狂放不羁的行为辩解。信写得锋芒毕露，与其外祖父司马迁《报任安书》桀骜不驯的风格如出一辙。后逢日食，有人上书将这种天象归咎于杨恽骄奢不悔过所致。汉宣帝大怒，以大逆不道罪将杨恽腰斩，杨恽之死是中国历史上以文字罪人之始。

曹魏末年，嵇康因写下《与山巨源绝交书》令权臣司马昭"闻而恶之"而被斩于东市。宋代的文字狱也不少，苏东坡险些因"乌台诗案"文字狱而丢掉性命。明朝的朱元璋十分忌讳"光""秃"等字眼，就连"僧"也不喜欢，甚至连和"僧"读音差不多的"生"也同样厌恶。他曾参加过红巾军，因此不喜欢别人说"贼"

"寇",连和贼读音相近的"则"也厌恶。杭州儒士徐一夔在贺表里写到了"光"字和"则"字,朱元璋认为是讽刺他当过和尚、当过"贼",便杀了徐一夔。

清朝时期的文字狱更是空前绝后的,而且随着统治的稳固而加深,越是统治稳定的时期,文字狱就越是登峰造极。至乾隆时期,文字狱已到无以复加的程度,中国的传统文化也因此而扭曲变形。按照鲁迅的说法,"文苑中实在没有不被蹂躏的处所了"。仅文献有记载的,顺治帝施文字狱7次,康熙帝施文字狱20多次,雍正帝施文字狱20多次,乾隆帝施文字狱达130次之多。

翰林院庶吉士徐骏,是康熙朝刑部尚书徐乾学的儿子,也是顾炎武的甥孙。雍正八年(1730),徐骏在奏章里,把"陛下"的"陛"字错写成"狴(bì)"字,雍正阅后马上将徐骏革职,随后又派人对徐骏进一步审查。在徐骏的诗集里找出了诗句"清风不识字,何故乱翻书""明月有情还顾我,清风无意不留人",雍正认为这是存心诽谤,照大不敬律将徐骏斩立决。

雍正年间,查慎行的弟弟查嗣庭去江西做考试官,出了一道作文题"维民所止",源出《诗经·商颂·玄鸟》里的"邦畿千里,维民所止"。大意是国家广阔土地,都是百姓所栖息居住的,喻意君王有爱民之意。这个题目完全合乎儒家的规范,但是雍正觉得"维止"两字是"雍正"两字去了"头",这岂不是要杀自己的头吗?一怒之下,雍正下令将查嗣庭全家逮捕严办。

乾隆四十八年(1783),李一《糊涂词》有语"天糊涂,地糊涂,帝王帅相,无非糊涂"。李一被河南登封人乔廷英告发,经查

第二辑 展开汉字的维度

发现举报人乔廷英的诗稿也有"千秋臣子心，一朝日月天"。日月二字合为明，这不是谋反的意思吗？检举人和被检举人皆被凌迟处死，两家子孙均坐斩，妻媳为奴。江苏兴化人李骥《虬蜂集》中有"杞人忧转切，翘首待重明""日有明兮，自东方兮，照八荒兮，我思孔长兮，夜未央兮"，这些诗句被认为故意影射，李骥被定为叛逆大罪。其他涉及"华夷""明""清"字句的文字狱俯拾皆是。

当一个汉字和一个人的生死命运相联系的时候，它不一定只是诗词歌赋、花前月下，它还可能是国仇家恨、杀身之祸、血雨腥风，是文人的血与泪。文字狱严重禁锢了思想，堵塞了言路，阻碍了科学文化的发展，造成了万马齐喑的局面。清人龚自珍诗云："避席畏闻文字狱，著书都为稻粱谋。"

汉字之说文解字

西汉时期的隶书已日益成熟。"六国文字"和篆书都已成为古老的文字,它们让人越来越难以识读和辨义。如何传承古籍经典奥义成为当时学者争论的焦点,中国文化延续的脉络又一次到了分化的十字路口上。东汉许慎的《说文解字》再次为汉字进行了规范和统一,也为汉字打通了一条未来之路……

经典的流传

两千五百多年前,在东周都城洛阳,发生了一件具有传奇色彩的文化盛事,孔子与老子这两位圣人相见了。西汉史学家司马迁所著的《史记》一书中的《孔子世家》和《老子韩非列传》都记载了此事,两位先贤的相会,儒家与道家思想的碰撞与交融,注定会对历史产生深远的影响。

公元前538年,孔子在弟子南宫敬叔的陪同下,前往东周都城洛阳,请教王朝礼仪制度。随后,孔子拜访了老子,即孔子入周问礼。两位圣人见面后,孔子向老子请教了历代礼乐制度方面的问题,老子说了这样一句话:"子所言者,其人与骨皆已朽也,独其言在耳。"接下来又说道:"有德行的人得到时机就会出来掌控,没有机会就蓬头垢面游走江湖。我听说有经验的商人,深藏不露富,装扮成穷苦的样子;有德行的人心怀大德,看上去很愚钝的样子。舍去你的骄气和追求的欲念,舍去得意的面相和长期坚持的志向,这些都是对于你没有什么益处的东西。我所能告诉你的只有这些而已。"

临别之际,老子又跟孔子说了这样一番话:"我听说富贵的人送别时赠送财物,品德高尚的人送别时赠送言辞。我不是富贵的人,只好冒充品德高尚的人,用言辞为你送别。"接着说道:"聪明深察的人常常受到死的威胁,这是因为他好议论别人的缘故。博学善辩见识广大的人常常遭受厄困危及自身,因为他好揭发别人罪恶的缘故。做人子女的要忘掉自己去一心想父母,做臣子的要忘掉自己去一心想君王。"

孔子在见过老子之后,对弟子南宫敬叔说了如下的话:"鸟,吾知其能飞;鱼,吾知其能游;兽,吾知其能走。走者可以为罔,游者可以为纶,飞者可以为矰(增)。至于龙,吾不能知,其乘风云而上天。吾今日见老子,其犹龙邪?"表面上看,好像孔子赞颂老子是天上飞龙,但实际上也有表明自己跟老子道不同的意思。《论语·微子》记载孔子师徒周游列国,邂逅长沮、桀溺后,孔子说了两句话:"鸟兽不可与同群,吾非斯人之徒与而谁与? 天下有道,丘不与易也。"用来比喻的词语不同,意思其实是一样的。

此次会面之后,老子便离开洛阳,出函谷关向西,再也无人知晓其下落。司马迁在《史记·老子韩非列传》中记载老子"居周久之,见周之衰,乃遂去。至关,关(令)尹喜曰:'子将隐矣,强为我著书。'于是老子乃著书上下篇,言道德之意五千余言而去,莫知其始终。"尹喜感动了老子,老子遂以自己的生活体验和以王朝兴衰成败、百姓安危祸福为鉴,溯其源,著上下两篇,共五千言,即《道德经》。《道德经》是中国历史上最伟大的著作之一,对传统哲学、科学、政治、宗教等产生了深刻影响。据联合国教科文组织统计,《道德经》是除了《圣经》以外被译成外国文字出版最多的中国传统文化名著。

▲孔子入周问礼碑,坐落在河南省洛阳市。

　　而孔子经历问道之后,进一步开创了私人讲学的风气,拥有弟子三千,七十二贤人。由孔子弟子及再传弟子编写而成的《论语》,记录了孔子及其弟子的言行,较为集中地体现了孔子的政治主张、伦理思想、道德观念及教育原则等,成为儒家学派的经典。北宋政治家赵普有"半部《论语》治天下"之说,反映出儒学在中国古代社会所发挥的作用与影响之大。

　　文字已经承载起思想的传播,《说文解字·序》说:"盖文字者,经艺之本,王政之始,前人所以垂后,后人所以识古。故曰:'本立而道生','知天下之至赜(zé)而不可乱也'。"意思是文字是经史百家之书的根基,是治理国家的基础,前人用它记述自己的经验以传示给后人,后人依靠它认识古代的文化。孔子说过,根本建立了,治国做人的原则就有了,懂得世上最深奥的道理,就不会再受困扰。

儒学和道学成为中国最有影响力的两大哲学体系,给予中国传统文化以深刻的影响。自春秋战国以来,中国各种学说著书立传,文化典籍极其丰富,据《四库全书总目》记载"诸子百家"实有上千家,但流传较广、影响较大的是法家、道家、墨家、儒家、阴阳家、名家、杂家、农家、小说家、纵横家、兵家、医家。诸子学说是中国汉字自诞生以来绽放出的最为绚丽的思想之花。

西汉景帝刘启末年,藩王鲁恭王刘余拆毁了孔子旧宅用以扩建其宫室,在孔氏墙壁中发现了古文《尚书》及其他经典,因为这些经书都是用战国时期六国文字写成,当时已无人能识。后来,孔子的后人孔安国参照汉初伏生口授流传下来的《尚书》来考定,并用隶书进行了注解。

在春秋"百家争鸣"之后,先秦经典的传承多凭口耳传授,到西汉时有学者将口口相传的经典用隶书写出,世称为"今文经"。由于今文经靠口传言授,立据难考,解经支离蔓衍,冗词赘句,一部经书的章句说解竟达十多万字。有的还利用谶纬、征兆、隐语、假托天命随意讲经解字,宣扬怪异之说。汉武帝以后,前代的以古文字写成的原作即"古文经"出现的越来越多了,其中古字古义已不尽为人所识,因此就有训诂学家为之注释。西汉时期已经有很多人在注释五经了,形成了古文经学和今文经学学派并存的局面。许慎认为古今经学之争多处在对字形字义的解释不同上,文字是经义之本,王政之始,使前人有所垂古,后人所以识古。字形不辨则不识文字本源,文字不训则文义不明。这种现象又使得围绕着汉字而特有的训诂学开始了蓬勃的发展。汉代是训诂学蓬勃发展的时期,秦汉训诂专著的承传作用不可低估。汉代已有专门解释词语的训诂书如《尔雅》《方言》《释名》《说文解字》等,这些都是中国训诂学的基石。

所谓"训诂",用通俗的语言解释词义叫"训",用当代的话解释古代的语言叫"诂"。训诂学之所以兴盛,最根本的原因是由于语言随着社会的发展而有变化。后人不懂古语词,就要有解释;方言有歧异或语词在表义的内涵上被赋予了新义,也需要有解释。训诂分为形训、声训、义训。

"形训"是指用字形说明其来源和意义,如"小土为尘",说明"尘"字的意思是"小土",这个简体字也是由此产生的。

"声训"是指用声音相似意义相同的字解释,如"衣,依也",说明这个"衣"在古书中是当作"依"的意思。又如,"政,正也""仁,人也。"

"义训"是指用当代的词义解释古词的意义,如"明明、斤斤,察也",是说"明明""斤斤"的意思是"察"。这些都是训诂学的主要方法。

由于中国汉字音形义三位一体而且又有表意的特点,许慎在《说文解字》中不仅对汉字的形音义进行说解,而且寓教其中。如"酒,就也,所以就人性之善恶。一曰:造也,吉凶所造也。古者仪狄作酒醪,禹尝之而美,遂疏仪狄。""酒"是一个转音字,转自"迁就"的"就",也就是说我们很难单纯地说酒是个好东西还是个坏东西,要看什么人来喝它。那种真正的豪迈侠义的人喝酒,那酒是"三杯吐然诺,五岳倒为轻";那种忠心赤胆的人喝酒,那酒是"鞋尖踢倒长天堑,却笑江南土不坚"。但那种阿谀谄媚的小人喝酒,那酒便"钩心斗角,心怀叵测"。甚至在中国古代的政治纷争中,用来毒杀人的也是酒——鸩酒。酒也是造就吉凶的东西,仪狄开始作酒,大禹品尝后认为味道甘美,但使人意志消沉,故而疏远了仪狄。《说文解字》不仅解释了词义,还用以说明了酒的危害,颂扬了大禹的美德。

许慎"说文"讲"六书"

自文字初创以后,人们就开始了对文字发展变化的探寻。汉字的形体经过了一次次的改变,每一次的改变和发展都是先人对汉字研究的成果,不过在早期还没有形成一门独立的学科。东汉以前已经出现类似字典式样的字书,比如《尔雅》,尔,近也;雅,正也。《尔雅》是我国最早的训解词义专著,也是最早的名物百科辞典,一般认为成书于西汉初年。不过那时的字书大多只是简单地把汉字集中在一起或对名词进行解释,并没有对字义进行解释,也没有对字形和字音加以分析,因此不能算是真正意义上的字典。后来开始流行对经书的解释,但解释的随意性很大,特别是今文经学派的主观臆断,破坏了典籍真实表达的思想。

东汉时期,以许慎等人为代表的古文经学派继承了《尔雅》

的传统,比较注意从语言事实本身去解释文意,后人称之为"汉学",《说文解字》就是其代表作。许慎的《说文解字》第一次对汉字的字形、字义和字音作了全面的分析和描写,第一次按照汉字形体的构造来分类,第一次归纳整理出了540个部首,首创了部首分类法,并按照部首来编排汉字。《说文解字》是第一部真正意义上的字典,也是世界上最早出现的辞典。许慎归纳了汉字之间的关系,为文字学的建立做出了巨大贡献,这也标志着中国古代文字学和字典学的正式建立,它在中国语言学史上有着极其重要的地位。

许慎生于公元58年,《后汉书·许慎传》上说,许慎"少博学经籍"。这里的经籍,即指"五经"和诸子百家、医药、天文、历算等。当时很多学者专门研学其中一经,而许慎却兼学五经,并且都有较深的研究,所以当时的人们就称许慎"五经无双许叔重"。许慎的少年博学为他将来的著述打下了坚实的基础。许慎20岁那年加冠礼,取字叔重。因为才学过人,公元75年许慎被汝南郡的郡守选拔为郡功曹(相当于郡长助理,汉代的郡相当现在的地级市),协助郡守办理全郡公务。许慎任职功曹,工作非常认真。据《汝南先贤传》记载:"许慎任职功曹,勤于政事,廉洁奉公,严以律己,宽以待人。"公元79年,朝廷下诏要严加考核并选取贤能之才,许慎因为品学兼优被推举为孝廉之士(就是经推举进入中央人才库)。公元83年,许慎被召入京城,分配到太尉府任职南阁祭酒(负责教育方面的行政长官)从事文书工作。东汉时期,太尉、司徒、司空并称三公,许慎能身居太尉府南阁祭酒要职,这足以说明他的才干和品德在当时都是非常过人的。

许慎入京后，拜当时著名的经学大师贾逵为师，开始潜心研究学问。许慎看到当下经学总是曲解文字，例如有些人认为经书是圣人之言，字字句句都蕴含着微言大义，大可经世致用，但常常是断章取义，任意地引申比附，每个字在不同的文章中有不同的意思，没有统一的规范。为了纠正今文经学家对文字的曲解和妄说，提高古文经的地位，就必须弄懂文字的结构、读音和意义，许慎立志写作《说文解字》。

凭借渊博的学识和严谨的精神，许慎的志向变为了现实。在研究古文经的基础上，他开始撰写中国也是世界上的第一部字典——《说文解字》。许慎治学非常刻苦，从汉和帝永元十二年（100）开始，历时16年，许慎完成了《说文解字》的初稿。后来又耗时22年进行校正和定稿，前后共用了38年时间，完成了历史巨著《说文解字》一书。这部十三万余字的《说文解字》正文十四篇，叙目一篇，以一篇为一卷，又称十五卷。全书收录小篆9353个字，异体字1163个字，逐字解释字体来源，以说解文字的形体为主，同时兼明字的本音本义。《说文解字》还首创了540个部首编排法。排序是一项至今让信息专家困惑的重要问题，而《说文解字》的部首排序法解决了汉字的排序问题，为汉字的信息化奠定了坚实的基础。

解决了给数千汉字的形、音、义进行规范、解释的问题之后，许慎将《说文解字》定稿交付儿子许冲，让其献于朝廷。许慎晚年一直在家乡及附近村庄授经教书。

《说文解字》集古文、经学、训诂学之大成，上溯造字之源，下辨篆、隶、行、草递变之迹，成为当代研究画符文字、甲骨文、金文的桥梁。《说文解字》的内容包罗万象，堪称集古代文化之大观。正如许慎之子许冲为《说文解字》这一著作上书皇帝时所称："六艺群书之诂皆训其意，而天地、鬼神、山川、鸟兽、鱼虫、杂物、奇怪、王制、礼仪、世间人事，莫不毕载。"因而，后人尊称许慎为"文宗字祖""字圣""文化宗师"等，对他赞誉有加。

其实许慎的《说文解字叙》也是非常著名的关于汉语文字学的一篇重要论文，历来受到学者的关注。在《说文解字·序》中，许慎从"古者庖牺氏之王天下也，仰则观象于天"文字的源流说起，讲述记录文字发生、发展、演变的过程。用"盖文字者，经艺之本，王政之始，前人所以垂后，后人所以识古，故曰本立而道生。"说明了汉字的政治历史作用。从"宣王太史籀著大篆十五篇"，到"李斯作《仓颉篇》，中车府令赵高作《爰历篇》，大史令胡毋敬作《博学篇》"等，记录了古文今文的状况。通过"世人大共非訾(zǐ)，以为好奇者也，故诡更正文，乡壁虚造不可知之书，变乱常行，以耀于世"，论述了今古文之争及文字训诂乱象，批评了文字训诂和字形分析乱象横生的混乱现象。

而《说文解字·序》里最为重要的是用精练的文字总结归纳了"六书"造字法。"保氏教国子，先以六书。一曰指事。指事者，视而可识，察而见意。上下是也。二曰象形。象形者，画成其物，随体诘诎。日月是也。三曰形声。形声者，以事为名，取譬相成。江河是也。四曰会意。会意者，比类合谊，以见指撝(huī)。武信是也。五曰转注。转注者，建类一首，同意相受。考老是也。六曰假借。假借者，本无其字，依声托事。令长是也。"意思就是古人用六种方法创造了汉字。

一是象形字,即画人画物,是汉字造字的基础,属于"独体造字法"。用文字的线条或笔画,把要表达物体的外形特征具体地勾画出来。例如"月"字像一弯明月的形状,"龟"字像一只龟的侧面形状,"马"字就是一匹有马鬃、有四条腿的马,"鱼"是一条有鱼头、鱼身、鱼尾的游鱼,它就像一幅幅画卷,展现古代中国人对于自然万物的认知。

二是会意字,即月在日边,"明"属于"合体造字法"。会意字由两个或多个独体字组成,组成的字形或字义合并起来以表达此字的意思。例如"酒"字,以酿酒的瓦瓶"酉"和液体"水"合起来表达字义;"解"字的剖拆字义,是以用"刀"把"牛"和"角"分开来表达;"鸣"指鸟的叫声,于是用"口"和"鸟"组成。会意也许是六书之中最有趣的一种造字方法了,这些绝妙的文字透射出了中国人丰富的联想与率真的性格。

三是指事字,即刃点刀口、末划树梢,属于"独体造字法"。指事字与象形的主要区别是指事字含有绘画中较抽象的东西。例如"刃"字是在"刀"的锋利处加上一点,以作标示。"凶"字则是在陷阱处加上交叉符号。"上""下"二字则是在主体"一"的上方或下方画上标示符号。指事字是在独体实物形象(象形字)上加指事符号,或者是纯粹的抽象符号,它通常用来表示抽象或局部的东西。

四是形声字,即秀才识字认半边,属于"合体造字法"。形声字由两部分组成:形旁(又称"义符")和声旁(又称"音符")。形旁是指示字的意思或类属,声旁则表示字的相同或相近发音。例如"樱"字,形旁是"木",表示它是一种树木,声旁是"婴",表示它的发音与"婴"字一样。"篮"字,形旁是"竹",表示它是竹制物品,声旁是"监",表示它的韵母与"监"字一样(古音及部分方言)。"齿"字的下方是形旁,画出了牙齿的形状,上方的"止"是声旁,表示两字韵母相同。秀才认字能认半边,这主要还是形声字的功劳。形声字作为一种汉字的造字法,它的出现满足了汉字大量制造新字的要求。

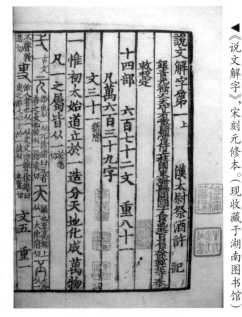

◀《说文解字》,宋刻元修本。(现收藏于湖南图书馆)

有部分汉字,会同时兼有会意和形声的特点。例如"功"字,既可视为以"力"和"工"会意,而"工"亦有声旁的特点。"返"字,既可视为以"反"和"辵(chuò)"(解作行走,变形作"辶")会意,而"反"亦有声旁的特点,这类字称为会意兼形声字。

五是转注字,即音义相近的一家人,属于"用字法",大致有"形转""音转"和"义转"三说。所谓"建类一首"是指部首,当两个字是用来表达相同的东西,词义一样时,它们会有相同的部首或部件。例如"考""老"二字,本义都是长者;"颠""顶"二字,本义都是头顶;"窍""空"二字,本义都是孔。这些字有着相同的部首(或部件)及解析,读音上也有音转的关系。"转注"这个名称,古人也是作为"造字法"提出来的。转注字音义相近,很像一个大家庭。在汉字的六书之中,关于它的争议是最多的。

六是假借字，即临时救场传千古。汉字是由象形象意的文字发展起来的。有的外物有形象可以描绘，有的意思可以利用图像和笔画来表现，可是有很多代表某些事物的概念不能用象形象意的方式造出文字来，于是就假借已有的音同或音近的字来代表，这种跟借用的字的形义完全不合的字就称为假借字。假借字有两类。一类是本无其字的假借，就是上面所说的假借字。如"北"，甲骨文字形像二人相背。北方的"北"无形可像，就借语音相同的"背"来表示北方的意思。许慎在《说文解字·序》里所说"假借者，本无其字，依声托事"，就是这一类。在语言发展过程中这一类的字很多。假借字的另一类是本有其字的假借。本有其字的意思是在日常使用的文字当中本来有表示某个词义的书写形式，但是在使用当中不用本来约定俗成的字形而写为另外一个意义不相涉而音同或音近的字，这一类在秦汉以前的古书中极为常见。如借"汤"为"荡"等。假借字有点像临时救场的演员，在本无其字的情况下暂时顶替位置。但由于人们的约定俗成，它们最终流传千古，成了正字。

"六书"是以汉之前的篆书为对象，分析归纳出汉字的结构和造字手段，即给汉字编制代码符号的方法。在许慎之前也有人提到过"六书"，但并没有讲透彻，直到《说文解字》，人们才得以看到详细的并做了分析的"六书"，这是许慎的一大功劳。自此之后，"六书"的研究成了一个热门的课题，至今仍是我们研究古文字必不可少的依据。经过对古文字的考察，"六书"对原始文字和古文字的构形造字也是普遍适用的。"六书"奠定了汉文字学的基础，并使中国文字学居于世界领先地位。

如果说《说文解字》有瑕疵，不如说许慎有他的历史局限性，其汉字研究也只以年代追溯到公元前三世纪左右的小篆为基础。小篆与之前的金文、甲骨文有长达千年的时间距离，这也是造成许慎对汉字字形的解读也会出现严重错误的原因。由于未能意识到字从起源时到他所处的东汉，其间会发生何等巨大的语音转变，许慎在分析字的发音时也会谬以千里。瑕不掩瑜，许慎是中国汉字研究的创始人，他的《说文解字》也成为后世这一领域著作的标杆。更重要的是，《说文解字》回答了中国古代是否有独立的语言文字学研究的历史问题。

民国时期，流行过一个有关国学大师黄侃别出心裁的"传道"故事。有个叫陆宗达的学生拜黄侃为师后，特去向先生求教，黄侃只给了他一本没有标点符号的《说文解字》，说："先标上标点，标好来见我。"陆宗达依教而行，标好标点，去见老师。黄侃翻了翻说："再买一本，重新标好。"说完就将标好的那本扔到了书堆上。第三次见老师时，陆宗达带来了点点画画得不成样子的《说文解字》，黄侃点了点头，连看也不看就说："再去买一本，再标。"三个月后，陆宗达又将一本看得很破的《说文解字》拿来，还没等老师开口就主动说："老师，是不是还要再标上标点，我已经准备好了。"黄侃笑着说："标点三次，《说文解字》你已经烂熟于心。这文字之学，你已得大半，就不用再点了。以后你做学问也用不着总翻这本书了。"说完，他又把书扔进了书堆，才开始正式给陆宗达讲学问。后来陆宗达成为我国现代训诂学界的泰斗级人物。他回忆自己的学习历程时曾经深有感触地说："就是当年翻烂了三本《说文解字》，从此做起学问来，轻松得犹如庖丁解牛。"由此可见,《说文解字》在成书的一千八百多年后仍熠熠生辉。

汉字的"六书"理论,对于那些尚没有文字的民族无疑是一种捷径。比如西夏文字就是参照了汉字的"六书"理论而创制的。西夏是以党项族为主体而建立的封建王朝,国号大夏,地域包括今宁夏、甘肃大部、陕西北部、内蒙古西部和青海东北部。公元1036年,西夏开国皇帝元昊命大臣野利仁荣借鉴汉字的"六书"造字法创制本民族文字在境内推行,自称番文,尊为国字,共有六千余字。元代称其为河西字,后世称西夏文。

西夏文形体方整,笔画繁冗。结构仿汉字,又有其特点。用点、横、竖、撇、捺、拐、拐钩等组字,斜笔较多,没有竖钩。单纯字较少,合成字占绝大多数。两字合成一字居多,三字或四字合成一字者少。合成时一般只用一个字的部分,如上部、下部、左部、右部、中部、大部,有时也用一个字的全部。会意合成字和音意合成字分别类似汉字的会意字和形声字,约占总数的百分之八十。部分译音字由其反切上下字的各一部分合成,类似拼音字。有的字以另一字的左右或上下两部分互换构成。两字多为同义字。象形字和指事字极少。书体有楷、行、草、篆,楷书多用于刻印,篆书散见于金石,行草常用于手写。

西夏文不仅在整个西夏时期使用,而且在西夏亡国后仍使用几百年之久。西夏文文献数量丰富,种类繁多,其内容涵盖佛经、儒家典籍、法律、历史、文学、辞书等各方面,还有碑铭、官印、钱币等。今所见西夏刻书则主要是黑水城出土的文献。

汉字之音韵风采

从文字的属性来说,西文是拼音文字,意形归零,只能算平面文字。而汉字是形、音、义三结合,每个汉字在头脑中都是三维表达,是立体的。中国古代,汉字的文字学、音韵学、训诂学合称小学。汉字的音韵与西文的表音有明显的不同,它独特的表现形式在诗词艺术领域绽放出优雅美妙的风采。

汉字之音

文字是语音的载体,研究汉字语音发展过程和规律的科学被称为音韵学。一个汉字就是一个音节,它由声母、韵母和声调三个部分组成。按发音部位的不同,声母分为:唇音、舌音、齿音、牙音和喉音五类,这就是音韵学上所谓的"五音"。韵是汉语中最常用的一个概念,韵部相同并且声调也相同的汉字就属于一个部类,每一个部类就叫一个韵。韵脚使用同一个部类里的字就称押韵,广为流传的宋代韵书《平水韵》将汉字划分为106个韵部。汉字的声调按照普通话的四种基本声调可以简单归结为一平、二升、三曲和四降。

由于汉字具有独特的音节和音韵,再加上四个抑扬顿挫的声调,朗读起来便形成音乐般的旋律。普通话的声母、韵母配合表,突出的特点是"声少韵多",韵母多是由元音构成,元音发音优美动听而且响亮,而印欧语系就没有这一优点,这是汉语语音美的基础。无论是慷慨悲歌还是浅语低吟,都是那样的优美动听、宛转悠扬、节奏和谐、铿锵有力,所以说汉语是世界上最动听的语言。

汉字的音韵之美再与形、义于一体的特点相互结合,便创造出很多独特的文学艺术形式,楹联更是将汉语这一特色发挥到了极致。

楹联也称为对联,当用于春节迎新祈福时,又叫春联。有历史记载的我国第一副春联是五代十国蜀国国君孟昶(chǎng)的一副桃符对联。据说五代时的后蜀国国君孟昶喜欢标新立异,公元964年除夕,他突发奇想,命一个叫辛寅逊的学士在桃木板上写了两句话,作为桃符挂在他的住室门框上。上联是"新年纳余庆",下联是"嘉节号长春"。上联大意是新年享受着先代的遗泽,下联大意是佳节预示着春意常在。对联的头尾还嵌入新春两个字,中间嵌入了"嘉节"两个字,合起来就是"新春嘉节"。

巧合的是,就在孟昶作此联的一年之后,宋太祖赵匡胤率兵攻破后蜀,孟昶降。同年,赵匡胤任命一个叫余庆的人去做成都(原是后蜀的都城)的地方长官,这正好应验了孟昶的上联"新年纳余庆"。另外,宋太祖早已于建隆元年(960)就将每年的农历二月十六日,即自己的生日那天定名为"长春节",应验了孟昶的下联"嘉节号长春"。孟昶降宋之时,正是宋太祖诞辰之日,这一联成谶,令后人惊叹不已。但孟昶写下的这副春联在中国对联发展史上留下了重要的一页。

　　汉字音韵发展的定型给联句的音韵规则创造了条件,因此人们创作对联时也必须遵守一定的音韵规则,这样才能写出音韵宛转、节奏铿锵的美妙对联。对联的音韵美主要体现在平仄交错的节奏上,音韵上要求平仄交替、上下相对、音韵和谐。汉字的特点是一字一音、音节分明。楹联创作借用诗词声律"平仄"要素,即平上去入。比如郑板桥的一副联:

　　　　　　春风放胆来梳柳　　夜雨瞒人去放花
　　　　　　平平仄仄平平仄　　仄仄平平仄仄平

　　此外,楹联创作还要求词性相当,结构相称,内容相关。这就比较好理解了,比如仓颉庙两厢有明朝巡案傅振商题书:

　　　　上联:百王　景仰　治代结绳　扶　宇宙
　　　　下联:万圣　崇尊　文成书契　整　乾坤

　　还有一种在字形上有严格要求的对子,主要用于特殊楹联,比如拆字联、同旁联等。比较有名的"琴瑟琵琶,魑魅魍魉",这实际上是一副古对,出自宋朝张宜的《宦游纪闻》,原联是:

　　　　　　琴瑟琵琶八大王,一般头面
　　　　　　魑魅魍魉四小鬼,各自肚肠

　　原联的意思很简单,就是一副利用汉字字形结构的拆字联。八国联军入侵后逐渐演变为人们对侵略者的愤恨与嘲讽。其中有一个故事说的是八国联军攻占北京后,在一个谈判会议上,一个洋人代表傲慢地出了上联:"琴瑟琵琶,八大王王王在上。"而在场清朝官员无人能回答上来,这时站在一旁倒茶的年青人却对出下联:"魑魅魍魉,四小鬼鬼鬼犯边。"这个故事中的上下联有各样的版本,比如:

　　　　骑奇马,张长弓,琴瑟琵琶八大王,王王在上,单戈成战
　　　　倭委人,袭龙衣,魑魅魍魉四小鬼,鬼鬼居边,合手共拿

　　由于楹联的创作巧妙地利用了汉字特有的音、义、形三种功能于一体,所以要求作者有较高的文学修养和文字功底。历史上很多文人墨客不仅善于诗词歌赋,还在楹联对局上留下了一段段趣话。苏东坡是有名的楹联高手,有个朋友有意出难题想考考他,某天对苏东坡说:"我这里有个十分简单的五字上联,如果你能在一顿饭的时间里对上它,我就佩服你。"苏东坡说道:"哪里需要一顿饭的工夫,如果是五个字的话,你一出联,我就可以立即对上。"那朋友自认为自己的对联十分难对,就说:"既然如此,我们就以半顿饭的工夫为限,如果你没有对上,就输我一席酒宴!"苏东坡爽快地答应了。他的这位朋友说出了上联:"三光日月星"。

　　上联一出,苏东坡惊得哑口无言,心想这是"绝对"呀! 上联的数目字一定要用数目字来对。上联的"三光"两字,用了一个

"三"，下联就得用其他数字。但是"三光"之后，跟着又注明了"日、月、星"三样东西。那么难点就在无论你用哪个数字来对，跟着提出的具体事物，就不会是三个，要么多于三个要么少于三个。这个联确实难对！但是苏东坡并不甘心就此认输，由于他熟读《诗经》，很快便在《诗经》里找到了"救兵"，随口答道："四诗风雅颂。"

这绝对是妙对，妙就妙在一个"四"字，以"四"对"三"是可以的。但是，如果在"四"字以下跟着提出四样东西，那就跟"日、月、星"对不上。而这个下联妙就妙在他所提出的"四诗"只有"风、雅、颂"三个名称。因为《诗经》中的"雅"，又可以分为"大雅"和"小雅"，所以诗经又称为"四诗"。苏东坡巧用《诗经》解决了难对，真是机智过人。

著名数学家华罗庚也是这样妙对的高手。1953年，钱三强率领由华罗庚、张钰哲、赵九章等人组成的科学考察团出访，途中大家谈今论古，华罗庚即景生情，得出上联一则："三强韩魏赵"，求对下联。"三强"说的是战国时期韩、魏、赵三个强国，却又隐喻代表团团长钱三强的名字。这就要求对联者不仅要解决数字联中难对的困难，而且要在下联中嵌入一位科学家的名字。因此华老上联一出，众人无不苦思冥想，却怎么也想不出。过了一会儿，只见华罗庚不慌不忙地吟出了下联："九章勾股弦。""九章"是指我国古代著名的数学著作《九章算术》，这本书首次记载了我国数学家所发现的勾股定理。同时，"九章"是大气物理学家赵九章的名字。华老对得如此之妙，使满座为之赞叹！

寇准对联「盘古斯文地，开天圣人家」。

　　河南省濮阳市南乐县仓颉庙里面的一副楹联很有历史，它是北宋一代名相寇准题写的一副日月联："盘古斯文地，开天圣人家。"一千多年前的一天，寇准途经此地，他刚刚在澶渊（今河南乐县）经历了一场生死攸关的大战。公元1004年，萧太后亲率二十几万辽兵深入宋境，一路摧城拔寨到达澶渊。一时宋廷朝野震动，真宗畏敌，欲迁都南逃。此时宰相寇准力劝真宗亲征，真宗被迫率军北上迎敌。倚仗屡立战功的杨延昭（即杨六郎），北宋在澶渊前线以少胜多，最终击退辽军，辽宋议和，史称"澶渊之盟"，为大宋迎来了百年和平。

　　辽兵退后，寇准自濮阳南乐北上，一路上辽兵所到之处，一片破败，十分荒凉。仓颉庙也没能幸免于难，在荒野中几成废墟。寇准前往仓颉庙拜谒字圣，他站在仓颉像前，想到中华文明光耀千年，而今字圣陵墓却荒芜至此，不禁热泪盈眶、心潮澎湃，写罢楹联，又提笔在上联顶端书一"日"字，在下联顶端书一"月"

字,既表达了中华文明如日月光照长久,日月两字合一为"明"字,又表达了保卫大宋江山的明心可鉴。这种抒怀咏志的表达方式再次体现出汉字独特的艺术魅力。

纵观格律诗,最为脍炙人口的往往是因诗中某句"对联"而流传于世。如"沉舟侧畔千帆过,病树前头万木春""无边落木萧萧下,不尽长江滚滚来"等。有些联句,已独立于原诗,成为脍炙人口的名句,又如"海内存知己,天涯若比邻""莫愁前路无知己,天下谁人不识君"等不胜枚举。

纵观古代的教育史,从唐宋之后,无论是官学还是私塾,写作格律诗是必选的课程。而格律诗的启蒙形式,就是"对对联"。首先是二言、三言,其次是五言,最后是七言。在对联中,熟记诗歌的音韵与格律,感受字义的抽象与形象,体会词语的精练与生动,学习句子的承接与转换等。边读边写,格律诗的写作会越来越易于掌握。《笠翁对韵》就是人们学习写作对仗、用韵、组织词语的启蒙读物。大家所熟悉的"天对地,雨对风,大陆对长空。山花对海树,赤日对苍穹。雷隐隐,雾蒙蒙。日下对天中。风高秋月白,雨霁晚霞红。"就是出自这部书。

汉字富于智慧和变化的结构带给人立体的视觉体验,而汉字和谐优美的音韵如同一首首美妙的歌曲,带给人美妙的听觉体验。汉字的发展演变出许许多多的独特魅力,这也是"仓颉造字"当初没想到的吧。

诗之风采

　　近两千年来,古代诗人经过不断地探究与完善,充分利用汉字的音韵特点,建立了格律诗的音韵规则。这些规则成为诗歌音韵美的基础,让音韵在字里行间展现出无穷的魅力。汉语的音韵美有着深厚的文化底蕴,中国古代的韵律文学,从古老的《诗经》开始,到《离骚》,再到汉唐以来的诗词,直至今日仍经久不衰,创作者和读者对于韵律和谐、平仄有序的音韵之美有着极其执著的审美和坚持。这种文化底蕴,不仅有汉语的语音特征作为其物理载体,而且是人类对于音乐艺术之美永恒追求的体现。大家耳熟能详的《关雎》,"关关雎鸠,在河之洲……"全诗朗朗上口,韵律和谐悦耳,其中双声和叠韵的巧妙运用,读来别有一番情致。

　　格律诗就是平仄与韵脚的规则。韵脚是韵文(诗、词、歌、赋等)句末押韵的字。一篇(首)韵文的一些(或全部)句子的最后一个字,采用韵腹和韵尾相同的字,这就叫作押韵。因为押韵的字一般都放在一句的最后,故称"韵脚"。韵脚广泛应用于文学作品中,诗歌尤甚,使行文更有律动和谐之美。后世学者往往就是用韵脚这个特征来发现上古汉字的发音。例如《诗经》中的诗,每一节都是押一个韵的,之所以我们今天读起来不押韵,是因为古今字音的变化。通过对《诗经》韵脚的总结归纳,我们可以大致了解上古汉字音韵的面貌。比如《国风·卫风·氓》一章:

氓之蚩蚩,抱布贸丝。

匪来贸丝,来即我谋。

送子涉淇,至于顿丘。

匪我愆期,子无良媒。

将子无怒,秋以为期。

　　其中"蚩、丝、丝、谋、淇、丘、期、媒、期"各相押韵,再联系《诗经》其他的同类韵脚字,就形成一个古韵部。再利用"六书"造字法,形声字分"形符"和"声符"两部分。造字之初,形符表义类,声符表读音,声符相同的字读音必然是相同或相近的,这样就能逐步推出上古发音的规律。

　　诗歌发展到齐梁时代,开始有意识地讲求声律。到了唐代,正式形成了以讲平仄、对仗为形式的格律诗。以前对平仄、对仗、用韵等要求不严格或没有要求的诗,被称作"古体诗",简称"古诗"或"古风"。与之相对应的格律诗,被称作"近体诗"。

　　平仄是律诗的重要组成部分。强调平仄,是为了使诗句抑扬顿挫,有音律和韵美。律诗一般由八句构成,每两句为一联。八句中第一二句是"首联",第三四句是"颔联",第五六句是"颈联",第七八句是"尾联"。首联和颈联又可称之为上联,颔联和尾联又可称之为下联。每一联中的上一句是"出句",下一句是"对句"。例如李商隐的《锦瑟》:

　　　　出　句　　　对　句
　　锦瑟无端五十弦,一弦一柱思华年。(首联)

庄生晓梦迷蝴蝶，望帝春心托杜鹃。（颔联）

沧海月明珠有泪，蓝田日暖玉生烟。（颈联）

此情可待成追忆？只是当时已惘然。（尾联）

律诗讲求"粘"和"对"。如果诗中的平仄格式不符合"粘"和"对"的规律，称之为"失粘"或"失对"，这都是律诗的大忌。

所谓"粘"，是指上联对句第二字的平仄与下联出句第二字的平仄相同。以上面所列举的李商隐《锦瑟》为例，首联对句第二个字"弦"为平声，颔联出句第二个字"生"也是平声。颔联对句第二个字"帝"为仄声，颈联出句第二个字"海"也是仄声。颈联对句第二个字"田"为平声，尾联出句第二个字"情"也是平声。这就是所谓的"粘"。

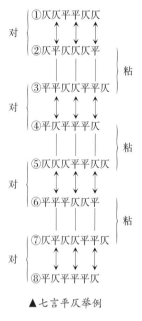

▲七言平仄举例

所谓"对"，是指一联内出句和对句第二个字的平仄相反。首联出句第二个字"瑟"为仄声，对句第二个字"弦"为平声。颔联出句第二个字"生"为平声，对句第二个"帝"则为仄声。颈联出句第二个字"海"为仄声，对句第二个字"田"为平声。尾联出句第二个字"情"为平声，出句第二个字"是"为仄声。

为何律诗制定"粘""对"规则时，落在每句的第二个字而不是其他字上呢？因为无论是五言还是七言，朗读起来第二个字都比其他几个字更容易引人注意,这是听觉上的自然感受。

汉字音韵与汉语独特的发展历史有着紧密的联系。中国汉字起源于象形文字,中国语言实际上也是起源于一种象声语言。鸡为什么读成"jī"呢?因为鸡实际上也是这样叫的,再看看"猫""猪""狗""虎"的发音,是不是与动物的发声有些相像呢?另外像"风""雷""吃"这样的词也是一样,都和行为本身的发声有联系。为什么举这些例子呢?因为古代的语言表达还很简单,只有这些日常用的词。有些词的发音古代和现代有很大不同,可以参见一些音韵方面的书籍。另外有些偏远地区或少数民族地区还保留着一些上古发音,这些演化复杂的例子可待研究。

像汉字一样,汉语也来自大自然,来自生活。我们有理由相信汉字音韵的美除了受惠于汉字的声调、音节特点外,还得益于它的音义同构现象。学者研究发现,许多汉语单字的发音与其所代表的含义具有某种契合。如"圆"与"扁","圆"发音时双唇是向外聚拢的,其唇形构成的形状恰好是圆的;而"扁"发音时,唇形构成的形状却相反,双唇闭合,唇形恰好呈扁形。"平"与"突",当发"平"音时,唇形闭合,刚好呈平直状;而当发"突"音时,唇形却恰好相反,双唇是聚拢向外突出的。"闭"与"开",发"闭"音时,双唇是闭合的;而发"开"音时刚好是开口音,双唇是向上与向下打开的。就是说,凡意义相对昂扬奋发、时空关系及含义指向都呈正向扩张型的字,其读音多响亮厚壮,音义同构现象极大地强化了诗歌的音像之美。例如李白的《关山月》:

明月出天山，苍茫云海间。
长风几万里，吹度玉门关。
……　……

没有人不被此诗所描绘的宏伟壮观的景象所震撼。但除了视觉美之外，我们感到一种更强有力的声音回荡在我们的耳畔，这就是它那响亮强壮、甚至带有一种威压感的阳性音。由于它们在含义上表现了廓大的空间关系，语音上也响亮，开口度大，声威赫赫，因此这是典型的音义同构现象，它非常圆满贴切地传达了诗人想要为我们描绘出的万里长空的宏伟视觉。

古代文学作品经常使用强化音韵的手段来增强作品的感染力，提高其艺术美感，如叠字、叠词或叠句，双声或叠韵，巧用声调等。如李清照的《声声慢》：

寻寻觅觅，冷冷清清，凄凄惨惨戚戚。
乍暖还寒时候，最难将息。
三杯两盏淡酒，怎敌他、晚来风急。
……　……

这首词一开头就连用七组叠词来回反复吟唱，低声倾诉，婉转凄楚，一种伤感的情绪在心头和空气中弥漫开来，久久不散，余味无穷。再如寒山的《杳杳寒山道》：

杳杳寒山道，落落冷涧滨。

啾啾常有鸟,寂寂更无人。

淅淅风吹面,纷纷雪积身。

朝朝不见日,岁岁不知春。

寒山善于用叠字诗表达禅修的隔世与孤远。下面他的这首《叠字诗》更是写出独处修行的身境和心境。

独坐常忽忽,情怀何悠悠。

山腰云缦缦,谷口风飕飕。

猿来树袅袅,鸟入林啾啾。

时催鬓飒飒,岁尽老惆惆。

另外,汉字可以重叠使用构成叠音词,它读音清晰,节奏明朗,用在诗文中能使语句铿锵悦耳,富于乐感,充满韵味。如"关关雎鸠,在河之洲""昔我往矣,杨柳依依,今我来思,雨雪霏霏""车辚辚,马萧萧,行人弓箭各在腰""大弦嘈嘈如急雨,小弦切切如私语""寒生更点当当里"。叠韵如两玉相扣,取其铿锵。双声如贯珠相连,取其婉转。其实,双声叠韵词和叠音词的音韵,除了具有和谐悦耳的功能以外,还因其直接表现了描写对象的声响特征——拟声,使读者可以越过语词的概念意义,仅凭其语音就获得了对诗句全部或局部意蕴的理解。中国诗人便可借此奏出或激越高亢、或低沉婉约、或清澈明亮、或沧桑浑厚的乐章,其音韵之美变化无穷,可使人闻之沉醉,或喜上心头,或泣泪沾襟。

汉字之惊鸿之舞

在华夏五千年文明的发展过程中,汉字的书写逐渐升华为一门独特的艺术,这在世界各种文字的发展史上不能不说是一个奇迹。汉字产生于象形,而象形又有天然的艺术性。故《书谱》云:"悬针垂露之异,奔雷坠石之奇,鸿飞兽骇之资,鸾舞蛇惊之态,绝岸颓峰之势……"汉字书法被誉为无言的诗,无形的舞,无图的画,无声的乐。

艺中之艺

汉字,这种最独特的象形文字就像建筑物一样稳定、协调且平衡,充满结构之美。字是用线条来描摹事物的,富有意象之美。汉字的书体纷繁,风格各异,姿态万千,呈现了动感之美。所有这些,都造就了汉字的独特艺术——中国书法。

世界上将文字发展为一种书写艺术的,除了中国汉字外,还有蒙古文、阿拉伯文和拉丁文的花体字。但这些文字艺术都是基于表音文字的书法,其书法作品也多是对于文字的变形衍生而出的类似于绘画的创作。中国汉字是表意的,它的各种字体的衍生都是源于文字本身的形态,与绘画相去甚远,非常独立。可以说,中国汉字的书法艺术是独一无二的。

在法国的一个中国书法展览会上,法国前总统希拉克看到一个舞蹈的舞字时,虽然不认识这个汉字,但是希拉克马上就看懂了,这是一个人在跳舞,于是他发出了这样的感叹:"中国书法是艺中之艺。"著名画家毕加索也说:"如果我出生在中国,我一定不是画家,而是书法家。"可见毕加索也是通过书法认识到中国汉字是高度抽象的艺术。

汉字书法之所以能够超越实用的局限而成为一门艺术,是由汉字的构成特点、书写工具和载体等因素决定的。汉字由点和线组合而成,具有高度抽象化的特质。而"点"是线的浓缩,"线"亦是点的延长,"点"和"线"是一个事物的两个方面,因而中国的书法艺术又被称作线条的艺术。

这简单而抽象的线条,如何会有如此大的艺术魅力呢?毛笔的使用是首要因素。汉字史上,起源最久远的写字工具是契刀和毛笔,但使用时间最长的书写工具是毛笔,与甲骨刻辞同时出现的殷商甲骨书辞即为明证。当契刻文字退出历史舞台后,毛笔的制作工艺和书写功能却与时俱进,不断完善。毛笔的特性是软,"惟笔软则奇怪生焉"。当然,此"软"指弹性而言,非软弱之意。随着遣毫之时的提、按、顿、挫、疾、徐、迅、缓,创造出极尽变化的线条造型,分割出大小兼存的块面,营造出别有洞天的艺术世界。另外,韧性强、质柔软的宣纸增强了书法艺术的感染力,笔墨挥洒其上,交融渗化,黑白浓淡之间情趣迸出。

正如东晋王羲之的老师卫夫人在《笔阵图》中对汉字笔画形象的描述:"横"如千里之阵云,隐隐然其实有形;"点"似高峰之坠石,磕磕然实如崩也;"撇"如陆断犀象之角;"竖"如万岁枯藤;

"捺"如崩浪奔雷;"折"如百钧弩发;"钩"如劲弩筋节。

传说王羲之曾梦见一位鹤发银髯的老人,他笑呵呵地对王羲之说:"我看你每天潜心研究书法,十分用功,现在我教你一个笔诀,日后自有作用。你伸过手来。"王羲之将信将疑地伸手过去,老人在他手心上写了一个字便消失了。王羲之一看手心,原来是个"永"字。他思考了一整夜,终于明白了横竖勾点撇捺等方块字的笔画和结构的诀窍都体现在这"永"字上了!此后,王羲之用了几年时间专门写"永"字,所以千古流传的书法珍宝《兰亭集序》第一个字便是永字。后来,王羲之的七世孙智永又将这"永字八法"传给虞世南。直到今天,"永字八法"都是学习书法的"法门"。

永字八法其实就是"永"这个字的八个笔画,正是中国书法中笔画的主要部分,分别是侧、勒、弩、趯、策、掠、啄、磔八画。晚清书画家诸宗元在《中国书学浅说》一书中对八画解说得较为明了:

点为侧(如鸟之翻然侧下);

横为勒(如勒马之用缰);

竖为弩(用力也);

钩为趯(跳貌,与跃同);

提为策(如策马之用鞭);

撇为掠(如用篦之掠发);

短撇为啄(如鸟之啄物);

捺为磔(磔音哲,裂牲为磔,笔锋开张也)。

中国的书法艺术兴始于汉字的产生阶段，"声不能传于异地，留于异时，于是乎文字生。文字者，所以为意与声之迹"。书法艺术的第一批作品不是文字，而是一些刻画符号——象形文字或图画文字。汉字的刻画符号，首先出现在陶器上。最初的刻画符号只表示一个大概的混沌的概念，没有确切的含义。唐代张彦远的《历代名画记》中谈论古文字和图画的起源时说："是时也，书、画同体而未分，象制肇创而犹略，无以传其意，故有书；无以见其形，故有画。"虽然书画同源，但之后的发展状况是以互补的独立性发展变化的，但中国书法艺术的形成发展与汉文字的产生与演进存在着密不可分的连带关系。

说到汉字发展与书法的关系，就要说到书体。书体按照汉字字形发展和书写方式，大致分为：陶文、甲骨文、金文、籀文、石鼓文、战国文字（含楚篆、鸟虫篆、摹印、署书、殳书等）、小篆、隶书、简书、帛书、石刻造像、章草、今草、狂草、楷书、行书。著名书法家费新我简要概括了几种主要书体的艺术风格：

甲骨文：直往直来，绝无轻重顿挫；精细刚健，秀美而又沉着。

钟鼎文：环转中有方势，似疏放而谨严；字形参差不一，却又分布天然。

大篆：虬屈峻奇，如藤盘根；既古质又趋匀，更典丽而端凝。

小篆：省略大篆，更为齐一圆匀；笔劲体整，庄严典型。

隶书：由篆趋便，变圆为方；平整朴实，爽达疏朗。

八分(隶书种类):隶加道美,神韵跌宕;左右拓展,波磔势强。

章草:若鹜鸟乍飞,为隶之捷;骨肉意态,精到朴质。

今草:超出章蹊,飘扬自如;云霞集散,回旋适度。

大草:随意挥洒,规律是循;奔驰飞腾,功到渠成。

行书:萦回玲珑,非真非草;平易近人,书中之妙。

真书:隶章蜕化,繁简相称;笔姿周备,端方雅正。

北魏(魏碑楷书):如山如岳,高浑刻厉;筋力匀到,富有奇趣。

中国书法艺术在历史长河中发展为一种独特的美学观,从东汉时期赵壹的《非草书》到清末刘熙载的《艺概·书概》,在浩如烟海的书法理论著作中,推出了一系列美学关键词:方与圆、曲与直、迟与速、轻与重、肥与瘦、浓与枯、疏与密、虚与实、奇与正、争与让、宾与主、丑与媚、巧与拙、形与质、法与意、离与合、阴与阳等等。这些美学关键词使中国哲学思想充分地融入书法艺术之中,成为中国独特的美学基础。

扬雄说:"言,心声也;书,心画也。"这句话本是用来描述文章意义的,但后来却成为关于人与书法的关系命题的经典论述。刘熙载《艺概·书概》说:"扬子以书为心画,故书也者,心学也。"他把精神因素上升为对整个书法艺术审美本质的一种界定。中国书法已经成为东方美学的精髓,梁武帝萧衍评王羲之书法"字势雄逸,如龙跳天门,虎卧凤阙"。东汉崔瑗的《草书势》提出"方不中矩,圆不到规""志在飞移""将奔未驰"和"一画不可移"与

"临时从宜"等主张;赵壹的《非草书》的"书之好丑,在心在手",强调了书法家的天赋气质对艺术创作的决定性作用;蔡邕的《笔论》《九势》则论述了书法家的艺术精神和书法形式美的特征等,可看成中国古典书法美学的发端。在古人心目中,书法艺术最深奥的是写出汉字的神采。公元五世纪,王僧虔在《笔意赞》中首次提出"神采"论。所谓"神采",就是书法家流溢于笔墨点画之间的一种精神情怀的展现。

禅宗在六祖之后,发展极盛,慧能弘扬的"直指人心,见性成佛"的顿悟法门对中国文人具有很大的吸引力。所谓"得简易之道"的追求,这种摆脱烦琐空洞的经义之学也影响到艺术上,出现了一些前所未有的更为单纯的艺术创造。唐代张怀瓘的"从心者为上,从眼者为下""唯观神采,不见字形"的理论,显然受到佛教禅宗的启示,即从某种特殊的角度,直接感受到书法中蕴含的力量。

遵从书法神采论的一大批书法家在公元八世纪和九世纪创造了令人瞩目的艺术成就。张旭的书法在公孙大娘剑舞的启示下,超越了笔墨技巧程式,使书法线条仿佛走龙奔蛇,刚圆遒劲,倏忽之间变化无常,急风骤雨般不可遏止。"以狂继颠"的怀素,那怪奇万状、连绵不断、忽擒忽纵的结体布局,那电闪雷鸣、不可端倪、不可遏止的笔势,把中国"线的艺术"推上了抒情传意的最高峰。

书法的神采,无疑也是和书家的性情以及书家的功力息息相关的。明朝的祝允明在《论书帖》中说:"有功无性,神采不生;有性无功,神采不实。"有功力缺乏性情,书法作品就会缺乏神

▲《中秋帖》，传为东晋王献之草书书法作品。释文：『中秋不复不得相還爲即甚省如何然勝人何慶等大軍。』无署款。大多认为是宋米芾所临。（现收藏于北京故宫博物院）

采；有性情缺乏功力，神采就会难以坚实。明朝董其昌在《画禅室随笔》中说："欲造极处，使精神不可磨没，以吾神所著故也。"刘熙载在《艺概·书概》中提出："学书通于学仙：炼神最上，炼气次之，炼形又次之。""书贵有神，而神有我神他神之别。入他神者，化我为古也；入我神者，古化为我也。入我神者为神仙。入他神者易，入我神者难，故成仙者少也。"进而言之，伟大的精神是书法作品达到最高境界的必要阶梯。

什么是"神"？它是一种艺术的层次，要求书写者在掌握足够的技法之外，个人的品德修养和学问积累达到"胸中有字"的境界，字形之

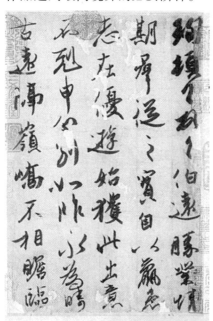

▲《伯远帖》，东晋，王珣书。《伯远帖》是作者给亲友伯远书写的信札，为行书早期的典范之作。它是现今学术界公认唯一传世的东晋名家法书真迹，亦被列为"天下十大行书"之一，排名第四。（现收藏于北京故宫博物院）

214

外表达出自己的精神世界。只有"神"在，汉字才能写出惊鸿之舞。艺术是人的创造，书法与其他艺术一样，必然反映创作主体的心智、性情、修养乃至技术能力等方面的特征。早在汉代后期，书法的艺术性质初步被社会所承认的时候，赵壹就已经指出这一点："凡人各殊气血、异筋骨。心有疏密，手有巧拙。书之好丑，在心与手。"传为钟繇所作的《笔法》阐述得更加简洁："笔迹者，界也；流美者，人也。"

2009年，中国书法被列入世界非物质文化遗产名录，正如书法申遗材料中所表述："中国书法以笔、墨、纸等为主要工具材料，通过汉字的书写，在完成信息交换实用功能的同时，以特有的造型符号和笔墨韵律，融入人们对自然、社会、生命的思考，从而表现出中国人特有的思维方式、人格精神与性情志趣的一种艺术实践，历经三千多年的发展历程，中国书法已成为中国文化的代表性符号。"

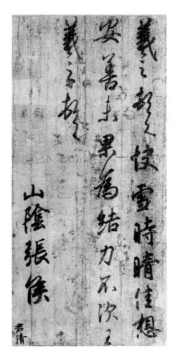

▲《快雪时晴帖》局部，传为东晋书法家王羲之创作。它是作为一封信札写就的，其内容是作者在大雪初晴时，以愉快心情对亲朋友人的问候。《快雪时晴帖》被誉为『二十八骊珠』，被古人称为『天下法书第一』，与王珣《伯远帖》、王献之《中秋帖》被乾隆合称为『三希』，且此帖列于首位。（现收藏于台北故宫博物院）

各领风骚的碑帖

中国书法之所以成为艺术,还有一个很重要的原因是书法作品在漫长的发展过程中形成了多种风格与流派。按照书法风格流派分类有帖学和碑学两大分支。碑学是指石刻拓本的书风,还包括一些摩崖、墓志等刻在石头上的汉字拓本,这些字都比较挺拔、稳重、苍劲;帖学是指墨迹的书风,以手札、书信为主,字体灵动、笔法直观,比较真实地反映了书作者的原本写字风格。

帖学盛行于两宋,其影响一直延续至元、明、清书坛。宋代以前的学书者都以历代墨迹为临摹和取法学习的对象,然而由于墨迹在古代不易保存和流传,当时也没有照相和影印等技术,五代以后就有了刻帖。刻帖技术的产生使得众多的名家书迹得到广泛传播,官方和私人纷纷传刻,其中尤以北宋时期所刻的《淳化秘阁法帖》(简称《淳化阁贴》)最为著名。该帖是中国现存的最早一部官刻丛帖,被称为"帖祖"。帖学的发端就建立在该帖辗转翻刻传拓的基础上。在清代中叶以前的中国书法史中帖

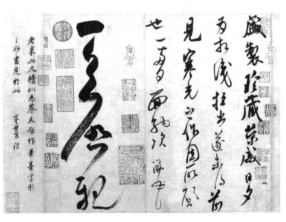

▲《盛制帖》,北宋,米芾。(现收藏于北京故宫博物院)

学成为主流。

帖学的起源历史悠久,到"二王"已形成了一个完备的书体和笔法的成熟系列。这个书体和笔法系列在王羲之之后历经千余年,传承有序,贯穿了整部书法史。可以说以王羲之书法为主导的帖学书法是中国书法的主线、正脉,或者说是基础。

唐代的颜真卿别开生面,开拓了书艺崭新的恢宏境界。其形质之簇新,法度之严峻,气势之磅礴前无古人。从美学上论,颜体端庄美、阳刚美、人工美,数美并举且为后世立则。就像时代造就了王羲之的书学境界一样,颜真卿在书学史上以"颜体"缔造了一个鲜明的书法气象和独特的书学境界。

帖学书体的代表有被称为"二王"的王羲之、王献之,有被称为楷书四大家"欧颜柳赵"的欧阳询、颜真卿、柳宗元、赵孟頫,有被称为宋四家"苏黄米蔡"的苏轼、黄庭坚、米芾、蔡襄,还有张芝、钟繇、智永、张旭、怀素、杨凝式、祝允明、唐寅、文征明、董其昌、张瑞图、倪元璐、黄道周、王铎等。

与帖学相对,碑学始于宋代,兴盛于清代中叶以后。书法史上所称的"碑",也称"刻石"或"碑版",是指镌刻文字的石块,包括庙碑、墓碑、墓志、造像记、摩崖石刻等,碑文书法一般都是先书后刻,因此它是经过了写手和刻手两道工序,成为二次创作的作品。经过岁月的洗礼和风化的作用,每个字都显得中实饱满、刚健沉雄、朴茂凝重。

清中叶以后,帖学衰微,金石大盛而碑派书法兴起。清嘉庆以前,书法崇尚法帖,碑学是借帖学的衰微之机而乘势发展起来的。人们对帖学产生了审美疲劳,而逐渐出土的大批碑志造像又给人以新鲜的美感,碑学的兴起就很自然了。

金石学的很多观念也直接影响到了书法界,比如对金石铭刻文字书法艺术风格的品评赏析,它们之间历史演进的脉络以及不同铭刻文字书写者的风格继承关系等,这些观念逐渐引发了书法界对书法史和书法审美批评观念的深刻变革,直接导致了清代后期碑学观念的确立和碑派书风的形成。乾嘉年间,金石学和考据学大兴,钟鼎碑版在知识分子间激发起来的,不仅是对考古的兴趣,也有对造形艺术的兴趣,而在这些兴趣之下还涌动着一股民族意识。长达一百多年的清政府文化政策的恐怖统治,迫使文人躲入考据训诂学之中,但反抗的意识并未泯灭,在探寻到金石、训诂的深洞之时,他们发现了一片森林。那些古朴遒健的艺术形象带着远古留下的时间的痕迹,象征着一种顽强的生命,这些自然的造型冲击着他们的视觉并深深地打动了他们的心弦,给予了他们一个新的时空去穿越,同时又建立了一个独特的审美标准,于是碑派书法顺其自然地蓬勃发展起来。

从书法审美上讲,碑派书风追求的是质朴之美、刚健之美、雄强豪放之美。如果说帖派书法属于优美风格的话,碑派书法则属于一种壮美的风格。梁启超在其《饮冰室文集》中写道:"南帖为圆笔之宗,北碑为方笔之祖。遒健雄浑、峻峭方整,北派之长也。《龙门二十品》《爨(cuàn)龙颜碑》《吊比干文》等为其代表。秀逸摇曳、含蓄潇洒,南派之长也。《兰亭序》《洛神赋》《淳化阁帖》为其代表。"

自清代碑学中兴之后,书法界中碑学和帖学之争就从来没有停止过。挑起这场争论的人是积极推行戊戌变法的著名政治家、教育家、书法家康有为。清朝中期著名学者、书法家包世臣写了一部书论《艺舟双楫》，书中评析汉代以来笔法之源流，第一次明确地传达出提倡碑学、开辟书法新途径的意向。其后，康有为写了部书论《广艺舟双楫》，是康有为扩广包世臣所著《艺舟双楫》，因以为名。书中的议论与包世臣颇合，推崇北魏书风，而竭力提倡碑学为主并贬低唐人书法。该书指出长期在帖学统治下书坛的弊端，试图从南

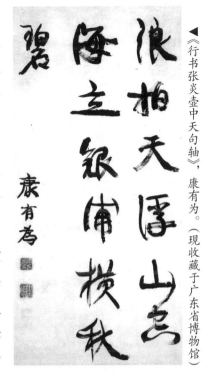

《行书张炎壶中天句轴》，康有为。（现收藏于广东省博物馆）

北朝碑刻中开辟出一条新路，并且将书法流派之争与政治挂钩，提出将书法变革与政治革新相提并论的观点。从此，在整个文化界和书法界形成一股抑帖尊碑、重北轻南的风气，帖学逐渐由盛转衰，碑学则日渐兴盛。

被当时书坛称为追慕"二王"的书法狂人潘伯鹰，批评康有为的书法："像一条翻滚的烂草绳。"潘伯鹰指出康有为的书法线条质感差，滥用飞白显得很虚浮。被誉为20世纪书坛泰斗的沙孟海在《近三百年的书学》中说："死守着一块碑，天天临写，只求类似而不知变通，结果不是漆工便是泥匠，有什么价值呢？……碑版文字，先书后刻，有些碑戈戟森然，实因刻工拙所

◀《爨宝子碑》拓片局部，全称《晋故振威将军建宁太守爨府君墓碑》，原碑现存云南省曲靖市第一中学"爨碑亭"内。碑文记录了墓主人爨宝子的生平及对墓主的赞美之辞。

致。"在《两晋南北朝书道的字体与刻本》中，沙孟海更尖锐地指出："刻写不同才是导致《爨宝子碑》与《兰亭序》风格差异的根本原因。刻手好的，东魏时代会出现赵孟𫖯的书体，刻手不好的，《兰亭序》也会变成《爨宝子碑》。"于右任和沈尹默这一代的大书法家，是抵制这种错位的崇碑抑帖做法的，他们坚持帖学和碑学互补，使得帖学仍有相当的审美空间。康有为在晚年也逐渐认识到自己将碑帖决然对立的做法欠妥，于是在1915年致罗椒东的信中说："抑凡有得于碑，无得于帖；或有得于帖，无得于碑，皆为偏至。"

碑学与帖学并不是对立的关系，碑帖是书法的两条脉络，都是书法传统的一部分。现代书法要达到一个更高的层次，就像武侠小说中练武一定要打通任督二脉一样，书法艺术也一定要打通这碑、帖二脉。师法古人，更要师法造化和自然，又不拘泥于造化和自然。崇尚自然，又高于自然，这需要微妙的把握和超然的感悟。

汉字之绝境逢生

汉字是先祖留给我们的宝贵的文化遗产,一百多年前,当封建帝制成为历史,一批文化学者在倡导科学民主的新文化运动中,险些将思想的陈旧、经济的落后归罪于汉字。这种主张全盘西化的呼声冲击着中国的传统文化,甚至提出要废除"方块字"的极端想法。

汉字之劫

汉字不仅承载着中国的记忆,也成为东南亚和东北亚各国记录历史的重要符号。早在千年前,它就东越大洋,南穿山脉,成为东亚及东南亚各国通用的官方文字。在朝鲜、日本、琉球、越南等国,上层精英将汉语作为官方语言,用汉字书写公文、记录历史,形成以中国为中心的汉字文化圈。

1842年,政治腐败、经济落后、军备落后的清政府被英国的坚船利炮节节击败。消息传到日本后,令岛国震动,日本文化界亦开始质疑汉字文明已不足持。废汉字立新字,成为当时日本文化界的热门话题。日本近代著名政治家前岛密于1866年12月向东瀛的末代将军德川信喜提交了《汉字废止之议》:"支那人多地广之一帝国,如此萎靡不振,其民众野蛮未开化,受西洋诸国之污辱,乃因其受象形文字之毒,不知普及教育法之故。废止汉字,并不是要把汉字输入之词语全部废止,只求把那些词语用假名记录而已。不废汉字,只会造就支那魂,而缺乏大和魂。"可见当时的日本已将文字的兴废与民族魂连在一起了。

从鸦片战争到"二战"以后,受到民族主义和脱汉运动的影响,汉字文化圈内的日本、朝鲜、越南等国纷纷进行了废除汉字、采用本民族表音文字的运动。废止汉字使用,虽然在一定程度上提高了本民族的自我认同与独立意识,但是由于千百年来在文字发展和书写方面均使用汉字,导致日本、朝鲜等地的本国文字发展迟滞甚至是停滞。在近代时期废止汉字的使用后,这些国家的本民族文字难以有效地弥补和替代汉字的地位与价值,对本国造成了诸多不便和困扰。在各国经历了废除汉字所带来的诸多不便之后,随即开始慢慢地恢复了汉字在本国语言体系中的地位,全面恢复汉字的呼声也越来越高。

然而,在19世纪与20世纪之交,作为汉语发源地的中国,差点也把汉字给废除了。19世纪末的中国正发生着历史大动荡,由于晚清的贫弱腐败和西方的殖民侵略,使中国人开始不断反思国家落后的根本原因。一些社会精英将矛头直指汉字,他们认为汉字才是中国腐败落后的根源,从此废除汉字的声音此起彼伏。最开始人们只想废除文言文而使用白话文,后来更激进的想法是直接废除汉字,改用西方拉丁文字。其中的代表人物还都是大名鼎鼎的文化名流。

时任北大教授的钱玄同是浙江望族、吴越王钱镠之后,他的儿子是著名科学家、中国近代科学界的巨人钱三强。1918年4

月,钱玄同在给陈独秀的信中说:"废孔学不可不先废汉文;欲驱除一般人之幼稚的、野蛮的、顽固的思想,尤不可不先废汉文……此种文字,断断不能适用于二十世纪之新时代。"他在给胡适的一封信中谈道:"欲使中国不亡,欲使中国民族为二十世纪文明之民族,必以废孔学、灭道教为根本之解决。而废记载孔门学说及道教妖言之汉文,尤为根本解决之根本。"

陈独秀在《答书》中说道:"中国文字既难传载新事新理,且为腐毒思想之巢窟,废之诚不足惜。"胡适在《跋语》中说道:"独秀先生主张'先废汉文,且存汉语,而改用罗马字母书之'的办法,我极赞成。"中国近代著名政治家、思想家、"戊戌六君子"之一的谭嗣同说:"尽改汉字为拼音文字。"中国人民大学创始人吴玉章说:"汉字是古代与封建社会的产物,已经变成统治阶级压迫劳苦群众的工具之一,实为广大人民识字的障碍,已不适应现在的时代。"中国新文化运动先驱、文学家、语言学家和教育家刘半农说:"汉字不灭则中国新文化无望。"中国革命文学事业的奠基人瞿秋白说:"现代普通话的新中国文,必须罗马化,就是改用罗马字母,要根本废除汉字。汉字是十分困难的符号,聪明的人都至少要十年八年的死功夫……要写真正的白话文,就一定要废除汉字,采用罗马字母……汉字真正是世界上最龌龊最恶劣最混蛋的中世纪的茅坑!"北京大学校长蔡元培说:"汉字既然不能不改革,尽可直接的改用拉丁字母了。"北京大学代理校长傅斯年更是斩钉截铁地说:"中国人知识普及的阻碍物多得很,但是最祸害的只有两条:第一是死人的话给活人用,第二是初民笨重的文字保持在现代生活的社会里。"

被称为时代斗士的鲁迅更是发出了"汉字不灭,中国必亡!"的呐喊,这句话是1936年10月鲁迅在答《病中答救亡情报访员》时说的话。可能此言过于突兀,为了方便理解,他接着又说:"因为汉字的艰深,使全中国大多数人民永远和前进的文化隔离。"鲁迅说这话之前,曾发表过一篇叫《关于新文字》的文章,他这样写道:"方块字真是愚民政策的利器……汉字也是中国劳苦大众身上的一个结核,病菌都潜伏在里面,倘不首先除去它,结果只有自己死。"

于是,汉字一下子从神性、王性的高峰坠落成罪恶、落后、可耻的文化根源。汉字改革在半殖民地文化语域中沉重地开始了。也许在百年后的今天,我们才能客观地回头审视,新文化运动本身同样需要反思,其中最需要反思之处,就是新文化运动中欲求"汉字革命"而致"废灭汉字"的态度。从人类的文明史来看,对一个民族而言,有两种危机的爆发称得上是"最危险的时候":一是遭受侵略,是谓亡国之险;一是文化衰微,是谓亡种之虞。而当时的中国,这两种危机同时并存,那时候的中国距离亡国灭种仅有一步之遥。

既然要"废灭汉字",就要找一种文字来替代。1920年,中国现代著名学者、语言学家赵元任提出使用罗马字。1930年,瞿秋白提出拉丁化新文字。钱玄同主张直接借用世界语。其本质都是想用字母文字来取代象形会意的方块汉字。废除汉字是个庞大的系统工程,不是一天两天所能完成的,所以许多设想只是停留在想法层面,当时只是提出了分步进行汉字改革的意向,即汉字改革走世界文字共同的拼音方向。

1. *Ginnian xyox'aɔli shenma shxou fang shugia?*
   今年　學校里什麼　時候放　暑假？
2. *Giaɔsh di zyaxua, ni gyɔ le zenjang?*
   教師　的　訓話，你覺得　怎樣？
3. *X'anzai, tadi giaxiang iging bei Hxingdao ciangde ita-xutuliao!*
   現　在他的　家鄉　已經　被強盗搶得　一場糊塗了！
4. *Ni gyɔding cingkiu daqia muɔgyɪndi gaoz siexaoliao-ma?*
   你決定　請求　大家　募捐的　稿子寫好了嗎？
5. *Kyngrhen sh shenma giɔgi?*
   窮人　是什麼　階級？

▲《中文拉丁化课本》，编者许中，上海新文字书店1938年初版。

通过研究世界文字的发展历程，我们可以发现人类各个古文明的原发文字都是象形文字，如楔形文字、埃及古文字等。因为不断被其他民族借用，为了适应新的语言特点，便造出了拼音文字。埃及文字早在公元前4000年就产生了，与汉字一样是取材于自然形态的象形文字，并且也是自右向左书写的。公元前1000年左右，地中海一带崛起的腓尼基人在与埃及人交易时将埃及文字借来并发展成秩序字母，用作语言发音的符号。公元前400年左右，希腊人在与腓尼基人交易时又将字母引进并改造为表音文字，原来具有象形的单字被彻底改造为类似现在的失去象形意义的拉丁字母，同时将从右向左的书写方式改为由左向右书写。公元二世纪，罗马在征服希腊的战争中接触并接受了希腊字母，并将其改造得更加单纯简洁，最终形成今天的26个罗马字母。而埃及象形文字早已消失，西洋文字已发展成单纯记录语言的工具。

第二辑　展开汉字的维度

西方文字之所以能够发展成单纯表音文字是因为西方多音节的语言表达方式，多音节最大的优点是重复词比较少。比如 mountain，只表达"山"这一个意思。而汉字的单音节发音 shān 却产生了大量的同音字。这就是汉字拉丁化的困难，有个比较极端的例子：石室诗士施氏，嗜狮，誓食十狮，施氏时时适市视狮。十时，适十狮适市；是时，适施氏适市。施氏视是十狮，恃矢势，使是十狮逝世，氏拾是十狮尸，适石室。石室湿，氏拭室。施氏始试食十狮尸，食时，始识是十狮尸，实十石狮尸。试释是事。

如果拉丁化以上文章，谁能知道说的是什么呢？通过对汉字读音曲解带来笑料、"包袱"也成为中国幽默笑话和相声小品的重要手段。所以说西方拉丁文字和罗马文字都只是记录语言的工具，是属于"一维"的文字，而汉字既是语言记录同时又是事件的记录，音、形、义三位一体，是属于"三维"的文字。怎么能从三维向一维降维发展呢？按照刘慈欣科幻小说《三体》描述，降维代表一种文明的死亡。

新中国成立后，中央政府决定在彻底拉丁化之前，先要实现汉字拼音标注及汉字简化。这个方案拯救了汉字，确实给现代人识字带来了不小的方便。没有这次新文化运动的汉字之劫，也许我们至今还无缘享用汉语拼音和标点符号带来的汉字识读上的便捷。时过境迁，21世纪的今天，废除汉字改行拉丁文字已经无人再提，今天的文化界则充满了对于汉字的歌颂和赞美，汉字历经风雨依旧是天下最美好最动人的文字。

汉语拼音的前世今生

汉字虽然有大量的形声字，但不能像西方拼音文字那样，可以通过文字符号本身，直接表示出正确的读音来。今天，人们使用汉语拼音来标注汉字的读音是20世纪50年代才开始施行的。那么古代人们是怎样识读汉字的呢？

古人对汉字的注音方法主要有以同音字注音和反切法注字两种。以同音字注音，就是用一个大家都应该知道读音的字去标注另一个生僻的字，如"蛊"，音"古"。我们在看古籍字典时经常遇到以下这些词汇，即是以字注音法，在《说文解字》中用"读若"表示注音，"儡，相败也，读若雷"；在《文侯之命》中用"读为"表示注音，"父义和，郑玄注：义读为仪"；在《尔雅》中直接用"注"表示注音，"肇"注"兆"。从以上的例子可以看出，如果知道"雷""仪""兆"字的读音，也就顺理成章地会读"儡""义""肇"了。这种方法虽然简单明了，但也有较大的局限性。如果有的字找不到同音字，则此法不能用。有的字虽然有同音字，但都比较生僻，注音了等于没有注。

反切法注字，就是"双拼注音"，即用一个汉字或注音符号表示"声"，用另一个汉字或注音符号表示"韵"和"调"，把它们拼合成被注字的读音的方法。反切法是中国古代影响最大流传最久的一种双拼制注音法。即反切上字取"声"，下字取"韵"和"调"。比如：缓，胡管切。"缓"字的读音，就是取"胡"字的声母（h），取"管"的韵和调（uǎn），然后拼合成（huǎn=h+uǎn）。

227

毛,莫袍切。"毛"字的读音,就是取"莫"的声母(m),取"袍"的韵母加声调(áo),合起来是(máo)。再如:收,式州切;器,去冀切。

反切刚刚产生的时候是容易学习和掌握的。当时一般人不仅可以通过反切认字,制造反切来注音,而且还能用反切来打哑谜、说隐语(反语)。但由于古今读音的变化,有的反切已经切不出现在的读音了,后来反切变得难懂了,甚至有些读书人也不懂。这是因为语音不断发展变化,用当代音去读古人造的反切,自然会有隔膜。

用字母为汉字注音并非出现于近代,晚唐有个叫守温的和尚在分析汉语声母、韵母和声调的基础上,制定了描述汉字语音的36个字母(字母选用36个汉字为代表)。这说明当时我国的语音分析已经达到很高的水平,但这一方法并未得到当时官方的推广。

▶《程氏墨苑》所辑利玛窦《西字奇迹》

随着中国和西方国家的交往发展,西洋人为了更方便地学习汉语,曾尝试拟制以西文字母为样式的汉语拼音方案。第一个创制用拉丁字母拼写汉字读音方案的西洋人是意大利人利玛窦,他是天主教耶稣会传教士。利玛窦于公元1582年来到中国,明朝万历三十三年(1605)他在北京出版了《西字奇迹》一书,这是世界上最早用罗马字拼写汉语的文献,内有26个声母和44个韵母的汉语拼音方案。

辛亥革命之后,产生了注音字母,这是中国第一套由国家正式公布并且在中小学普遍推行的注音字母。这个方案的注音字母并不是选用西文字母而是选自39个古代汉字,音节采用声母、韵母、声调的三拼制,这是对双拼的反切法的改进。

1892年,福建同安人卢戆章完成了《一目了然初阶》,这是中国人编著的第一本拼音著作,是中国人制订的第一套使用拉丁字母为拼音文字的方案,卢戆章被称为汉语拼音第一人。此后应运而生的是拉丁化新文字运动,体现了"五四"新文化运动精神的拉丁化新文字运动在"文学革命"口号的影响下,展开了汉字改革的讨论,提出了"汉字革命"的口号。

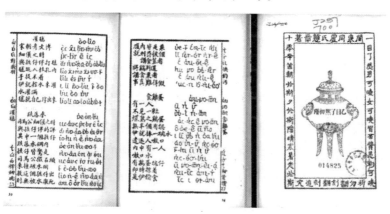

▲《一目了然初阶》,卢戆章著。

1929年,瞿秋白在苏联汉学家的协助下拟定了第一个中文拉丁化方案,并写成《中国拉丁化字母》,在瞿秋白拟定的方案基础上,吴玉章、林伯渠、萧三等中国专家和苏联专家一起反复研

第二辑 展开汉字的维度

究和比较，又拟定了"中国的拉丁化新文字方案"。拉丁化新文字系统，在逐步实践中获得了广泛的群众基础，但是它并不是没有缺陷。因为汉语是有声调的语言，而拉丁化新文字的致命弱点就在于它的"不标调"。例如 xinwenzi（新文字）、shihou（时候）、shulian（熟练），它们也可以被理解成新蚊子、事后、熟脸，这反而造成了很大的不便。

1949 年后，周恩来总理提议设立"中国文字改革委员会"，并指示："拼音方案可以采用拉丁化，但是要能标出四声。"1954年 10 月 8 日，第一届全国人民代表大会常务委员会第二次会议，批准设立中国文字改革委员会，专门负责组织汉语拼音方案的制定。从此我国完成了文字彻底拉丁化到汉字拉丁字母标注化的转变。

1958 年 1 月 10 日，周恩来总理在中国人民政治协商会议上做了题为《当前文字改革的任务》报告，高度评价了注音字母的作用。他说："制定和推广汉语拼音方案。首先应该说清楚，汉语拼音方案是用来为汉字注音和推广普通话的，它并不是用来代替汉字的拼音文字……现在公布的汉语拼音方案草案，是在过去的直音、反切以及各种拼音方案的基础上发展出来的。从采用拉丁字母来说，它的历史渊源远则可以一直推溯到三百五十多年以前，近则可以说是总结了六十年来我国人民创制汉语拼音方案的经验。这个方案，比起历史上存在过的以及目前还在沿用的各种拉丁字母的拼音方案来，确实更加完善。"1958年 2 月 11 日，汉语拼音方案诞生了。中华人民共和国第一届全国人民代表大会第五次会议通过《全国人民代表大会关于汉语拼音方案的决议》，会议决定批准了汉语拼音方案在全国范围内逐步推行，并在实践过程中继续征求各方意见使方案进一步完善。

我们今天使用的汉语拼音之所以能够得到广泛的认可和使用，与其自身优点密不可分。首先，《汉语拼音方案》把汉语普通话的语音归纳成了32个音素，每个音素都规定了字母，汉语拼音字母少、拼写简单、标写语音准确灵活。其次，拼音字母完全采用国际通行的拉丁字母，书写方便，利于促进国际交流。《汉语拼音方案》只采用国际通用的26个字母，并按照拉丁字母通用的字母表顺序，确定汉语拼音字母的名称，可以说完全与国际接轨。

20世纪80年代，人类进入了信息化时代，而汉字遭遇了又一次"生死劫"，许多人论断：计算机是汉字文化的掘墓机。这主要是因为当时人们对汉字的计算机输入持悲观态度，普遍认为这将是汉语拉丁化的机遇。"用拼音代替汉字"已经在电脑上被人接受。而长此以往，必然会使越来越多的人提笔忘字，甚至不会写字，使报纸、书籍、电视屏幕上的错别字越来越多。造成这一严重危机的根源，就是人们把"拼音字母"当成了思维和书写的载体，而汉字的灵魂即笔画和结构，却蜕变成了汉字的"第二层衣服"，亦即成了"拼音字母"的衣服。这种主客易位、本末倒置的做法，是对汉字的自我疏远，是对汉字文化的主动阉割。

在人类文明史上，汉字这种充满魅力的文字符号，在现代文明世界里总是一次又一次地遭受着各种各样的冲击，却又一次一次地如凤凰涅槃般浴火重生。汉字的这一"劫"成就了王永民，他创立汉字键盘，提出汉字"形码设计三原理"及数学模型，并在1983年发明了"五笔字型"汉字输入法,五笔字型完全依据笔画和字形特征对汉字进行编码,之所以叫作五笔,是将汉字笔划分为横、竖、撇、捺、折五种。把字根或码元按一定规律分布在25个字母键上,有效地解决了进入信息时代的汉字输入难题,它还能同时处理中、日、韩三国汉字,成为我国汉字输入技术发展应用的里程碑。2018年12月18日,党中央、国务院授予王永民改革先锋称号并颁授改革先锋奖章。

汉字的繁简之变

自从20世纪50年代我国实施汉字简化方案以来,汉字的繁简之争就从未中断过。支持繁体字的一个著名段子说:"愛无心,親不见,產不生,廠空空,麵无麦,有雲无雨,開関无门,鄉里无郎……"各种不同版本在网上流传,指责简化字内涵降级,美学凋零。发酵于互联网的这场文字游戏,反映了当下一部分人希望复兴繁体字的呼声。其实汉字演变自有规律,就拿爱这个字说,爱字"无心"的历史要比"有心"的历史长得多。早在北魏和隋朝的碑刻里就有与今天相近的爱字的"无心"写法,而且早在民国教育时已被普遍使用。事实上,依照《说文解字》中对爱的解释,爱里面有"心"倒是一个误会。

汉字从诞生以来一直处于不断的变化中,由简到繁、由繁到简地交替演化,简繁互补是中国文字的演变规律。甲骨文以完全象形的单体字为主,字数少、笔画少、字形简单。金文和籀文的修饰性多了起来,在将甲骨文美化和创字的过程中进行了繁化,使字形更加丰富饱满。战国时期出现了大量的所谓"草篆"的俗体字,其实就是各国使用的简体字。秦始皇实施"书同文"的小篆又按照籀文进行了繁化,废除了各国的俗体字。

秦代时民间流行的俗体字经过不断的规范成为今天的隶书,这是汉字发展史上一次重大变革。隶书是第一次有体系地对汉字进行革命性的简化,把小篆的圆转笔画变成直线,用点、横、直、撇、捺、钩等笔画构成汉字,删繁就简成为现代汉字的起源。秦代将隶书作为俗体字进行了保留并允许在民间使用,但隶书在汉代已然变成法定的国家文字,即正书。而另一种简化的隶书出现了,使隶书写起来更减省快捷,即古草书。汉章帝时,皇帝颁诏大臣可以用古草书写奏章,所以古草书又被称为"章草"。章草由此走进殿堂变成正书。楷书在魏晋时开始出现,后来多见于南北朝时期的碑刻,到隋唐时期成为正书。为了对楷书简省,又出现楷书的俗体字——今草和行书。

汉字的正体字和俗体字从来都是形影不离。有国家正体字,就有民间大众写的俗体字。人们写字寻求减省、快捷的心理从来就没有停止过。由于汉字在几千年繁简的演化中始终是正俗并存的,所以一些字自古就同时存在简繁之分,一字多形的现象在汉字的历史上比比皆是。

历代文人和书法家在写字的时候都会多少写一些简化字。据统计,王羲之的行书《兰亭集序》有324个字,其中102个是简化字,占总字数的三分之一。欧阳询的《九成宫》有1019个清晰的字,其中164个是简化字,占总字数的六分之一。明末清初学者吕留良在赠给黄宗羲的诗注中云:"自喜用俗字抄书,云可省工夫一半。"这个"俗字"便是当时有所简化的汉字,这些也都成为现在简化字的来源和依据。

现在所使用的简化字,大多是历史上曾经在各种时段各种场合使用过的。据《简化字溯源》(语文出版社1997年)记载,现代简化字绝大多数来源于历代的"俗字"即历代简体字,有一些来自于草书和行书,还有一些竟还是"古文字",比繁体的"资格"还要老。有的字甚至出现在几千年前的甲骨文和金文中,如"虫、从、云、气、众",《说文解字》保留的战国古文中也有"尔、无、礼"等。比如"发"作为"發"的简化字来源于书法的草书,在"發"字简化为"发"之后,因"髮"的下部和"发"接近,發和髮的读音也接近,所以民间将"髮"也简化为"发"。

反对汉字简化的一个理由是繁体字符合汉字造字规则。繁体字虽然难书写,却要比简体字更容易辨认。其实汉字演变到楷书,不管繁和简,都已是面目全非了。我们如果想知道一个字的由来,至少必须懂得小篆甚至甲骨文。比如"众"作为"眾"的简化字,甲骨文就已经这么写了,《周语》所谓"人三为众",非常好认又好解释。再如"从"作为"從"的简化字,是两个"人"字并在一起,这也是"从"的最古老写法,也见于甲骨文,取"两人相从"之意。通过以上两字看,繁体字的"眾""從"倒不好解释了,有点莫名其妙了。类似这样的简体字还不少,比如尘、礼、云、电、胡、须、处等等,在此就不一一解释了。

另外,我们今天使用的许多简化字,在隋唐碑刻中就已经开始出现,例如营、寿、尽、敌、继、烛、壮、齐、渊、娄、顾、献、变、灯、坟、驴等等。唐代颜元孙著《干禄字书》和王仁煦著《刊谬补缺切韵》都集了很多的俗体字。宋代以后随着印刷术的发明,简体字由碑刻和手写转到雕版印刷的书籍上,从而扩大了简体字的流行范围,数量大大增多。根据《宋元以来俗字谱》辑录,宋元明清12种民间刻本所用的简体字多达6240个字,合为繁体字共1604个字,平均每个繁体字约有4个不同的简化字,其中与今天使用的简化字完全相同的有:实、宝、听、万、礼、旧、与、庄、梦、虽、医、阳、凤、声、义、乱、台、党、归、办、辞、断、罗、会、怜、怀等等,共330多个字。

有几个常用字特别值得一提。"龟"字的繁体"龜"近20笔,简直是一笔一画的画一只龟,很难记住正确的笔顺和笔画,简化后保留其轮廓,仅剩7笔。"忧郁"的"郁"的繁体"鬱"多达29笔!写法极其复杂,也很难记住,简化后以"葱郁"的"郁"代替,仅八笔。"吁"的繁体字"籲"多达31笔,简化后改为"口"形"于"声的形声字,则不过6笔。"衅"的繁体字"釁"26笔,简化后仅11笔。这些都是些常用字,想当初学习繁体字的小学生仅仅为记住这几个字,就不知花了多少时间和精力,而使用简化字的人们很容易就把它们记住了。

中国近代著名教育家、出版家、中华书局创办人陆费逵于1909年在《教育杂志》创刊号上发表论文《普通教育应当采用俗体字》,这是历史上第一次公开提倡使用简体字。1922年,陆费逵先生又发表了论文《整理汉字的意见》,建议采用已在民间流行的简体字,并把其他笔画多的字也进行简化。陆费逵是近代简化字的第一人。1935年,钱玄同主持编成《简体字谱》草稿,收录了2400多个简体字。同年8月,中华民国教育部采用这份草稿的一部分,公布了"第一批简体字表",收录了324个字。虽然在第二年的二月又通令收回,但毕竟是历史上由政府公布的第一个简体字表。也就是在这一年,上海文化界组织"手头字推行会",发起推行"手头字(即简体字)"运动。

1949年后,我国设立了文字改革委员会,吴玉章担任常任理事会主席。1950年吴玉章在全国文字改革委员会干部会议上,传达了毛泽东主席的指示,文字改革应首先办简体字,不能脱离实际,割断历史。汉字简化的原则是"述而不作""约定俗成""稳步前进",也就是说尽量采用已经在民间长期流行的简体字,只作收集整理和必要的修改,不擅自造字。

簡體字表

教育部公布
第一批简体字表

〔丫韵〕罢罷 发發 阀閥 荅答 杀殺
杂雜 压壓 哑啞 亚亞 价價 虾蝦 袜襪
挂掛 画畫 划劃
〔乙韵〕拨撥 泼潑 罗羅 啰囉 锣鑼
逻邏 萝蘿 恸慟 国國 过過
〔亡韵〕恶惡 庆廣 个個 阎閻 蛰蟄
这這 热熱
〔世韵〕铁鐵 窃竊 协協 乐樂 觉覺
学學
〔币韵〕质質 执執 职職 侨僑 迟遲
师師 狮獅 时時 实實 势勢 辞辭
〔儿韵〕尔爾 迩邇
〔丨韵〕医醫 仪儀 蚁蟻 义義 议議
异異 艺藝 闭閉 弥彌 杂祕 体體 拟擬
离離 礼禮 厉厲 励勵 机機 鸡鷄 齑齏

1956年1月28日,《汉字简化方案》经汉字简化方案审订委员会审订,由国务院全体会议第23次会议通过,并在《人民日报》正式公布全国推行。以后这个方案根据使用情况而略有改变,1964年5月文改委出版了《简化字总表》,共分三表:第一表是352个不作偏旁用的简化字,第二表是132个可作偏旁用的简化字和14个简化偏旁,第三表是经过偏旁类推而成的

1754个简化字，共2238字。

1958年1月10日周恩来总理在中国人民政治协商会议上做了题为《当前文字改革的任务》的报告，他说："我们从汉字的历史上来看，一字多体是从甲骨文起就一直存在的。要说是混乱，那么这种混乱是'古已有之'，顶多不过'于今为烈'罢了。这个'于今为烈'的主要原因，在于今天广大群众正在开始掌握文字并且迫切要求改革文字，这是历史上任何一个朝代所没有的。汉字字形演变的总的趋势是简化。由于汉字难写，人民群众不断创造了许多简字。尽管历代的统治者不承认，说它们是'别字''俗字'，简字还是在民间流行，并且受到群众的欢迎。因此，我们应该说，远在文字改革委员会成立之前，人民群众早已在改革文字，而文字改革委员会的工作，无非是搜集、整理群众的创造，并且经过各方的讨论加以推广罢了。同时，我们也采用了某些日本简化了的汉字。可见使用简化字方面存在的一些分歧并不是汉字简化工作引起的，而《汉字简化方案》的制定，目的正在于把这种分歧引导到一个统一的规范。只有在汉字简化工作方面采取积极的措施，才能逐渐转变这种分歧现象。此外还有一个问题，就是汉字简化会不会妨碍我国书法的流传和爱好呢？我想是不会的。书法是一种艺术，当然可以不受汉字简化的限制。简字本来主要是用在印刷上的，我们不可能强制大家必须按照《汉字简化方案》写字。因此汉字简化不会对我国的书法艺术有什么不利的影响。同时我们也应当欢迎书法家按照简化汉字书写，以提高简字的艺术水平。"

简化了的汉字，象形的味道越发淡化，这也是不争的事实。

也就是说，汉字原生层面上的象形含义出现了丢失的现象！文字演变，也体现出利弊共存、得失同在的规律性。相比于汉字的"繁简之争"，汉语言文字研究者更关注的是简体字的"进化"。汉字简化存在的问题很多，特别是音同音近的"一对多"的替代、简化字破坏汉字部件表音表意作用、为了简化字形打乱文字系统性等，造成了许多问题和麻烦，这些都是简化字的弊病。目前海内外华人的共识是："写简识繁"，即简繁共存。既肯定简化汉字的合法合理和优势，也照顾到海外华人的文字书写习惯，毕竟华夏儿女同宗同文！

汉文的文言与白话之争

或许每个人都会好奇，我们语文课上学的文言文是否就是古代人日常说话的语言？古代人真的是像他们所写的恢弘巨作一样在日常生活中娓娓道来吗？首先我们看看庄严神圣的三孔碑林中的《朱元璋与孔克坚、孔希学对话碑》，石碑上镌刻的是明代开国皇帝朱元璋和孔家两代"衍圣公"的对话：

> 洪武元年十一月十四日臣孔克坚
> 谨身殿内对百官面奉圣旨。
> "老秀才，近前来，你多少年纪也？"
> 对曰："臣五十三岁也。"
> 上曰："我看你是有福快活的人，不委付你勾当。你常常写书与你的孩儿，我看资质也温厚，是成家的人。你祖宗

留下三纲五常垂宪万世的好法度。你家里不读书,是不守你祖宗法度,如何中?你老也常写书教训者,休怠惰了。于我朝代里,你家里再出一个好人呵不好?"

这是难得一见的白话碑,记载了至高无上的帝王与儒家圣贤的一次对话,反观明朝时期的一些诗文奏折,里面艰涩难读的成分就很多,因此我们可以知道明朝时期的口语和书面语已经有很大的脱节。

其实口语与书面语的不同,从古至今一直存在。虽然文字是记录语言的载体,但汉字由于其表意的强大功能,它在汉语基础上被创建之后便能够脱离语言而独立发展起来,这一独立性主要体现在文言文之中。

汉字从一开始是刻写在石头、兽骨、龟甲上面,这些载体无论从面积还是刻写工艺都要求文字将口语进行整理和删减,到了周朝,青铜器的发展虽然使得这一现象得到了一定程度的改观,但文字的篇幅仍然受到限制,所以形成了言简意深的文风。直到竹简、丝帛的出现,文字才突破了载体幅度的限制,先秦诸子也是基于这一重大发展才得以著书立说的。

春秋战国时期,诸子百家托古引圣来作为自己的理论依据,以表达自己的政治思想和基本主张。这些著作遵循了商周的文风,书面文字与日常口语开始出现了割裂,一方面是便于书写、言简意赅的书面体,一方面是便于交流沟通、接近俗言的口头语。前者被称为文言文,后者被称为白话文。

但是在先秦时期,口语和书面语之间的差别基本就跟我们今天日常讲话和课本用句之间这种差别类似，是不那么明显的。比如《尚书》和《论语》，我们还可以隐约见到当时口语的痕迹。

口语是随着事物变化而发展的，到了汉代，日常口语已和先秦口语发生了很大的变化。但由于汉代学者文士对先秦时期经典的崇敬之情，仍将先秦著作当作书面文字的规范和文人语言范式，此时没受过教育的普通人已听不大懂文人那种文诌诌的语言了。南北朝时期，伴随着骈文的流行及其在公文中的广泛应用，这种蕴意华丽的文句逐步成为知识分子的专利，这时口语和书面语就逐渐变得有了质的差别，汉文于是形成文言与白话两大系统。

文言与白话的差别到底有多大呢？我们举一个宋朝初年的例子。南唐晚期，后主李煜派遣翰林学士徐铉出使宋朝，以谋求和平。徐铉学识渊博，口才绝佳，是天下一等一的辩才。大宋满朝文武都知道他的厉害，十分紧张，无人敢去和徐铉辩论。然而，宋太祖赵匡胤却胸有成竹，他虽没有把南唐看在眼里，但也不想失礼于人，于是挑选了十位大字也不识几个的武将，组成了迎接徐铉使团的团队。正当满朝文武惊诧之时，赵匡胤更是大笔一挥，在名单上圈出一位最不认字的大老粗将军，得意地说："就以这位将军为首，去迎接徐大学士吧。"太祖的决定不仅让满朝文武大惊失色，这位将军也诚惶诚恐，但皇命不可违，只好硬着头皮上阵了。

宾主双方刚一落座，徐铉就先声夺人，耍开文人腔调以彰显他的才学。他口若悬河，滔滔不绝，且引经据典，说得头头是道。大宋方面呢，从团长到团员，一个词也没听懂，无言以对。徐铉讲了半天也没得到回应,顿时就哑火了,以为这些高深莫测的对手对他的高谈阔论不屑一顾。徐铉满腹经纶,却不能施展,只好悻悻而归。

文言文难懂,也是古代知识难以传播的主要原因之一。历代不少学者为了让更多的人看懂书面文字,都主张书面语同口语相一致。唐朝中期,柳宗元和韩愈大力推行古文运动,提倡接近口语表达的散文体。所谓古文运动其实就是提倡恢复先秦的语言系统,将先秦朴素的语言作行文,反对魏晋以来骈文对偶、押韵等片面追求辞藻华丽的文风。钱玄同在《尝试集·序》说:"周秦以前的文章,大都是用白话;像《盘庚》《大诰》,后世读后,虽然觉得佶屈聱牙、异常古奥,然而这种文章就是当时的白话告示。"确实,《尚书》中很多文告,都是说给老百姓听的,例如《盘庚》是盘庚迁都时动员百姓的讲话,如果用的不是老百姓能懂的口语,那还能起什么作用? 除了唐代的韩愈、柳宗元,宋代的欧阳修、王安石、曾巩、苏洵、苏轼、苏辙等人也是古文运动的代表。他们先后提出宗经明道的主张,并身体力行用散体作文,形成一股清新的文风,他们被后世称为唐宋八大家,唐宋古文运动可以说是中国散文发展史上一座重要的里程碑。但是古文运动仍是模仿前人的行文方式,并不是记录当时实际使用的口语,所以古文运动仍是文言文中的一次变革而已。

但白话也在蓬勃地发展着,唐代寺庙宣传佛教,用讲故事的方法吸引百姓,一边展示图画,一边说唱故事。图画称为"变相",说唱底本称为"变文",有散文、韵文相间的,有全部散文的,后世发展成为鼓词和弹词,这是早期民间的白话文学。

宋代的"语录"是又一种早期的白话文学。起初,禅宗佛徒用口语体辑录师傅言谈。后来,宋代理学家程颢、程颐的门人,也用口语体记录老师的言论。"语录体"虽是一种白话文,但已经开始承担了先贤典籍的传播。

宋元间又有"话本",这是说书人讲说故事的底本。"话"是故事,"本"是底本,分为小说和讲史两类。前者多为白话短篇,后者是浅近文言的长篇。

明清的章回小说,例如《金瓶梅》《红楼梦》和《水浒传》等作品,就是用当时的白话书写,这使白话文学在民间得到广泛传播。但是,当时的文学正宗依然是文言文。

清末,以梁启超为代表的维新人士在进行报刊文学的写作中,创造了一种散文新体,他们开始有意识地提倡白话。新文体的主要目的在于与当时占正统地位的桐城派古文、骈文以及时文八股等旧文体相区别。与旧文体相比,梁启超的新文体显得不拘一格,通俗晓畅,感情真挚,文气纵横,赢得了时人一致的盛赞,并开创了散文写作的新风,被称为"通俗文言文"。晚清诗人、外交家黄遵宪引俗话入诗,他在清同治七年(1868)写的新诗"我手写我口,古岂能拘牵?即今流俗语,我若登简编,五千年后人,惊为古烂斑!"成为文体解放的开路先锋。

白话文的推动,虽然在当时文坛上取得了胜利,但文言文并未就此匿迹,它仍是文坛的主流。

1917年1月,胡适在《新青年》上发表《文学改良刍议》,成为白话文运动的先导。胡适在文章中提出了白话文学为文学之正宗,这个纲领性的意见很快就得到了陈独秀的响应。陈独秀和胡适将《新青年》作为这一主张的阵地，所发文章全部改用白话文。1918年5月，鲁迅在《新青年》上发表了第一篇白话文小说《狂人日记》，这标志着白话文运动的突破。李大钊、陈

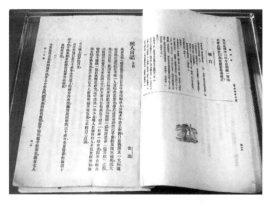

▲发表在1918年5月15日4卷5号《新青年》上的《狂人日记》，也是周树人第一次使用"鲁迅"的笔名。(现收藏于北京鲁迅博物馆)

独秀创办白话周刊《每周评论》，北京大学学生傅斯年、罗家伦等创办白话月刊《新潮》。

各种口号提出以后，遭到了一些支持文言文的学者的猛烈攻击。如古文家林纾攻击白话文为"引车卖浆者言"，植物学家和教育家胡先骕认为白话文"随时变迁"，后人看不懂等等。当时北京大学校长蔡元培则据理驳斥，引起一场关于白话文和文言文的论战。

胡适有段时间在北大教书，一些醉心于文言文的同学对他颇有抵触情绪。有一位姓魏的同学问胡适："胡先生，难道说白话文就没有丝毫的缺点吗？"胡适微笑着回答："没有的。"那位同学反驳道："肯定有的，白话文语言不精练，打电报用字多，花钱多。"胡适依旧温和地说："不一定吧！前几天行政院有位朋友给我打来电报，邀我去做行政院秘书。我不愿从政，决定不去，为这件事我复电拒绝。复电是用白话文写的，看起来也很省字省

第二辑 展开汉字的维度

钱。同学们如有兴趣，可根据我这一意愿，用文言文编写一则复电，看看是白话文省字，还是文言文省字。"十分钟后，大家挑选出一份用字最少、表意完整的文言电稿，其内容是："才学疏浅，恐难胜任，不堪从命。"胡适不无幽默地说："这份复电写得确实简练，仅用了12个字，但我的白话电报却只用了五个字：'干不了，谢谢！'"随后，胡适解释说："'干不了'即含有才学疏浅、恐难胜任之意；'谢谢'则既有对友人费心介绍表示感谢的意思，又有暗示拒绝之意。可见，语言的精练与否，不在于白话与文言的差别，而在于恰如其分地选用词语。所以说，与文言文相比，白话文也有可能是省字的。"

而极力反对白话文的黄侃偏偏跟胡适过不去："如果胡适的太太去世了，用白话文发电报的话会这么写：你的太太没了，赶快回来。而如果用文言文只需要四个字：妻丧速归。少写几个字就省去了三分之二的电报费。"黄侃还嘲讽道："胡适，你口口声声说要推广白话文，我看你可不是出自真心。"胡适很纳闷，于是虚心请教："黄先生此话怎讲？"黄侃慢条斯理地说："如果你是真心实意为了白话文，名字就不该叫作胡适，而应该改为到哪里去。"原来在文言文中，胡字的意思广泛，除了为什么、什么之外，还有哪里之意。而适有一个意思是到哪里去，比如适彼乐土。

1919年反帝反封建的"五四"运动爆发，白话文运动得到突飞猛进的发展。一年之内，白话报刊至少出了四百余种。1920年，北洋政府教育部发布命令，小学教科书改用白话文。新文学的团体如文学研究会、创造社等也相继成立。

1921年，中国早期植物学家、教育学家胡先骕的《学衡》杂志、曾任中华民国北洋政府司法总长兼教育总长章士钊的《甲寅》周刊，先后对白话文进行反攻。共产党与国民党合作以《向导周报》《民国日报》等为阵地，共同反对文言文，提倡白话文。在这种形势下，鲁迅先后发表了《估学衡》《答KS君》《再来一次》等文章，大抵采取"以毒攻毒"的方法，用古书作法宝，证明鼓吹文言的"学衡"派和"甲寅"派实际自己也做不通古文，错用典故。北大学者白涤洲、清华学者唐钺也在《雅洁和恶滥》《告恐怖白话的人们》等文中给以批驳，这才把那批反对派打退了。

经过新文化运动，白话取代了文言的地位，白话文在被文言文压抑了几千年之后，终于成为中国文化的主流，成为全民使用的正规的书面语，这在中国历史、文化上是一个重大的转变，中国的语言文化从此开始了新的篇章。而随着西方文化的涌入，白话文也在借鉴了西方的语法之后，创立了自身完整的现代汉语语法。

应当说，文言文与白话文并不是一对冤家对头，它们是互有借鉴的。因为两者在为了书面表达权而"争夺"的过程中相互渗透。在大量古代诗文中，我们经常可以发现白话与文言的"亲密接触"，甚至有"渐入佳境"的趋势。如杜甫、白居易写的一些通俗、平易、晓畅的新题乐府诗歌，其语言形同白话。在唐代传奇小说、宋元话本中，我们已经看到了白话文的壮大。元末明初的《三国演义》和《水浒传》半白半文。明代的《西游记》和《醒世姻缘传》，清代的《儒林外史》和《红楼梦》等小说语言，已经与现代白话文没有多少差别了。白话难传的意趣，文言则驾轻就熟。一些"只可以文言意会，不可以白话言传"的意境或感觉，还是要借助雅诗丽词、成语典故、文言警句才能恰到好处地表达出来。

实际上,文言文已经融入了现代白话文之中。很多文言成分积淀在今天的日常语言中,成为现代汉语的组成部分。所以,要很好地掌握现代汉语,就必须懂文言文。文言文并没有因白话文的兴盛而衰落,它将永远闪烁着璀璨的光芒。

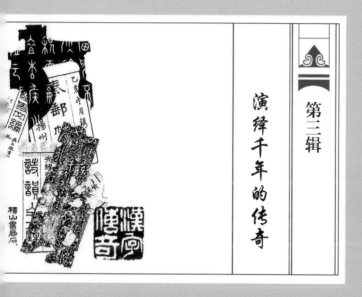

第三辑

演绎千年的传奇

开宗立派写传奇

进入东汉以后，纸张的出现为汉字书写提供了更为广阔的空间，汉字从字形到结构也已经趋于成熟与固定，逐渐确定了现代汉字基本的架构。更重要的是，从这一时期开始文人将审美认知、生命意识、情感思绪无不流露到字里行间，造就了流派纷呈的书法巨匠。在中国书法史上，每一位开宗立派的巨匠都有一段传奇的人生经历，伴随着国家与民族的命运盛衰沉浮……

学冠古今　书启"二王"

承前启后的蔡邕与蔡文姬。

蔡邕，字伯喈（jiē），山东陈留人，东汉末年大名鼎鼎的文学家和书法家。蔡邕是蔡文姬的父亲，曹操的挚友和老师。

蔡邕工篆书和隶书，尤以隶书著称。其字结构严整，点画俯仰，体法多变。汉灵帝命令工匠修理鸿都（东汉皇家藏书之所）的大门，工匠用扫白粉的扫帚在墙上写字，由于扫帚上白粉的燥润不同使字迹斑驳不整，蔡邕从中受到启发而创造了"飞白书"。这种书体笔画中丝丝露白，似用枯笔写成，成为一种独特的书体，对后世影响甚大。唐代张怀瓘（guàn）《书断》

评论蔡邕飞白书时说:"飞白妙有绝伦,动合神功。"现在很多书法家都非常喜爱用飞白这种表现方式体现字体的苍劲与行笔的灵动。

蔡邕不仅是东汉的大书法家,而且是中国历史上第一位书法理论家。传世书论有《篆势》《笔赋》《笔论》《九势》等,尤其是《笔论》和《九势》在中国书论史上占有重要地位。《笔论》开篇就提出"书者,散也"的著名论断,论述了书法抒发情怀的艺术本质,以及书家创作时应有的精神状态,提出书法作品应强调取法自然的艺术形象。《九势》首先提出了"书肇于自然,自然既立,阴阳生焉;阴阳既生,形势出矣"的重要思想,揭示了书法美的哲学根据,阐述了汉字结构本身所蕴含的美感因素。接着他又阐述了八种运笔规则,要求通过运笔来表现生动有力的笔势,所以这本书又称为《九势八字诀》。蔡邕的这些重要思想和观点,为中国书法的发展奠定了理论基础。

东汉灵帝熹平四年(175),蔡邕有感于当下流传经籍距离圣人著述的时间久远,文字错误很多,容易贻误学子,于是联合几个大臣奏请皇帝正定儒家经籍的文字。得到灵帝批准后,蔡邕用红笔亲自将正定过的《周易》《尚书》《鲁诗》《仪礼》《春秋》《公羊传》和《论语》抄写在石碑上,让工匠刻好,立在太学的门外,工程历时九年,这就是中国第一部石经《熹平石经》。《熹平石经》每块石碑高3米多,宽1米多,共计46块20多万字,因仅用隶书一种书体刻成,所以又称"一体石经"。后世儒生都以此为标准经文。石碑新立时,前来观看及摹写的人众多,车马云集,街道也因此堵塞。从此蔡邕名闻遐迩,后世也出现不少假托蔡

▲《熹平石经》残石，又称汉石经，高45厘米。（现收藏于中国国家博物馆）

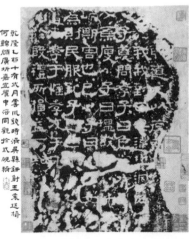

▲《熹平石经》残石宋拓本（现收藏于北京故宫博物院）

邕之名的碑刻和论著的伪作，据说其真迹在唐朝时就已经很罕见了。《熹平石经》后因战乱毁坏。自宋代以来偶尔有石经残石出土，历代总共发掘和收集了8800多字，共46石。残石主要藏于西安碑林博物馆（491个字）、洛阳博物馆（24个字）及北京图书馆。

《熹平石经》的书法方正平整，为汉隶成熟期的典型。其结体方正，中规中矩，点画布置之匀称工稳，一丝不苟，可谓无懈可击。此碑用笔方圆兼备，刚柔相济，端美雄健，雍容典雅，恢宏如宫殿庙堂。梁武帝《书评》云："蔡邕书，骨气洞达，爽爽如有神力。"范文澜在《中国通史简编》中说："两汉写字艺术，到蔡邕写石经达到了最高境界。"称石经是两汉书法的总结。

蔡邕还精通天文数理，妙解音律。当年蔡邕初入仕途时，由于为人正直、性格耿直，对于一些不好的事情，他总是敢于对灵

第三辑　演绎千年的传奇

帝直言相谏。长此以往，随着他顶撞灵帝的次数增多，灵帝渐渐地厌恶起他来。而灵帝身边的宦官也对蔡邕的正直又恨又怕，常常在灵帝面前进谗言，诬告蔡邕目无尊上、骄傲自大，早晚会有谋反的可能。蔡邕感觉自己的处境越来越危险，随时有被加害的可能，于是从水路逃出京城，隐居在距京都遥远的吴地。

在隐居吴地的日子里，蔡邕常常抚琴，抒发自己的壮志难酬和反遭迫害的悲愤。一天，蔡邕听到隔壁传来一阵清脆的爆裂声，细细地听了几秒钟后，立即往隔壁的灶间跑去。原来女主人在隔壁的灶间烧火做饭，她正将木柴塞进灶膛里，火星乱蹦，木柴被烧得"噼里啪啦"地响。顾不得火势，蔡邕伸手就将那块刚塞进灶膛的桐木拽了出来，仔细端详后，这可是一块做琴难得一见的好材料啊！蔡邕立即将它买下，经过精雕细刻，将这块桐木做成了一张琴。因为木头被烧焦了，故给它起名为"焦尾琴"。这张琴弹奏起来音色美妙绝伦。它与齐桓公的"号钟琴"、楚庄王的"绕梁琴"、司马相如的"绿绮琴"并列为中国古代四大名琴。这架"焦尾琴"后传至南唐后主李煜手中，李煜把它赠与了大周后。南唐亡国后，"焦尾琴"归宋室所有，是世间罕有的珍宝。

蔡邕的祖上有位叫蔡勋的，曾做过汉平帝的郿县令。王莽篡位初年，任命蔡勋为陇西郡守，蔡勋对着官印仰天叹息说："我是汉朝的官吏，死也不能失正道。"于是蔡勋带着家属逃入深山之中，与鲍宣、卓茂等人一起拒做王莽的官。一百多年以后，蔡勋的后代蔡邕又面临着同样的选择。

中平六年（189），担任司空的董卓利用汉末战乱和朝廷势弱，趁机占据京城并挟持汉献帝，东汉政权从此名存实亡。董卓想借蔡邕的名气巩固自己的地位,于是他征召蔡邕入朝为官,蔡邕推说有病没有前往。董卓大怒,骂道:"我有灭人三族的权力,蔡邕就算骄傲,我要杀他也是不过转足之间的事而已。"董卓又急令州郡征召蔡邕到府,蔡邕不得已,只好应命。蔡邕被任命为祭酒(相当于教育部长),很受董卓重用。后又被举为御史、尚书、左中郎将等职,故后人也称他"蔡中郎",此后他又被封为高阳乡侯。

在一次朝会上,董卓的宾客部属想让汉室朝廷尊董卓为尚父,将董卓与周太公相比。董卓询问蔡邕的意见,蔡邕却不同意,并说道:"太公辅周,奉命灭商,所以特号为太公。现在您的威德虽高,但相比尚父,我以为还不及。等到关东平定,陛下返还旧京,然后再讨论此事。"董卓采纳了蔡邕的建议。献帝初平二年(191)六月,京城发生地震,董卓为此询问蔡邕。蔡邕对他说:"地动,是阴盛侵阳,是臣下不遵守国家制度引起的。前春天郊祀,公奉车驾,乘金华青盖,爪画两箱,远近都认为不合适。"蔡邕的话明显是批抨董卓不符合礼仪。但董卓还是接受了蔡邕的意见,于是改乘皂盖车。董卓看重蔡邕的才学,对他非常客气。举行宴会时,往往令蔡邕鼓琴助兴。但董卓性格刚愎自用,致使蔡邕不能施展更大的才华而有所作为。蔡邕曾对堂弟蔡谷说:"董公性格刚烈而容易作恶,终究不能成事。我想东奔兖州,但是道路太远不易到达,我打算暂时逃到山东地区,你看怎么样?"蔡谷说:"您的容貌与众不同,很多人都认识您,想躲起来,难啊!"蔡邕随即打消了逃离的念头。

献帝初平三年(192),司徒王允设下离间计,使董卓与其义子吕布反目，董卓遂被吕布诛杀。一天蔡邕与司徒王允偶然间提起董卓，蔡邕为之叹息。王允勃然大怒，呵斥蔡邕说："董卓是国家的大贼，差点倾覆了汉室。你作为汉室臣子，应该愤恨董卓，但你却想着自己受到的礼遇，忘记了操守！现在上天诛杀了有罪的人，你却反而为他感到伤痛，这难道不是和他一样的逆贼吗？"并随之将蔡邕收押交给廷尉治罪。蔡邕递上辞表道歉，请求受到刻额染墨、截断双脚的刑罚，以求继续完成汉史。

士大夫大多同情蔡邕并想要救他，但都没有成功。太尉马日磾(dī)听说此事后，对王允说："伯喈是旷世奇才，了解很多汉朝的事情。不如给他免罪，让他续写汉史这部重要典籍。而且他忠诚孝顺的名声在外，获罪也没有足够的缘由。如果杀了他，我们岂不是会丧失威望吗？"王允说："汉武帝正因为不杀司马迁，才让他写出流传于后世的毁谤之书。现今国家中途衰落，政权不稳固，不能让奸邪谄媚的臣子在幼主旁边乱写文章。这既不能增益圣上的仁德，又令我们蒙受毁谤议论。"蔡邕最后没能幸免，死在了监狱里。蔡邕去世时60岁，群臣和士人都为他感到惋惜和痛心。著名经学家郑玄听闻蔡邕的死讯后，叹息说："汉朝的事，谁来考定啊！"兖州、陈留郡的百姓听闻蔡邕的死讯后，画了他的像来纪念他。

蔡邕的女儿蔡文姬，在后世比她大文学家的父亲还有名。同她的父亲一样，蔡文姬博学有才辩并妙于音律，她从小就显现出了音乐方面的天赋。蔡邕在室外弹琴，弦忽然断了一根，在室内的文姬马上能判定出断的是第几根弦。蔡邕非常吃惊，后又故意弄断弦，文姬又分辨了出来。从此蔡邕便开始教女儿学琴，两年之后文姬琴艺便成,蔡邕把他最珍爱的焦尾琴给了这个天才女儿。

蔡文姬14岁时文学才华便光耀一方,诗书礼乐无一不通。在东汉都城的洛阳,百姓中间流传着这样一句话:"世人但知有文姬,而后方知有蔡邕。"16岁时蔡文姬出嫁,不料结婚未到一年丈夫便病逝,几年后父亲蔡邕又死于狱中。

公元192年,东汉王朝陷入军阀混战,匈奴乘机掠掳中原。这一年,23岁的蔡文姬无依无靠,在战乱中四处逃亡,不幸被掳掠到了南匈奴,饱受凌辱,由于年轻貌美被左贤王选作了王妃。

胡人胡地12年,蔡文姬生下了一双儿女,尽管饱尝异乡异俗的艰难和思念家乡的痛苦,却又无法抛下自己的骨肉亲情。在痛苦煎熬的日子里,文姬学会了异族语言,每当月夜,就卷芦叶吹笛寄托对故乡的思念:"我非贪生而恶死,不能捐身兮心有以。生仍冀得兮归桑梓,死当埋骨兮长已矣。"她说自己苟且偷安地活着,心里一直盼望有一天能回到生她养她的故土,完成父亲未竟的事业。

蔡文姬34岁那年,恰逢曹操取得平阳之战大捷平定了中原,心怀天下的曹操欲在文治声教上做一番事业,自然想起了自己的老师蔡邕,但蔡邕已经去世,曹操惋惜之余,突然忆起恩师蔡邕的女儿蔡文姬还在匈奴,便不惜用"白璧一双,黄金千两"派使者去匈奴回赎蔡文姬,将蔡文姬风风光光地接回故乡,这就是著名的历史故事"文姬归汉"。

蔡文姬告别一双儿女,向苍穹大地倾诉着自己无限的悲伤:

欲死不能得，欲生无一可。

彼苍者何辜，乃遭此厄祸。

边荒与华异，人俗少义理。

处所多霜雪，胡风春夏起。

翩翩吹我衣，肃肃入我耳。

感时念父母，哀叹无穷已。

……

这首《悲愤诗》写尽母子难分难舍、撕心裂肺的心情。这也是中国诗歌史上第一首自传体的五言长篇叙事诗。

踏上回归中原的道路后，在车轮辚辚的转动中，12年西域生活的点点滴滴涌上心头，离故乡越来越近，骨肉分离的疼痛便越来越深，眼泪止不住地流，柔肠寸断的蔡文姬一唱三叹地写下了动人心魄的《胡笳十八拍》：

我生之初尚无为，我生之后汉祚衰。

天不仁兮降乱离，地不仁兮使我逢此时。

干戈日寻兮道路危，民卒流亡兮共哀悲。

烟尘蔽野兮胡虏盛，志意乖兮节义亏。

对殊俗兮非我宜，遭恶辱兮当告谁？

笳一会兮琴一拍，心愤怨兮无人知。

……

蔡文姬从心中流淌出来的《胡笳十八拍》，抒发了自己的悲惨经历,曲调哀怨、惆怅、忧伤、凄凉,是她西域生活的真实写照,是血泪凝成的音乐诗。正是有了这惊天地、泣鬼神的《胡笳十八拍》,在中华民族的史诗中,这个苦难的女子赢得了显赫的声誉,无意中也成就了自己不朽的英名。

从匈奴归来的蔡文姬,面对断壁残垣,无栖身之所。幸好在爱才心切的曹操的安排下,蔡文姬嫁给了屯田校尉董祀。在一次闲谈中,曹操表示出很羡慕蔡文姬家中原有的藏书,便问她:"夫人家有不少书籍文稿,现在还保存着吗?"蔡文姬叹了口气,说道:"是的,父亲生前的确给我留下四千多册书,经过战乱,如今散失得一卷都没能留下来啊!"曹操闻言,流露出深切的失望之情,没想到文姬接着又说:"不过,好些都存在我脑子里了,估计还能背出四五百篇,也能写出一千册书的大致内容。"曹操一听大喜过望,当即说:"我派十个人到夫人家,让他们把你背出来的文章记下,你看怎样?""丞相,这些都用不着,我回家就把它写下来。"后来,文姬果然把四百多篇文章都默写下来,送给了曹操。接下来,她又用了十年心血,夜以继日地整理其父遗稿,完成了《蔡文姬集》。这是饱受磨难、才华横溢的蔡文姬为保存中国古代文化做出的巨大贡献。

蔡文姬的书法得到过其父蔡邕的真传,既稳重端庄又飘逸顿挫。蔡文姬又将蔡邕的书论及绝学心得悉数传给了钟繇,钟繇是三国时长葛人,跟随蔡文姬学书多年,领悟到了"多力丰筋者胜,无力无筋者病"。钟繇传笔法给卫夫人,卫夫人又传给了王羲之。

盖过"将相"名头的书法家

被誉为楷书鼻祖的钟繇。

钟繇,字元常,三国时期著名的政治家、书法家。钟繇所处的时期正是汉字由隶书向楷书演变并接近完成的时期,在汉字演变的这个重要过程中,钟繇是楷书的首定者,被后世尊为"楷书鼻祖"。陶宗仪《书史会要》云:"钟王变体,始有古隶、今隶之分,夫以古法为隶,今法为楷可也。"钟繇之后,许多书法家竞相学习钟体,如王羲之父子就有多种钟体临本。后张旭、怀素、颜真卿、黄庭坚等都在书体创作上从各方面吸收、掌握了钟体之长和钟论之要。钟繇和东汉的张芝合称为"钟张",又与东晋书圣王羲之并称为"钟王"。他的书法成就对汉字书法的创立、发展、流变起到了承上启下的作用。

据宋代陈思所辑《书苑菁华》记载,钟繇临终把儿子钟会叫到身边,交给他一部书法秘术,把自己刻苦用功的故事告诉钟会。钟繇一生集中精力学习书法三十余年,通过学习蔡邕的书法技巧掌握了写字要领。在学习过程中,他不分白天黑夜,不论场合地点,有空就写,有机会就练。即便与友人坐在一起聊天时,他也在周围地上练习。晚上休息,就以被子作纸张,以手指作笔,结果时间长了被子被划了个大窟窿。他见到花草树木虫鱼鸟兽等自然景物,就会与笔法联系起来。其实钟繇的真正秘术就是勤学苦练而已。

从钟繇一生的经历来看,他首先是一位声名显赫的政治家。

出将入相是古代读书人追求的最高境界，但能够完成这番伟业的人寥寥无几，毕竟它需要文武双全，还要善于政治斗争，特别是在三国时期那样错综复杂的政治环境中，独善其身都不是容易做到的。而钟繇能够历经曹操、曹丕和曹叡三代统治者而荣宠不减，可以想见他在为官做人方面是多么成功。历史上的钟繇对魏国的重要性相当之高。

在小说《三国演义》中，钟繇的形象与正史相似。初为长安郡守，马超反叛引军攻打长安，钟繇率军防卫。后城破，钟繇从东门弃城而退守潼关。后奉献帝令，繇草拟诏令，册立曹操为魏王，曹操拜钟繇为相国。明帝即位时，钟繇为太傅。诸葛亮北伐，钟繇举荐司马懿前往抵御。钟繇功勋赫赫，德高权重，位列三公，并以书法名于天下。

献帝初平三年（192），兖州牧曹操派遣使者至长安上书。李傕、郭汜等人认为曹操此时派使者来是打探情报未怀好意，于是商议着要扣留使者。这时钟繇力劝李傕、郭汜等人说："当今英雄并起，各自假托帝命辖制一方，只有曹操心里还想着王室。我们现在应当做的就是要团结这些忠诚的大臣。"郭汜等人同意了钟繇的建议，从此曹操才得以与朝廷取得联系。曹操听说是钟繇帮助了自己心存感激，后来一直将钟繇视为心腹之将。

献帝兴平二年（195），李傕胁迫献帝，钟繇与尚书郎韩斌共同谋划献帝出逃长安，成功东归，因此钟繇拜御史中丞，迁侍中、尚书仆射，并封东武亭侯。献帝建安五年（200），曹操在官渡与袁绍相峙，钟繇送去两千匹马供给军用。曹操在给钟繇的信中说："得到送来的马匹，这正是部队的急需。关右地区平定，朝廷没有西顾之忧,都是足下的功勋。当年萧何(西汉开国元勋)镇守关中,粮草充足,使大军获胜,也不过与您的功劳相当。"

著名的平阳之战是钟繇联合关中将领马超击破并州刺史高干和南匈奴呼厨泉的决定性战争。汉军最终大破匈奴、高干联军,斩杀郭援,平息了这场叛乱,为曹操收复河北、平定辽东解决了后顾之忧。著名的文姬归汉,就在此役之后。

献帝建安十年(205),卫固与张晟、张琰及高干等人一同作乱,钟繇又率众将将其击败。钟繇招纳逃亡叛离的人口来充实洛阳城,又将关中民众迁徙过来,几年之内洛阳百姓逐渐增多。曹操在征讨马超时,因钟繇充实了洛阳人口得以保障曹军供给,曹操便上表任钟繇为前军师。

曹丕曾赏赐给钟繇"五熟釜",刻文于上:"于赫有魏,作汉藩辅,厥相惟钟,实干心膂。"延康元年(220),曹丕代汉称帝,为魏文帝,定都洛阳。后封钟繇为太尉,再转封平阳乡侯。当时司徒华歆和司空王朗同是曹操的名臣。曹丕在一次退朝后对旁人说:"这三公都是一代伟人,后世大概难以为继了!"

魏明帝曹叡即位后,诸葛亮北伐,钟繇举荐司马懿前往抵御。魏明帝后进封钟繇为定陵侯、太傅,所以后世又称钟繇为"钟太傅"。当时钟繇的膝关节有病,起拜不便,特被恩准上殿不拜,可见其在魏国地位之显赫。太和四年(230),钟繇去世,享年80岁。钟繇去世时,魏明帝素服亲往吊唁,谥号"成",在诏书里称其"功高德茂"。

历史上很少有人像钟繇那样在官途和艺术上双双达到十分显赫的地位。尽管他官高位显,一生建功立业,但后世人们提起他时总是首先想到他的书法，"太傅"的尊荣只能止于其身，书法却使他名垂青史。

目前流传钟繇的楷书有《宣示表》《力命表》《贺捷表》《调元表》《荐季直表》，合称"五表"。虽然真迹早已佚失，现仅存宋朝以来的法帖刻本，却保存了钟繇楷书的大致风貌，所以弥足珍贵。

其中《宣示表》

▲《宣示表》宋拓局部，原为钟繇所书，真迹不传于世，只有刻本，学者认为刻本是根据王羲之临本摹刻。《宣示表》是钟繇写给魏文帝曹丕的一个奏文，内容是劝曹丕接受孙权的归附请求。（现收藏于北京故宫博物院）

被认为是根据王羲之临本的摹刻，摹刻字体具有古雅、朴拙、端庄的风采，代表了中国早期楷书的普遍特征。其平稳、匀称、静中有动的美感，让人赏心悦目，回味不已。韵味十足的钟繇小楷是正楷发展过程中的一个里程碑，它在书法史上迈出了重要的一步，为楷书以后的发展提供了丰富的营养，对东晋的二王崛起有直接的先导作用。"楷书之祖"的美誉，钟繇当之无愧。

恐难平复乱世中

书法真迹第一人的陆机。

北京故宫博物院有一件被称为"镇馆之宝"的书法作品,这就是中国古代存世最早的名人书法真迹,有"法帖之祖"之称的《平复帖》。

《平复帖》共9行84个字,因其中有"恐难平复"字样,故名《平复帖》。《平复帖》的书写年代距今已有一千七百余年,在中国书法史上的特殊意义在于它是第一件经实物考证的法帖墨迹。古代书法家李斯、钟繇、张芝等,虽是被大众熟知的人物,但无可靠的墨迹流传。而石刻作品,因是翻版,加之刻手的原因及风化剥蚀等,与墨迹多半相去较远。再者,此前墨迹虽有不少,但书家皆不署名,无法考证。因此愈显《平复帖》在书法史上的意义重大。《平复帖》是由章草写成,对研究文字和书法演变等方面都有极高的参考价值。

《平复帖》是作者用秃笔写于麻纸之上,其笔意婉转,风格质朴,字体拙古。章草是隶书向草书上的

《平复帖》局部(现收藏于北京故宫博物院)

过渡,是书法史上由一种文字过渡形态转到纯艺术形态的独特存在。章草的名称由来也是一个纠缠不清的谜,有兴于汉章帝之说、史游首作急就章之说、上朝奏章之说、起源章程书之说等。章草后来又发展成今草,就是我们现在写的草书。

从当年的"章草"到"今草"的过渡过程中,一个最大的问题是解决字与字之间的连带,而连带的关键就是要把章草的字形的横展笔势变为"纵引"。"纵引"的笔势符合右手握笔写字的习惯,适合流便简率的书写,具有潜在的发展优势,是草书发展的方向。《平复帖》上承汉简,下启今草,属于"章草"向"今草"过渡时期的产物,填补了于"章草"向"今草"过渡的历史空白,具有改变章草的趋势而向今草迈进的历史价值。草书形成于汉代,顾名思义,"草"即"草稿"之意,最早可能是因时间紧迫,无法顾及章法结构而书写的一类应急之作。草书虽然结体松散,但留给书写者自由发挥的空间也最大,最能体现书写者的个性特征,因而在书法史上始终占据着重要的地位。

《平复帖》的作者是大名鼎鼎、被誉为学贯古今的西晋文学家陆机,东吴丞相陆逊之孙、东吴大司马陆抗第四子,被誉为"太康之英",并与其弟陆云合称"二陆"。"太康"是晋武帝司马炎的年号,司马氏得国本是篡弑而来,待晋武帝一死,一场篡弑大混战的"八王之乱"就拉开了大幕。这场混战的起因是晋武帝的妻子杨皇后与其父杨骏专政,晋武帝之子晋惠帝的妻子贾皇后杀了杨骏又逼死杨皇后。不久赵王司马伦又起兵废了惠帝和贾皇后,自立为帝。诸王不服,齐王司马冏率先起兵讨伐,成都王司马颖、河间王司马颙等举兵响应,结果赵王司马伦兵

第三辑 演绎千年的传奇

败被杀,惠帝复位,由齐王司马冏辅政。紧接着长沙王司马乂又起兵杀了司马冏,然后成都王司马颖与河间王司马颙起兵攻打长沙王司马乂……所有这些混战都是宗室贵族的王权争斗,任何一方都没有正义可言。而就在这样的背景下,一位伟大的才子,写下传世名著《文赋》的作者陆机,却被这血腥的旋涡无情地吞噬了。

在陆机二十岁时,孙吴灭亡。由于陆机父祖宗亲在孙吴都位居将相,功勋卓著,他深深感慨孙权得天下和孙皓亡天下的原因,又追述自己祖父和父亲的功业,陆机更不甘心退居家乡闭门隐学。晋武帝太康十年(289),陆机与弟弟陆云一同怀着对父祖功绩的崇敬与自豪,满怀振兴祖业重修门庭的雄心,重新走入乱世浮沉的政治旋涡之中。

来到京师洛阳,陆机受到太常张华的赏识与重视,张华将他们推荐给太傅杨骏,杨骏征召陆机任祭酒(主管教育)。此后晋惠帝妻子贾皇后发动政变,诛杀杨骏,赵王司马伦发动政变,诛杀贾后并辅政后,陆机被请为相国参军。曾经赏识过陆机的张华,不仅是有名的文学家,还是一位精明能干的政治家,不幸的是在赵王司马伦废后的时候,张华被夷三族,成为这场权斗的牺牲品。但陆机并没有悬崖勒马引以为鉴,他还因参与诛讨贾谧有功,被赐爵关中侯,不久司马伦要篡位,任命他为中书郎。齐王司马冏诛杀篡位的司马伦后,他怀疑陆机参与了司马伦篡弑,于是收押陆机等九人交付廷尉治罪。仰赖成都王司马颖救援疏理,陆机才得以被减免死刑,后遇到大赦才没被流放边疆。陆机既感谢司马颖救命的恩德,又见朝廷屡有变异祸难,认为司马颖必定能使晋室兴隆，于是委身于他。司马颖让陆机任平原内史，后世遂称其为"陆平原"。

司马颖起兵讨伐长沙王司马乂时让陆机代理后将军、河北大都督，率领北中郎将王粹、冠军将军牵秀等各军共二十多万人。陆机家中三代为将，这是道家所忌讳的，外加客居他乡做官，位居群士之上，王粹、牵秀等都有怨恨之心，所以陆机坚决请求辞去都督之职。司马颖不同意，并对陆机说："如果事情成功，封你为郡公，任台司之职。"陆机说："从前齐桓公因信任管夷吾而建立九合诸侯之功，燕惠王因怀疑乐毅而失去将要成功之业，请您信任我！"司马颖的左长史卢志内心嫉恨陆机得宠，对司马颖进言道："陆机自比于管子乐毅，把您比作昏君，自古以来命将派兵，没有臣子欺凌国君而可以成事的。"司马颖沉默不语。

长沙王司马乂挟持惠帝与陆机在鹿苑交战，陆机军大败，死伤无数，血流成河。陆机手下一小都督孟超率领一万人，还未开战就放纵士兵掳掠，陆机逮捕了其中几个士兵。孟超则带铁骑百余人，径直到陆机麾下抢人，还公开对众人说："陆机将要谋反。"孟超还给哥哥孟玖（司马颖身边受宠的太监）写信，说陆机怀有二心。作战时，孟超不听陆机调遣，轻易率兵独自进军而遭到敌军埋伏而覆没。孟玖却怀疑是陆机杀了他的弟弟，于是向司马颖进谗言说陆机有异志。司马颖大怒，让牵秀秘密逮捕陆机。当晚，陆机梦见黑车帷缠住车子，手撕扯不开，天亮后牵秀的兵就到了。

已经预感到大难临头的陆机，在牵秀将军逮捕他时脱下了戎装，带上白便帽，身穿一袭白衣，神情自若地说："自东吴灭亡,我们陆氏兄弟承蒙国恩,参与国策,掌管兵符。被成都王委以重任,赴汤蹈火在所不辞。今日被杀难道真的是宿命吗?"他迎着刺骨的寒风,挺胸仰头,淡淡一笑:"欲闻华亭鹤唳,可复得乎?"华亭是上海松江的古称,陆机的故乡,这也就是著名的典故——"华亭鹤唳"的由来。陆机遇害时年仅四十三岁,两个儿子陆蔚、陆夏也一同被杀,弟陆云、陆耽随后遇害。陆机的死令士卒感到痛惜,没有谁不为此流泪。陆机被杀这一天,白天大雾弥漫,大风折树木,平地积雪一尺厚,人们议论这是陆机冤死的象征。

三百年后,当唐太宗翻开史书,重读这一幕时,感慨万千。他将陆机的死因归结于如李斯一样,重要的一点是知退不退,悔之晚矣。但是陆机之死的"华亭鹤唳"与李斯之死的"黄犬之叹"表面上相似,实际上却截然不同。作为法家代表人物的李斯,原因在于他对权力的无尽追求,而一心报效国家的陆机,源于他积极入世、杀身成仁的殉道精神。乱世中,陆机之所以忍辱负重,一方面是仕途功名之心、振兴家族之责,另一方面是志匡世难、兼济天下为己任的志向。陆机的一首《猛虎行》道出了自己陷于进退两难的处世经历,同时也预示了一生壮志难酬的悲辛结局:

渴不饮盗泉水,热不息恶木阴。

恶木岂无枝? 志士多苦心。

整驾肃时命,杖策将远寻。

饥食猛虎窟,寒栖野雀林。

日归功未建，时往岁载阴。

崇云临岸骇，鸣条随风吟。

静言幽谷底，长啸高山岑。

急弦无懦响，亮节难为音。

人生诚未易，曷云开此衿？

眷我耿介怀，俯仰愧古今。

旧时王谢堂前燕

尽善尽美的书圣王羲之。

在我国书法发展史上，东晋是一个极为重要的发展期和转型期。在这个历史时代，既有纷乱的战火，也有偏安一隅的宁静。更有在高压政治下，一些文人为了逃避现实而沉浸在缥缈的意识形态中，出现了崇尚玄学、向往自然的思潮，即所谓的"魏晋风度"。由此在我国书法发展史上，同时代出现南北两朝不同审美流派遥相对峙的局面，一种是以北魏为代表的北朝摩崖、石刻、造像等碑学，一种是东晋南下文人笔致翩翩、潇洒流美、颇具名士风度的行草书法。东晋帖学垂范千古，成为后人取之不尽用之不竭的书学源泉。

这一历史时期的代表人物就是王羲之。距王羲之生活时代不远的南北朝梁武帝萧衍是第一个力捧他的帝王。梁武帝被王羲之书法的生命力所感染，称赞王羲之的字"如龙跳天门，虎卧凤阙，故历代宝之，永以为训。"而最为推崇王羲之的莫过于唐太宗了，他对王羲之的书法服膺到了极点，广泛搜求其墨宝。唐太宗还专门为《晋书·王羲之传》写"传论"，其"传论"云："尽善尽美，其为王逸少乎！"唐太宗把王羲之的书法看作尽善尽美的典范，传说唐太宗将《兰亭序》作为随葬品带入了昭陵。到了清朝，乾隆书房因收藏了晋朝大书法家王羲之的《快雪时晴帖》、王羲之儿子王献之的《中秋帖》和王羲之的侄子王珣的《伯远帖》而名为"三希堂"。由于王羲之的书法造诣以及对后代的深远影响，再加上历代帝王的褒奖，因此后人便称之为"书圣"，与其子王献之合称"二王"。

王羲之刻苦学习书法的故事非常多，唐朝张怀瓘在《书断·王羲之》中记载："晋帝时祭北郊，更祝版，工人削之，笔入木三分。"王羲之在木板上写字，木工刻时，发现字迹透入木板三分深。"入木三分"形容书法笔力刚劲有力，现在用以比喻文章或见解深刻、透彻。正是因为这个故事，古代日本将书法称为"入木道"。直到17世纪的江户时代，才出现"书道"一词，这也从另一个侧面说明书圣王羲之的影响之大。

书圣王羲之最为著名的作品是《兰亭序》，也称《兰亭集序》。贞观年间，唐太宗李世民令当时最著名的书法家虞世南、褚遂良、冯承素等摹写《兰亭序》，从此只有勾摹佳本流传，所以后世并未见过其真正容颜。但即使只能见到这些"高仿"，《兰亭序》被誉为天下第一行书，也并不为过。

行书是介于楷书和草书之间的一种书体。行书结构、点画近于楷书，而转折、连贯时又吸收了草书的长处。因此行书写起来比楷书方便快捷，又比草书清晰易辨，因而受到人们的广泛欢迎。日常手写汉字时，行书是使用最多的一种书体。行书也是最后一个出现的字体，至此汉字字体已经全部形成。而随着书法风格的不同而体现的"书体"，则以二王为开端拉开了群星璀璨的帷幕。

王羲之出身于魏晋名门琅玡王氏，是丞相王导之侄。唐朝诗人刘禹锡在其《乌衣巷》中写道："旧时王谢堂前燕，飞入寻常百姓家。"诗中的王谢就是指王羲之家族和谢安家族。晋穆帝永和九年（353）农历三月初三，王羲之在会稽山阴的兰亭（今绍兴城外的兰渚山下），与名流高士朝廷重臣谢安、孙绰等41人在兰亭修禊，众人饮酒赋诗"曲水流觞"兴致勃勃酣畅淋漓，引为千古佳话。

曲水流觞，是中国古代民间的一种传统习俗，后来发展成为文人墨客诗酒唱酬的一种雅事。夏历的三月上巳日那天，举行完仪式后，大家坐在溪水两旁，在上游放置酒杯，任其顺流而下，杯停在谁的面前，谁即取饮，彼此相乐，故称为"曲水流觞"。觞系古代盛酒器具，即酒杯，通常为木制，小而体轻，底部有托，可浮于水上。也有陶制的，两边有耳，又称"羽觞"，因其比木杯重，玩时则放在荷叶上，使其浮水而行。这种游戏，自古有之，古诗有云："羽觞随波泛。"汉代也有"引流引觞，递成曲水"之说，后来逐渐成为上巳节的一个重要活动。

王羲之等人在举行修禊祭祀仪式后，在兰亭清溪两旁席地而坐，将盛了酒的觞放在造型像荷叶的漆盘上，再将漆盘置于溪中，由上游浮水徐徐而下，经过弯弯曲曲的溪流，荷叶漆盘在谁的面前打转或停下，谁就得从漆盘上取下酒杯一饮而尽，这就叫

第三辑 演绎千年的传奇

流觞,然后还要即兴赋诗一首。据史载,在这次游戏中,有11人各成诗两篇,15人各成诗一篇,16人作不出诗,王献之与另外15人还因未赋诗而各被罚酒三杯。与会者临流赋诗,各抒怀抱,气氛欢愉。最后大家将诗作抄录成集,并公推此次聚会的召集人、德高望重的王羲之写一序文。

▲《兰亭修禊图金笺全卷》,明,文徵明。这幅画反映了王羲之《兰亭序》中的景象。水榭上相对而坐的王羲之等三人正在评点已写毕的诗文。(现收藏于北京故宫博物院)

当时王羲之已经喝了不少酒,有了几分醉意。他登上水榭阁楼,坐在早已备好的书案前挥毫作序:"永和九年,岁在癸丑,暮春之初,会于会稽山阴之兰亭,修禊事也。群贤毕至,少长咸集。此地有峻岭,茂林修竹,又有清流激湍,映带左右。引以为流觞曲水……"写至此,他忽然发现前面漏写了两个字,于是在"峻岭"之前的行间添上了"崇山"两字,然后又饮了一大满杯酒继续写下去,中间虽又有几处涂抹修改,但也是一气呵成,不曾思考停顿。就这样王羲之在半醉半醒之间写下了中国书法史上的名篇《兰亭序》。

▲《冯摹兰亭序》卷局部，唐，冯承素。（现收藏于北京故宫博物院）

此时已是王羲之书法日臻成熟的时期，这篇作品极其遒美劲健，富有力度，笔势起伏流动，淋漓畅快，姿态飞扬，分布有序，体势变通，百看不厌。《兰亭序》共有28行324字，通篇之内相同的字不少，其中"之"字20个，"不"字5个，"一"字6个，"足"字3个，但每个字都变化莫测而又有法度，另外还有许多相同的偏旁的字，如"係""化""信""仰""俯"等，均呈现不同特征，清隽典雅不失活泼。

第二天，王羲之酒醒，看到昨天的作品很是满意，只是有很多修改之处，觉得有些遗憾，决定再重写一遍。可写了几遍都不如意，最终还是将原稿珍藏了起来。《兰亭序》终成千古绝唱！一笔写下千年事，以此来形容千古名篇《兰亭序》最为恰当。《兰亭序》已成为书法史上的文化图腾。《兰亭序》不仅是一篇千古流传的书法名篇，还是一篇优秀的散文，读来令人心情激荡，感慨万千。文章大意是这样的：

永和九年，癸丑三月之初，众人为做禊礼求福相聚于会稽山阴的兰亭。或德高望重或年少英才，当下贤士名流齐

271

聚一堂。这里有险峻的山峰、茂盛的树木、高耸的竹林,又有清澈湍急的溪流,辉映环绕在四周。大家依次盘坐在水畔,让盛满醇酒的流觞在溪水上漂荡。虽然没有丝竹音乐之声,但一边饮酒一边赋诗的气氛也同样让我们畅快欢谈,尽情地表达内心深处的感受。

这一天天气晴朗而清新,春风平和而温暖。我们仰望天空能感知宇宙的浩大,俯看大地能体会万物的繁盛,眼中所望、胸中所感足以极尽视听的欢娱,这就是快乐的人生吧。人与人相互交往,很快便度过一生。有的人在室内畅谈自己的胸怀抱负;有的人依着自己所爱好的事物寄托情怀,放纵无羁地生活。虽然各有各的爱好,安静与躁动各不相同,但当他们对所接触的事物感到高兴时,一时感到自得,感到快乐和满足,竟然不知道衰老将要到来。

等到我们对当初喜爱的东西已经厌倦,年少情怀也随着生活琐事而淡忘,感慨就会随之而生。过去那些欢乐的日子转瞬间已成往事,虽然如此,这些还不能引发人们有所感悟。人的生命,虽有长短,但终有尽头,古人说:"只有死和生才是大事。"时光如此的短暂,又怎么能不让人感到悲伤呢?

每当看到古人发出同样感慨的文章,总难免嗟叹哀伤,不能表明自己同样的心境。有人说死就是生,这是多么荒诞啊。有人说生命无所谓短长,这也是是虚妄之谈。后世的人们看待今天的我们,就像我们今天看待古人,今将成古,多么可悲呀。所以我要记下今天聚会的人们,录下他们的诗篇。即使将来世界发生了变化,事物与现在有很大的不同,但我相信用以抒发胸怀的情感应该是一致的。所以当后人看到这篇文章时,也将会对这些诗文发出同样的感慨。

作者时喜时悲,喜极而悲,文章也随其感情的变化由平静而激荡,再由激荡复归平静,极尽波澜起伏、抑扬顿挫之美。这篇文章在当时就出了名,有人评其文为"感性命之不永,惧凋落之无期"。一篇序文,就这样不胫而走,脍炙人口,千古留名。但王羲之的《兰亭诗》却较少为人注意。这次集会上王羲之作《兰亭诗》六首。《兰亭诗》可以说是现存的玄言诗的代表,诗中充满玄幻和平淡无奇的语言,这里仅举其中两首为例:

(一)

代谢鳞次,忽焉以周。

欣此暮春,和气载柔。

咏彼舞雩,异世同流。

迤携齐契,散怀一丘。

(二)

悠悠大象运,轮转无停际。

陶化非吾因,去来非吾制。

宗统竟安在,即顺理自泰。

有心未能悟,适足缠利害。

未若任所遇,逍遥良辰会。

第三辑 演绎千年的传奇

玄言诗这种平淡无味的特征,使其在诗歌史上成为暂短的一瞬,不久就销声匿迹了。诗人由写景而抒发自己对人生乃至宇宙的看法,感叹万物不停的运化和面对时间的流逝而无能为力的悲哀,他试图用一种新的观点来解释自然、社会或历史现象。简单地说,玄学就是以道家思想重新解释儒家著作,是儒道结合的产物。它追求的是超越世俗的玄远。从艺术趣味上说,玄学像道家一样崇尚"返璞归真",将淡然无味作为自己审美意识的最高境界。不过,在文人雅集兴致盎然之际,王羲之竟发出了这样悲凉的感慨,这正是他晚年心境的真实写照。

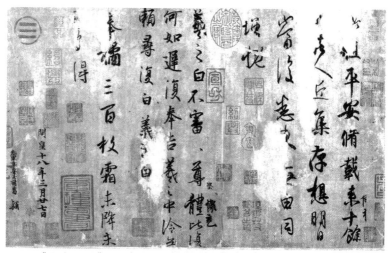

▲《平安三帖》,王羲之,因《平安帖》《何如帖》《奉橘帖》合裱于一卷而称。今存墨迹本为唐代双钩摹拓。(现收藏于台北故宫博物院)

东晋王朝建立后,偏安江南,初期局势平稳,生产也有所发展。于是不少文武官员又花天酒地,醉生梦死起来,上层社会的风气又回到西晋那样的颓废状态。特点之一就是玄学大盛,玄学成为贵族和名士的人物品藻。王羲之虽然也以玄学见长,但又不甘心于高谈阔论,想在治国上有所建树,但这又与当时朝廷的无为风气格格不入,始终不能展现他政治上的才略和作为。所以当朝廷让他再一次出任吏部尚书、护军将军等职时,他推辞不就。在这里,可以看出王羲之对自身的困惑。一方面,他对政事非常关心,心里是想有一番作为的。另一方面,时风和他思想个性上的追求又相抵触。他的朋友扬州刺史殷浩写信劝他出任右军将军之职,把国家的存亡和"政"放在心上。王羲之回信说明自己"素自无廊庙志",有心退隐,但最后还是听从了劝说,担任了右军将军和会稽内史之职。

王羲之在入仕的问题上半推半就,试图在完善人格和参予政事之间找到一种平衡。会稽内史王羲之对朝廷有很多重要的意见,不过都没有被采纳。朝廷里桓温与殷浩正在以北伐为筹码,钩心斗角。王羲之反战,他表示如果让他去做前锋,收复关陇巴蜀,他万死不辞。然而东晋已是退缩在江左的小朝廷,却想要收复天下十分之九,是痴人说梦。没有人理会王羲之的说法。他做会稽内史,正逢饥荒,王羲之自作主张开仓赈灾,又上书朝廷减轻徭役,但连年打仗,根本没有人支持他。另一方面,他一到会稽就和玄言名士引为知己、讲论玄学,沉醉于优美的山水流连忘返,兰亭聚会便是"高尚其志,以善厥身,冰清玉洁"的明证。王羲之写下《兰亭序》的这一年秋天,殷浩北伐,因为前锋姚襄的倒戈而失败。又过一年,桓温再次北伐,因为后继乏力缺少粮草,仍无功而返。王羲之对于北伐的态度被证明是对的,但却没有得到朝廷的理会。

王羲之终于想通了一个道理,"后之视今,亦犹今之视昔",

有热血有才华,却碰上不得施展的时代,古来有之,后世也不会绝啊。后来唐朝的王勃也写下了"冯唐易老,李广难封"。王羲之就是这样一个充满了矛盾的历史人物。他执著于个性的追求,但这种个性又使他狂妄而偏狭。他认识到清谈"浮文妨要",对政事十分关心,但同时又对玄言乐此不疲。他对死生之道无可奈何,却把希望寄托在虚妄的玄言和共修服食上。他在生活上标榜风骨和脱俗,在实际生活中却是感情痛苦和深沉。

魏晋风流,到了王羲之的年代,早已有它的规则:口谈玄言,及时行乐,潇洒混日子。但王羲之在他的传世书法里是那么深情。《都邑帖》里,他说:"仁祖日往,言寻悲酸,如何可言。"谢仁祖不久前去世了,提起来就让人感到悲酸,不可言说。《逸民帖》里他说:"无缘言面,为叹,书何能悉。"不能见面聊,让人叹息,写信,又如何能够写得清楚!《平安帖》里他写道:"岁忽终,感叹情深,念汝不可往。"在《兰亭序》里,他强调了放浪形骸的欢愉,结尾又透露出不知老之将至的悲观。这个矛盾不仅是王羲之个人的矛盾,也是整个时代的矛盾。不过这些矛盾,在他退隐前不久写下的《兰亭序》里,后世人读来就都变成了浪漫。

▲《大唐三藏圣教序》北宋拓本,简称《圣教序》,由唐太宗撰写,沙门怀仁从王羲之书法中集字,刻制成碑文,碑现存于陕西西安碑林博物馆。(现收藏于北京故宫博物院)

也许一个人对人生的失望正好反衬出他对生命的渴望。这种对生死的重视、哀伤，对人生短暂的感慨、喟叹，在魏晋时期一直弥漫着，也许是混战年代对生命意义的一种觉醒吧。从曹操的"对酒当歌，人生几何，譬如朝露，去日苦多"到王羲之的"死生亦大矣，岂不痛哉"，从表面上看，这样的表现似乎有些颓废、悲观、消极，而深藏着的意义却恰恰相反，是对人生、生命、命运强烈的追求和留恋。魏晋文章中这一生死永恒命题的魅力也一样体现在书法的艺术表现形式上，使晋人书法流淌着一种情感和思绪的韵律。就像王羲之的书法，每一笔点画都充满了生命的活力，每一个字里都激荡着对命运的感悟，对时间的咏叹！

大唐盛世浪漫的欢唱

将汉字带入最高艺术境界的颠张狂素。

汉字的演变规律是由繁至简，草书形成的原因即是为了节省笔画、书写方便。后汉在隶书基础上形成的章草，笔画简洁但字不相连。章草也称古草，古草的称谓是区别后来张芝开创的今草而言。张怀瓘称今草"字之体势，一笔而成，偶有不连，而血脉不断。"草书发展到狂草，其实已超越了文字的实用性，更增加了可识难度，但对汉字的书法美学来讲，狂草赋予了汉字丰富性和艺术性。狂草是一门很玄奥的艺术，书写者往往充满激情，是处在一种亢奋的状态下完成其作品的，读者从墨迹中隐隐能感受到某种情绪。这其实正是一种表现主义艺术的特点，狂草将书法带到了极高的艺术境界。

第三辑 演绎千年的传奇

汉字传奇

唐朝的富足、雍容、开放、大气令人向往。一个王朝的强盛有很多标准，其中之一就是文化上的兼容。在唐朝，有浪漫的李白与严谨的杜甫，有大漠孤烟的边塞与明月幽篁的田园，还有楷法第一的欧阳询与奇逸奔放的张旭……

唐朝在书法发展过程中是一个比较关键的时期，尤其是在书体成熟的发展过程中是至关重要的时期。楷书和草书在唐朝才得以发展定型，楷书四大家唐朝占了三个，而草书中狂草的出现更是其书法发展的一个标志。另外唐朝政治经济繁荣稳定的局面也为唐王朝的文化繁荣奠定了基础。

汉代之后，唐王朝是第二个繁荣稳定的大帝国，其疆域辽阔堪比汉代，因此后世史学家将汉代和唐代并称为"汉唐"，以此来显示这两个王朝繁盛的程度。汉代的文学艺术还较为朴素浪漫，因此孕育了浪漫风格的汉隶。唐王朝又偏于开放，上至天子下到庶民无不如此。许多文人雅士既享受到了魏晋时期自由开放的时代氛围，又没有战乱之忧，所以这个时期文化的繁荣也就理所当然了。

张旭和怀素都是那个时代狂放不羁的名士，他们整天饮酒作乐，放情山水，这些人生经历在他们后来的书法创作中都有体现。纵观整个历史，你再也无法找到这样一个时代，一个让中国文人足以自我到疯狂的时代。唯其如此，才能创作出令后世叹服不已的狂草艺术。

张旭，唐代书法家，史称"草圣"。初仕为常熟尉，后官至金吾长史，人称"张长史"。其母陆氏为初唐书家陆柬之的侄女，即虞世南的外孙女。张旭还是颜真卿的老师，颜真卿曾两度辞官向他请教笔法。张旭为人洒脱不羁,豁达大度,卓尔不群,才华横溢,学识渊博。杜甫《饮中八仙歌》描述他:"张旭三杯草圣传,脱帽露顶王公前,挥毫落纸如云烟。"张旭三杯酒醉后,豪情奔放,绝妙的草书就会从他笔下流出。他无视权贵的威严,在显赫的王公大人面前,脱下帽子,露出头顶,奋笔疾书,自由挥洒,笔走龙蛇,字迹如云烟般舒卷自如。"脱帽露顶王公前"的形象淋漓尽致地表现了张旭狂放不羁、傲世独立的性格特征。

洛阳城内阳光普照,莺歌燕语,一派歌舞升平的繁荣景象。此时在繁华的市中心,人头攒动热闹非凡,喝彩声、击节声不绝于耳,街头巷尾的小商小贩忘记了手中的活计忙着去赶场,身居雅斋的饱学之士也迈出斗室,匆匆忙忙赶去观看,就连身处异乡的旅行者也驻足欣赏。是什么旷世才艺如此吸引人?原来是长史张旭正在挥毫泼墨。只见他酩酊大醉,脸色红润,额头青筋突起,手拿饱蘸水墨的毛锥,似醒似醉,摇摇晃晃地在宣纸上神驰般地尽情挥洒开来,口中念念有词,时而呼喊大叫,时而踉跄奔走,如醉如痴,如癫如狂。刹那间,笔墨淋漓,满纸氤氲,变幻多端,如骏马奔驰;倏忽千里,如群龙戏海,跃然纸上。通观全篇书作,斐然跌宕,动静交错,波澜起伏而又井然有序。时而低昂回翔,翻转奔逐;时而若狂风大作,万马奔腾。书者的情感在酒神的相助下,似明空的皓月,如澄澈的流水,像铿锵的玉声,围观者翘首观望,喝彩声、顿足声、击节声此起彼伏。

一会儿,张旭将毛笔丢向一边,东奔西走,口中大呼长啸,浓浓的酒气从口中喷出,狂态癫逸之相,让人忍俊不禁。正当围观的人们为之惊讶赞叹之时,醉意狂态中的张旭将头迅速地放到了盛满墨水的砚池当中扭转了几下,然后神速地将濡墨的头在纸上游走如飞,来往无矩,身体不断的晃动,嘴中不时地狂喊,墨水不住地流淌。此时此刻,脑袋变成了书写的工具,身体成了粗壮的笔杆,颈部似乎变为了执笔的灵巧有力的大手。顷刻间,接连不断的喝彩声、喧哗声顿时戛然而止,空气似乎一下子凝固了,山色为之暗淡,天地为之阴沉,人们面面相觑,无不叹为观止。诗仙李白有诗赞道:"楚人尽道张某奇,心藏风云世莫知。三吴郡伯皆顾盼,四海雄侠争追随。"张旭精彩的书法表演很快便不胫而走,传为佳话。大江南北、朝野上下,无不为张旭的书法艺术所感染。

由于张旭善于学习,勤于研究,书法艺术达到了令人仰止的境界。他的书法酣畅淋漓,尽显灵性,充分显示了书法艺术"达其性情,形其哀乐"的精神。所以世人给了张旭这种张扬的艺术

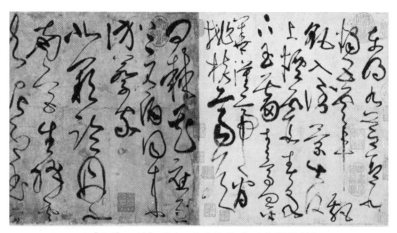

▲《古诗四帖》,张旭。(现收藏于辽宁博物馆)

个性一个美称——"张颠",就连至尊至上的文宗皇帝也下诏书称:李白的诗歌、张旭的草书和裴旻的舞剑,为天下"三绝"。至于"天下三绝",民间和官方的两个版本稍有差异。

民间称道的"三绝"是指"剑圣"裴旻、"画圣"吴道子与"草圣"张旭,这个称号源于"洛阳人一日睹三绝"的故事。开元年间,大将军裴旻因母亲去世,在洛阳家中守孝。为尽孝道表哀思,裴旻打算在洛阳天宫寺给母亲绘制一幅壁画。他邀来吴道子与张旭,并愿出重金请二人绘画题字。吴道子不收酬金,对裴旻说:"久闻将军大名,不如请您舞剑一曲。"裴旻一口答应,当即换去孝服,持剑起舞。只见他身法如飞,一口宝剑上下翻转,看得人眼花缭乱。舞到酣时,裴旻突然"掷剑入云,高数十丈",等到寒光闪闪的利剑如流星、闪电般下坠时,他看似随意地举剑鞘一迎,宝剑便不偏不倚落入鞘中。吴道子和张旭被裴旻技艺超卓的剑舞激发了创作欲望,便也各自选定一面粉墙,乘兴挥毫,尽展绝艺。但见两人一个画中仙衣飘飘,满壁生风;一个笔下龙蛇疾走,飞动有神。书画既成,都是得意佳作,足可与裴旻的剑舞鼎足而三。闻讯赶来围观的洛阳市民越来越多,很快便聚集了上千人。有幸亲眼欣赏三位大艺术家同场献艺,人们无不大呼过瘾。"一日之中,获睹三绝"的由衷赞叹不胫而走,一时传为佳话。

"三绝"御封诏书传到洛阳城,顿时引起了巨大轰动。满朝文武贤人达贵纷至沓来,前来向张旭祝贺道喜,张旭一一致谢并设宴款待。席间,人们提议让张旭谈谈其草书"绝"的秘诀,张旭难以推辞,谦虚地说:"各位见笑了,本人才疏浅陋,皇上奖掖,受

第三辑 演绎千年的传奇

之有愧。"张旭举杯道谢："要说体会,无非'用心'两字。"满堂名流点头称是,似乎从张旭语中悟到了一些道理,异口同声道："此言非虚也。""霍如羿射九日落,矫如群帝骖龙翔。来如雷霆收震怒,罢如江海凝清光。"张旭酒过三巡,吟咏起了杜甫《观公孙大娘弟子舞剑器行》中的诗句,"诸位,想必大家对此诗句一定不陌生吧。在邺县,本人有幸见过公孙大娘优美绝妙的舞姿,常常为之动容且浮想联翩:她将左手挥舞过去,我立即感触到了这个姿势像什么字;她间或跳跃旋转,我觉得像草书中笔锋的'使转';而整个的姿态音容,又给了我草书结构的启发。"张旭言罢,众人无不拍手称快,叹其卓绝。

张旭草书虽然继承二王、上溯张芝,但有明显的独创性,其书奔放不羁,纵笔如兔起鹘落,一气贯注,有"急雨骤风"之势。再加上他那至情至性的性格,开创了草书新的表现形式。

晚于张旭的怀素,曾向颜真卿请教过张旭的草法。他的草书如风,奇幻变化,舒展自如,飘逸自然,用笔有"风趋电疾"之势,世称"狂素"。历史上将张旭、怀素两人称为"颠张狂素"。黄庭坚评曰:"此二人者,一代草书之冠冕也。"怀素与张旭形成了唐代书法双峰并峙的局面,也是中国草书史上的两座高峰。

怀素俗姓钱,字藏真,永州零陵(今湖南省零陵)人,生于书法世家。孩时的怀素眉清目秀,聪明好学,是个人见人爱的孩子。不过怀素十岁时突然想出家为僧。他的父母费尽口舌也阻止不了他,只好送他到零陵县(今属湖南省永州市)城外的寺庙当了和尚。在学习经书之余,怀素勤学书法,每天刻苦练字,达到了痴迷的程度。

为了节省纸张，怀素在寺院旁边的一块荒地上种了万余株芭蕉。他取其叶片铺于凳桌，临遍了当时流传的所有书帖。由于怀素练字入魔，不分昼夜，万余株芭蕉叶片的生长，赶不及他的书写速度。后

▲《食鱼帖》局部，怀素。(私人收藏)

来他干脆揣上笔墨立于芭蕉树前，长出一片，书写一片。临尽芭蕉，废笔成冢，着实令人钦佩，这就是广为流传的"怀素芭蕉练字"的故事。

　　成年以后，怀素离开家乡，遍访名家，交流书法艺术。怀素22岁那年，在洞庭潇湘一带遇到了59岁的李白，两人一见如故，谈笑风生，成了忘年交。李白十分欣赏怀素的书法，写了一首诗《草书歌行》赞扬怀素的书法造诣："少年上人号怀素，草书天下称独步。墨池飞出北溟鱼，笔锋杀尽中山兔……起来向壁不停手，一行数字大如斗。恍恍如闻神鬼惊，时时只见龙蛇走。"

　　自古僧界出狂人。耳熟能详的除了济公和尚还有怀素。"老僧在长沙食鱼，及来长安城中，多食肉，又为常流所笑，深为不便。故久病，不能多书，实疏，还报诸君，欲兴善之会，当得扶羸也。九日怀素藏真白。"读过唐朝最负盛名的草书大家怀素《食鱼帖》的人，对这几行文字再熟悉不过了。从《食鱼帖》这幅狂草手札可以清楚地看到，这个法号藏真的怀素了不得呀。酒肉穿

肠过,佛祖心中留。一个旷达襟怀和极具个性的"狂僧"跃然纸上,栩栩如生,超群脱俗。怀素食鱼又吃肉,虽然犯了佛家戒律,却似乎也在情理之中。如果在五台山、九华山等佛教圣地,看到和尚面对鱼肉大快朵颐,你可能会大加批斥,而面对这个食鱼又吃肉的《食鱼帖》,你可能会是另一番心境。

怀素既是狂僧又是醉佛,更是杰出的书法家。他的狂草有如疾风中的劲草,回转自如,奔放有加,一气呵成,是中国古典浪漫主义艺术的杰出代表,对后世影响深远。怀素一生云游,漂泊四海,俗世交往非常广泛。除了书法别具一格、匠心独运以外,他还能赋诗吟句,与当时文化名流如李白、戴叔伦、颜真卿、钱起、陆羽等人交往甚密。每逢聚集,必饮酒恣情,疯狂极致,杰作连连。

怀素做和尚确实出了格,或者说是一个地地道道的"坏"和尚,因为他破了许多佛家清规戒律,食鱼又吃肉,还喜欢饮酒作乐,不分场所到处涂写,遇到墙壁在墙壁上写,遇到衣物在衣物上写,人人见而避之却又心怀崇敬。他真实可爱,不受世俗羁绊,不受佛规所囿,自然少了许多非议而渐渐地被认同。他的笔锋凌厉,如同下山的猛虎,可以杀死灵动的兔子;他的字迹看起来就像龙蛇飞舞,惊动鬼神。喜爱行走的怀素,看见天上漂浮着几朵白云,像棉花团一样蓬松柔软,在阳光的照耀下发出金色光辉。过了一会儿,吹来一阵风,云朵很快被吹散开去,变幻出各种奇异的形状。紧接着,天空忽然乌云密布,电闪雷鸣,暴雨倾盆而下。看到大自然的神奇变化,怀素突然想到,自然有这么奇妙美丽的变化,能不能把这种变化运用到我的草书书写之中呢?

他尝试着把这种体会融入书法创作中。

从此，怀素的狂草艺术再次攀上了一个高峰。后来，怀素遇到大书法家颜真卿。他给颜真卿讲述了自己这一段顿悟的经历。颜真卿赞叹道："你的这段体会，真是令我大开眼界。'草圣'张旭的书法渊奥玄妙，有你就后继有人了。"

怀素的狂草书法极大地拓展了中国书法艺术的表现力，《自叙帖》即为突出代表。此帖笔势狂纵，奔腾跳荡，活泼飞动，气势恢弘。帖中记载了他的学书经历及当时名家对他书作的评价，真实而自信。此帖形式与内容完美地结合在一起，成为一幅巨型泼墨写意长卷，或是一组感情奔腾的抒情曲，走龙蛇，惊天地，撼人心，泣鬼神，精妙绝伦，千古不朽。

▲《自叙帖》局部，怀素流传下来篇幅最长的作品。此帖为怀素自述其生平大略，兼录颜真卿、张谓、戴叔伦等人对其的赠诗成文。（现收藏于台北故宫博物院）

刚正威武书如其人

开宗立派的一代宗师颜真卿。

书如其人,提到颜真卿,不得不提及他那辉耀千古的书法盛誉。颜真卿的字宛如其人,自始至终均用正锋,这种笔法充分发挥了男性的沉着刚毅,人品与书法相得益彰,是一种值得思考的有趣现象。耿直的个性锻造了颜真卿为人的筋骨和为书的底蕴,他的从政和他那溢彩流芳的书法一样,光照千古。

初唐书坛取法二王形成了一个势力强大的书法流派,以欧阳询、虞世南、褚遂良等人为代表的王派书法占重要位置。他们恪守王风,笔笔王法,这样便形成了以方正瘦硬为风格的初唐书体。颜真卿继往开来,在笔法、结体、章法上做了创造性的改变,他吸收了篆、隶中锋用笔和藏锋逆入的特点,将此化入楷书。而且"折叉股""屋漏痕""锥画沙"等笔法都体现在他的书法作品之中,写出了独具特色的"蚕头燕尾"的颜楷。颜楷笔画之间横细竖粗对比错综,字里行间洋溢着充沛的气势,全篇布局充实茂密,浑然一体,像一组雄壮高亢的交响曲,让人震撼。

颜真卿作为中国书法艺术史上开宗立派的一代宗师,以熔古铸今的才华登上精神与艺术的高峰,其书法风格与高尚品格相契,达到了书品与人品的完美结合,缔造出令后人仰望的书学境界。成为"书坛亚圣""楷体书圣"。"三更灯火五更鸡,正是男儿读书时。黑发不知勤学早,白首方悔读书迟。"这首颜真卿的《劝学诗》成为后世莘莘学子励志读书的座右铭,也是颜真卿一生的写照。

《新唐书》称颜真卿"博学,工辞章",自是公允之论。人如其字,刚正威武有气节的颜真卿被世代推崇的是书法,其实他在起起浮浮的政治生涯中所作出的努力,也是为人称道的。但在朝为官势必会成为众矢之的,更因为颜真卿刚烈的性格,成为他宿命的必然,终究躲不过一劫,惨死于安史之乱后的叛军之手。

天宝十四年(755),大唐王朝正沉醉于盛世繁荣、歌舞升平之中,身兼范阳、平卢、河东节度使的安禄山和史思明,突然以"忧国之危"奉密诏讨伐杨国忠为借口,在范阳起兵反叛。河北属安禄山管辖,其叛军所到之处"河朔尽陷,守令或开门出迎,或弃城匿窜,无敢拒者",唐玄宗得知消息后焦急地问道:"河北二十四郡竟无一忠臣焉?"

而此时,平原郡(今山东省德州市)太守颜真卿不等诏令,早已挺身而出,发表檄文讨伐安禄山。不到一天时间,颜真卿管辖的三千兵马就扩充到万人,与他的堂兄常山郡(河北省正定)太守颜杲卿互为掎角,共同抗击叛军。唐玄宗得知这个消息后,高兴地说:"朕不识真卿何如人,所为乃若此!"颜真卿之所以能在整个大唐王朝慌乱失措之时,快速做出反应,是因为他早有准备。

开元二十二年(734),26岁的颜真卿登进士第,由于他耿直中正,敢于谏言,得罪了权臣杨国忠。45岁时,颜真卿被排挤出京,远赴平原出任太守。然而,摆在颜真卿面前的还有个更为严峻的问题。平原郡属安禄山管辖,而安禄山在范阳筑城囤粮,招兵买马意欲谋反。于是颜真卿也暗自做起防范,以防汛为名修筑城墙,并悄悄赶制兵器,囤积粮草,招抚豪族。为避免安禄山疑心自己，他还常常邀请文人宴饮赋诗，装作无为文人的样子。安禄山自此放了心，一门心思为造反准备。他绝不会想到，这个只知吟风弄月的文官竟在自己扫荡河北时，死死坚守住了平原郡。

平原郡久攻不破，安禄山又急又气，在攻破东都洛阳后，派段子光拿着守城将领李灯、卢奕、蒋清的首级到河北示众，威胁颜真卿与众将领。颜真卿为稳定军心，对诸将说："我平素认识李灯等人，这些首级全都不是他们的。"随即命人斩杀段子光，并藏起三人的首级。几天后颜真卿命手下用稻草扎成躯体，并接到三位守城将领的首级上装殓，设灵位哭祭。这次仗打得并不容易，整个颜氏家族付出了惨重的代价。平卢将领刘正臣据渔阳起义，颜真卿为坚定他的信心，当即派贾载给他送去十多万军资，并不顾部下劝阻，将自己十岁的独子颜颇作为人质。

史思明带重兵围攻常山，常山守将颜杲卿率军奋战，苦战六日，水粮矢俱尽后，城破被俘，宁死不降。颜杲卿最后被钩掉舌头，斩断双手，凌迟处死。颜杲卿的儿子颜季明此前一直往来于常山和平原之间，为两郡联合平乱传递消息，城破后也被俘斩首。颜氏一族被杀者有三十余人。唐肃宗虽非常赞赏颜氏一门忠烈，但战事正紧，无暇给予正式盛大的表彰。直到乾元元年（758）五月，颜杲卿才被朝廷追封太子太保，谥号"忠节"。颜杲卿忠节不屈的精神为后世所称颂，文天祥《正气歌》有言："为张睢阳齿，为颜常山舌。"

时任蒲州太守的颜真卿听到常山城破的消息后，立刻派侄儿颜泉明到常山和洛阳一带寻找杲卿与季明的遗骸，但只找到了季明的头颅和杲卿的部分尸骨。颜真卿悲愤交加情不自禁，一气呵成名篇《祭侄文稿》。这篇名作成为中国历史祭文书法之千古绝唱，长歌当哭，泣血哀恸，通篇波澜起伏，时而沉郁痛楚，声泪俱下，时而低回掩抑，痛彻心肝，动人心魄。

从《祭侄文稿》中，可清晰地看出颜真卿的思想感情。通篇文字悲愤痛苦，铿锵有声，尤其"贼臣不救，父陷子死，巢倾卵覆"几个字，真是字字血泪，让人不忍卒读。颜真卿一门忠烈，生平大义凛然，精神气节挥洒在翰墨文稿之中，此祭文最为论书者所乐举。此帖本是稿本，其中删改涂抹，正可见颜真卿为文构思，始末情绪起伏，胸臆了无掩饰，所以写得神采飞动，笔势雄奇，姿态横生，得自然之妙。所有的竭笔和牵带的地方都历历可见。通篇使用一管微秃之笔，以圆健笔法，有若流转之篆书，自首至尾，虽因墨枯再醮墨，墨色因停顿初始，黑灰浓枯，多所变化，然前后一气呵成。颜真卿当年50岁，书法上有字如其人之说，颜体就是对这句话的印证。元代张敬晏题跋云："告不如书简，书简不如起草。盖以告是官作，虽楷端终为绳约；书简出于一时之意兴，则颇能放纵矣；而起草又出于无心，是其手心两忘，真妙见于此也。"元代鲜于枢评此帖为"天下第二行书"。

颜真卿在平定"安史之乱"中立下赫赫战功，后被朝廷召回到中央并予以重用，但因"不通世事，一味耿直"，颜真卿在中央任职没过多久就被贬回地方，此后在代宗和德宗两朝亦是如此。在代宗一朝，宰相元载在朝中结交私党，他怕群臣向代宗揭发自己，便对代宗说群臣上书报告的很多事都是谗言诽谤，元载奏请代宗让他筛选奏折后再向代宗报告，这样能为代宗减少很多工

▲《祭侄文稿》，颜真卿。（现收藏于台北故宫博物院）

作量，代宗对此非常心动。颜真卿得知此事，当即上书严厉批评，认为只准宰相报告事情，旷古未有，即使是李林甫、杨国忠这样的大奸臣也不敢公开这样做。元载因此对颜真卿怀恨在心，没过多久，就将颜真卿贬到了硖州（湖北宜昌）。

还有一件事体现了颜真卿耿直的性情。按礼法，朝廷宴会时的座次应按官职大小排列。然而定襄王郭英乂为了向当红宦官鱼朝恩献媚，两次抬高鱼朝恩的座次。颜真卿非常气愤。同僚都劝他忍下这口气，而颜真卿认为这有关国家的礼法，一定要争这个座次！回到家后，颜真卿即给郭英乂写了《与郭仆射书》，即现在有名的《争座位帖》。

中唐之后，"安史之乱"虽已被平定，但已形成藩镇割据的局面。唐德宗建中四年（783），淮西节度使李希烈叛乱，攻陷汝州。朝中纷纷议论，该派谁去平乱。奸相卢杞素与颜真卿有过节，于是上报德宗，说李希烈"年少骁将，恃功骄慢，将佐莫敢谏止"，需派遣"儒雅重臣，奉宣圣泽，为陈逆顺祸福，不可劳军旅而服"，而颜真卿是"三朝旧臣，忠直刚决，名重海内，人所信服"，前去劝说招降最为合适，德宗同意。朝中公卿得知这个消息后皆失色，李希烈决心造反，卢杞让颜真卿去，不过是乘机铲除异己，因而都劝颜真卿不要去。而颜真卿回答说："君命可避乎？"受命后，已74岁高龄的颜真卿"不宿于家，亲党不遑告别"，立即前往许昌。李勉秘密向德宗上奏，"以为失一国老，贻朝廷羞"，请求德宗收回成命，并派人去追赶颜真卿，可惜没有追上。

颜真卿不是不明白卢杞的险恶用心，他知道此去凶多吉少，因此早已写好了给家人的遗书，要他们"奉家庙，抚遗孤"。他是抱着赴死的决心去的，果然一到许州，颜真卿就被李希烈扣留了。李希烈与同党利诱颜真卿，许诺称帝后让他做宰相，颜真卿厉声喝道："若等闻颜常山否？吾兄也。禄山反，首举义师，后虽被执，诟贼不绝于口。吾年且八十，官太师，吾守吾节，死而后已，岂受若等胁邪！"颜真卿的忠烈赢得了李希烈的同伙周曾、康秀林的敬佩，他们密谋杀掉李希烈，尊颜真卿为帅。然而事情泄露，周曾被杀，颜真卿也被押送到蔡州的龙兴寺。

颜真卿自知命不久矣，于是给德宗写了遗表《奉命帖》："真卿奉命来此，事期未竟，止缘忠勤，无有旋意。然中心恨恨，始终不改，游于波涛，宜得斯报。千百年间，察真卿心者，见此一事，知我是行，亦足达于时命耳。人心无路见，时事只天知。"大意是"我奉命来此，没有完成使命，由于忠直忧勤，从来没有回去的想法，即使内心悲伤也不改初衷。久在风浪之中，自然要承受这种结果。千百年后的人们要认识我颜真卿的内心，就从这件事来看吧。时也，命也，就是我此行的意义。人心无处可见，时事，也只有天知道。"正如司马光《新唐书传赞》所说："呜呼！虽千五百岁，其英烈言言，如严霜烈日，可畏而仰哉！"

李希烈欲称帝，派使者问颜真卿登帝位的仪式，颜真卿回答说："老夫耄矣，曾掌国礼，所记者诸侯朝觐耳！"不久唐军日益强大，李希烈战况不佳，于是派辛景臻等人到龙兴寺堆起干柴，威胁颜真卿再不投降就烧死他。颜真卿一句话没说，纵身就向火堆扑去，辛景臻等人急忙拉住了他。李希烈因弟弟在叛乱中被杀而迁怒于颜真卿，于是派宦官前去蔡州杀颜真卿。宦官念诏书称皇帝要赐死他，颜真卿说："老臣没有完成使命，有罪该死，但使者是哪一天从长安来的？"宦官答道："从大梁来。"颜真卿这才明白过来，这个宦官是奉李希烈之命而来，于是大骂道："原来是叛贼，何敢称诏！"随即，颜真卿被缢杀，享年76岁。

一代楷圣视死如归，然而他的忠烈壮举万古流芳，由此派生出"大义凛然"这个成语，这是颜真卿以生命为代价演绎出来的震撼人心的大美。六百年后，抗元民族英雄文天祥为颜真卿写下《过平原作》：

平原太守颜真卿，长安天子不知名。

一朝渔阳动鼙鼓，大江以北无坚城。

公家兄弟奋戈起，一十七郡连夏盟。

贼闻失色分兵还，不敢长驱入咸京。

明皇父子将西狩，由是灵武起义兵。

唐家再造李郭力，若论牵制公威灵。

哀哉常山惨钩舌，心归朝廷气不慑。

崎岖坎坷不得志，出入四朝老忠节。

当年幸脱安禄山，白首竟陷李希烈。

希烈安能遽杀公，宰相卢杞欺日月。

乱臣贼子归何处，茫茫烟草中原土。

公死于今六百年，忠精赫赫雷当天。

一千多年过去了，我们都知道颜真卿是"楷书四大家"之一，很多人还临摹过他的《多宝塔碑》《颜勤礼碑》，颜体境界之恢宏、法度之严峻、气势之磅礴前无古人，其端庄、阳刚气韵深深吸引和打动着每一位习书之人，但我们不要忘记他不仅是伟大的书法家，更是个刚直忠烈的战将！

▲《颜勤礼碑》拓本局部，颜真卿。刻石存西安碑林博物馆。

一蓑烟雨任平生

尚意书法的代表苏东坡。

一提起苏轼,总会有人豪情吟唱"大江东去,浪淘尽,千古风流人物";或有人浅声感叹"不识庐山真面目,只缘身在此山中";也有人深情望月"但愿人长久,千里共婵娟"……总之从苏轼的诗词中,总能找到人生不同境遇的诗句。苏轼的诗词里散发出的那种对待人生超然的审美态度,即使在处境最艰难的时候,也能写出最达观、最至情的诗文,这种"与天地合一""与万物同化"的境界,更是苏东坡65年风雨命运的缩影。

嘉祐元年(1056),苏轼首次出川赴京,参加朝廷的科举考试。苏洵带着21岁的苏轼和19岁的苏辙,自偏僻的西蜀地区,沿江东下,进京应试。当时的主考官是文坛领袖欧阳修,小试官是诗坛宿将梅尧臣。这两人正锐意诗文革新,苏轼清新洒脱的文风,一下子震动了他们。策论的题目是《刑赏忠厚之至论》,苏轼的文章获得主考官欧阳修的赏识,因欧阳修误认为是自己的弟子曾巩所作,为了避嫌,只给了苏轼第二名的成绩。苏轼在文中写道:"当尧之时,皋陶为士。将杀人,皋陶曰'杀之'三,尧曰'宥之'三。"欧、梅二公既叹赏其文,却不知这几句话的出处。及苏轼谒谢,即以此问轼,苏轼答道:"何必知道出处!"欧阳修听后,对苏轼的豪迈、敢于创新极为欣赏,而且预见了苏轼的将来:"此人可谓善读书,善用书,他日文章必独步天下。"一时间苏轼誉满京城,"学士大夫莫不知其名,家有其书",并以结识苏轼为荣,连当时的仁宗皇帝也高兴地对皇后说:"妙哉,妙哉,朕今日为子孙找到了两个宰相。"

所有这些盛誉极大地鼓舞了苏轼心中积极入世、奋发有为的热情。从出任凤翔签判到湖州太守,苏轼励精图治,勤政恤民,兴利除弊,并在力所能及的情况下亲身实践,因而被吏民呼作"苏贤良"。此时的他正是"水光潋滟晴方好,山色空蒙雨亦奇。欲把西湖比西子,淡妆浓抹总相宜"。

然而已出现政治危机的北宋王朝,繁荣的背后隐藏着衰败的迹象。此时神宗即位,任用并支持王安石变法。苏轼的许多师友,包括当初赏识他的恩师欧阳修在内,因在新法的施行上与新任宰相王安石政见不合,被迫离京。朝野旧雨凋零,苏轼眼中所见的已不是他20岁时所见的"平和世界"。

在返京的途中,苏轼亲眼见到了新法的实施对老百姓造成的伤害。他反对宰相王安石的做法,认为青苗税使农民负担沉重,即上书反对。这样做的结果,便是像那些被迫离京的师友一样,不容于朝廷。于是苏轼自求外放,调任杭州通判。苏轼在杭州三年任满后,被调往密州、徐州、湖州等地任知州,政绩显赫,深得民心。

这样持续了大约十年,苏轼遇到了生平第一祸事。当时有人故意把他的诗句扭曲,大做文章。此时朝廷中主政的早已不是王安石这位变法发起人了,而是李定、舒亶、何正臣等投机分子。宋神宗吸取了变法失利的教训,这次他为了给改制"清障",授意李定等人欲以强硬手段来惩治反对改制的保守派,因为名气大,苏轼成了被枪打的"出头鸟"。

元丰二年（1079），苏轼赴湖州任太守，按常例上了一封感谢信《湖州谢上表》。舒亶和何正臣等人就把这篇三百多字的上表里的几句牢骚话拿出来做文章，并把当时新出版的《元丰续添苏子瞻学士钱塘集》潜心研究了近四个月，弹劾苏轼包藏祸心，讥讽新法，指责皇帝，谩骂朝廷，以"文字毁谤君相"的罪名将苏轼问罪下狱，史称"乌台诗案"。苏轼坐牢103天，几次濒临被砍头的危险境地。幸亏北宋在太祖赵匡胤年间即定下不杀士大夫的国策，已罢相退居金陵的王安石上书说："安有圣世而杀才士乎？"连身患重病的曹太后也出面干预："昔仁宗策贤良归，喜甚，曰：'吾今又为吾子孙得太平宰相两人。'盖轼、辙也，而杀之可乎？"苏轼这才躲过一劫。

出狱后，苏轼被降职为黄州团练副使。这个职位相当低微，其俸禄难以养家糊口。为了补贴生计，公事之余苏轼带领家人开垦出城东面一块荒废的坡地，开始种粮食，"东坡居士"的别号便是他在这时起的。

初到黄州时，"缺月挂疏桐，漏断人初静。谁见幽人独往来？缥缈孤鸿影。惊起却回头，有恨无人省。拣尽寒枝不肯栖，寂寞沙洲冷"。苏轼用惊恐不安、无处栖息的孤鸿自比，感叹："世事一场大梦，人生几度秋凉？"

到黄州的第三年，苏轼已是45岁。他在精神上感到寂寞，郁郁不得志，生活上穷困潦倒。中国传统节日寒食节，古时人们在这一天禁烟火，只可吃凉食。在民间传说中，寒食节与介子推有关，吃冷食、祭祀、踏青等习俗也一直流传下来并为全国所接受。伴随着岁月的流逝，寒食节静静地融入了清明节，介子推所代表的封建愚忠思想也已沉入历史长河，不过寒食所代表的人们对忠诚、廉洁、政治清明的赞许，却是千年如一的。也许正是这个原因，让苏轼触景伤情，在寒食节这天随性作了两首诗，其一是：

> 自我来黄州，已过三寒食。年年欲惜春，春去不容惜。
> 今年又苦雨，两月秋萧瑟。卧闻海棠花，泥污燕脂雪。
> 暗中偷负去，夜半真有力。何殊病少年，病起头已白。

其二是：

> 春江欲入户，雨势来不已。小屋如渔舟，濛濛水云里。
> 空庖煮寒菜，破灶烧湿苇。那知是寒食，但见乌衔纸。
> 君门深九重，坟墓在万里。也拟哭途穷，死灰吹不起。

苏轼借寒食节发出人生之叹，写得苍凉伤感，表达了此时惆怅孤独的心情。此诗的书法也正是在这种心情和境况下有感而出的。作品前半部分笔触沉着、宁静，行距疏朗。但随着作者内心伤感的激增，字越写越大，笔触也愈发苍凉，观之一恸。这就是著名的《寒食诗帖》。《寒食诗帖》通篇书法起伏跌宕，光彩照人，气势奔放，而无荒率之笔。虽然这是一首遣兴的诗作，但却成为苏轼行书的代表作。《寒食诗帖》在书法史上影响很大，被称为"天下第三行书"。正如黄庭坚在此诗后所跋："此书兼颜鲁公、杨少师、李西台笔意，试使东坡复为之，未必及此。"苏轼也成为"尚意"书法的代表,与黄庭坚、米芾、蔡襄并称"宋四家"。

▲《寒食诗帖》又名《黄州寒食诗帖》,苏轼。(现收藏于台北故宫博物院)

清代书法家梁巘(yǎn)在《评述帖》中提出了一段著名的书论:"晋人尚韵、唐人尚法、宋人尚意、元明尚态。"即是说在东晋时期的书法讲究风度韵致,那时的书法尊崇"神采为上,形质次之",大都表现出一种飘逸脱俗的风貌,其代表就是"二王"的书法。唐代书法总体倾向是重视法度,唐代书法家对前人书法进行了总结,在书法结体和用笔方面更加规范和精益,"欧颜柳赵"楷书四家有三家出现在唐代。在崇尚法度的风气中出现了森严雄厚的"唐楷"和豪放不羁的"狂草",体现了大唐帝国开放包容的精神。宋代书法追求意趣而不拘泥法度,苏轼说:"诗不求工字不奇,天真烂漫是吾师。"黄庭坚也说:"老夫之书本无法……"米芾说:"学书须得趣……乃入妙……"苏轼在谈到自己的书法时说:"我书意造本无法,点画信手烦推求。"这就是苏轼书法追求意趣的风格取向,这种注重笔法、笔画的表现形式,强调字体结构对比关系的做法,影响了后世的每一代书法人。

孤高清傲的苏轼开始对自己所走的人生道路进行反思,并大量接触佛教经典和老庄哲学,以期修炼出沉静旷达、荣辱利弊得失无系于心的宁静心境,从而来摆脱"乌台诗案"给自己带来的心灵痛苦。写了《寒食诗帖》之后,苏轼和友人同去看沙湖的一块地,回来的路上遇到大雨,可是拿着雨伞的仆人先行离开了,同行的人都感到很狼狈,只有苏轼不这么觉得,他漫步雨中,如履晴天。当雨过天晴,苏轼联想到自己人生坎坷起伏的种种心路历程,一下子豁然开朗,写下了一首千古流传的《定风波》:

> 莫听穿林打叶声,何妨吟啸且徐行。
> 竹杖芒鞋轻胜马,谁怕?一蓑烟雨任平生。
> 料峭春风吹酒醒,微冷,山头斜照却相迎。
> 回首向来萧瑟处,归去,也无风雨也无晴。

是啊,乌台风雨洗铅华,自然风雨沐清净。面对起起伏伏的人生,终于能够风轻云淡的说出:"也无风雨也无晴。"苏东坡通过野外途中偶遇风雨这一生活中的小事,于简朴中见深意,于寻常处生奇景,表现出旷达超脱的胸襟,寄寓着超凡超俗的人生理想。从文中我们可以感受到彼时作者的豁达与乐观。

有时命运也是一种讽刺,苏东坡正要定下心来快快乐乐隐居,过"淡而有味"的生活时,却突然被调离谪居地,再度卷入政治纷争中。神宗死后,哲宗即位,高太后听政,新党势力倒台,司马光重新被启用为相。苏轼在这一年又任礼部郎中被召还朝。在朝半月,升起居舍人。三个月后,升中书舍人,不久又升翰林学士知制诰。

元祐八年(1093),高太后去世。随着高太后的去世,处事

中华汉字传奇

轻率的宋哲宗亲政，一大批遭到罢黜和被迫害的新党人物重新被重用，这些新党人物对旧党人物的报复行动也开始全面启动和升级。俗话说："京官不好当。"当苏轼看到新兴势力拼命压制王安石集团的人物及尽废新法后，认为其与所谓"王党"不过一丘之貉，再次向皇帝提出谏议。

苏轼至此是既不能容于新党，又不能见谅于旧党，因而再度自求外调。他以龙图阁学士的身份，再次来到阔别多年的杭州做太守。苏轼在杭州过得很惬意，自比唐朝白居易。他效仿白居易所修建的"白堤"，在杭州修了一项重大的水利工程，疏浚西湖，用挖出的淤泥在西湖旁边筑了一道堤坝，这就是著名的"苏堤"。

绍圣元年（1094），章惇拜相，首先向苏东坡开刀。五道诏命把年届57岁的苏轼从河北的定县赶往遥远的广东惠州。苏轼在连遭贬谪途中把家小安置在阳羡，独自带着侍妾朝云和三子苏过南下。经虔州、南康、南安府，九月翻越大庾岭。在古代，这条路线为赴广东的必经之路，路上艰难险阻，多少迁徙者都有去无回。

穿过大庾岭，苏东坡及家眷抵达南雄。闻南雄祇元村有龙泉寺，寺内有龙泉井，苏东坡慕名前往参观，得到龙泉寺住持的盛情款待。苏东坡与长老一见如故，视为知己。二人谈经说法。苏东坡以佛教空虚学说解脱痛苦，又以道教长生之术养生，维护自己高雅纯洁的人格，把被贬以来的阴霾心情化之殆尽，一吐为快，直到日落都不愿离去，于是提笔于龙泉寺钟上书《过大庾岭》诗一首："一念失垢污，身心洞清净。浩然天地间，惟我独也正。

300

今日岭上行，身世永相忘。仙人抚我顶，结发授长生。"苏轼后来再被贬到儋州时，办学堂，介学风，成为儋州文化的开拓者和播种人。

元符三年（1100）大赦，苏轼复任朝奉郎。宋徽宗即位后，苏轼被调廉州安置、舒州团练副使、永州安置。北归途中，于建中靖国元年（1101）卒于常州（今江苏常州），葬于汝州郏城县（今河南郏县），享年65岁。苏轼留下遗嘱，葬汝州郏城县钓台乡上瑞里。次年，其子苏过遵嘱将父亲灵柩运至郏城县安葬。宋高宗即位后，追封苏轼为太师，谥号"文忠"。

苏轼一生创作有三个辉煌时期，他曾自述："问汝平生功业，黄州惠州儋州。"被一贬再贬的苏轼，早已将生死得失置身度外，佛教与道教的思想对他的影响，比贬谪前更深了，"解脱在于自然，在于不知善而善"的这种道家哲学思想俨然成为他的生命。苏轼应是羡慕陶渊明的，他写了一百多首和陶诗，意境自然平淡淳厚朴实，字里行间流露出对生命的感叹，对大自然的向往，对官场的厌恶。黄庭坚在《跋子瞻和陶诗》中写道：

> 子瞻谪岭南，时宰欲杀之。
> 饱吃惠州饭，细和渊明诗。
> 彭泽千载人，东坡百世士。
> 出处虽不同，风味乃相似。

苏轼在人生境遇降到最低谷时，生命境界升华到"也无风雨也无晴"的旷达坦然，超脱潇洒。虽然乌台诗案的牢狱之灾让

第三辑　演绎千年的传奇

他过大庾岭时还未能忘怀，但比起李白诗仙之才，他这种根在尘世的思想进化，更能引起平凡小人物的共鸣。被贬黄州、惠州、儋州的艰难困苦，都没有使苏轼这位"不可救药的乐天派"从物质上、精神上垮掉，反而让他找到了自我内心的真正需求"心如不系之舟"——这也是中国读书人追求的至高境界。

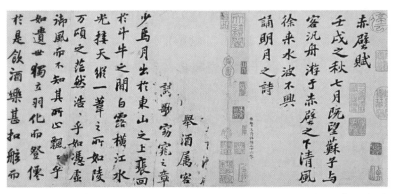

▲《赤壁赋》局部，苏轼。此赋记叙了苏轼与朋友们月夜泛舟游赤壁的所见所感。（现收藏于台北故宫博物院）

错当天下君

开创瘦金体流派的赵佶。

2005年1月10日，在北京一场大型拍卖会上，一件藏品经过30多轮的竞拍，最终以6116万元人民币成交。这件从日本大阪藏家手中征集回国的宋徽宗真迹《桃竹黄莺卷》，长约150厘米，宽约30厘米。画上五只情态各异的黄莺，或鸣叫，或聆听，或对语，或飞跃，再配以翠竹桃花，整个画面栩栩如生。更重要的是，画卷末尾所题款识为宋徽宗独创的"瘦金体"，并有"天下第一人"的钤（qián）印。由于宋徽宗在描绘五只黄莺时往颜料中加入了纯金，故此画虽历经九百多年，而今鸟羽在灯光下仍能幻化出五彩光华。此外，画中还嵌有"三希堂""石渠宝笈""御书房鉴藏宝"等四十余方印章，同时还有乾隆皇帝的御题。

宋徽宗首创"瘦金体"，本应为"瘦筋体"，以"金"易"筋"，是对御书的尊重。瘦金体是书法史上极具个性的一种书体，它运笔灵动快捷，笔迹瘦劲，至瘦而不失其肉，其大字尤可见风姿绰约处。因其笔画相对瘦硬，故笔法外露，可明显见到运转提顿等运笔痕迹，因其与晋楷、唐楷等传统书体区别较大，个性极为强烈，故可称作是书法史上的一个独创，代表作有《秾芳诗帖》《千字文》（楷书）等。

▲《秾芳诗帖》局部，这是宋徽宗赵佶写的一首亡国蒙尘词。（现收藏于台北故宫博物院）

宋徽宗赵佶的书与画均可彪炳史册，其画尤好花鸟，并自成"院体"，他的书法绘画别具一种细腻之韵致，充满盎然富贵之气，体现了赵佶超一流的艺术创作才能。清朝乾隆皇帝在宋徽宗的《枇杷山鸟图》上有这样一首题诗："结实圆而椭，枇杷因以名。徒传象厥体，奚必问其声。鸟自托形稳，蝶还翻影轻。宣和工位置，何事失东京。"乾隆皇帝感慨宋徽宗如此精于绘画、工于构图和经营位置,缘何却把国家丢失了呢?

宋徽宗并非昏庸之辈,他是有过雄心壮志和一番作为的。在继位初期,北宋王朝已经从强盛慢慢走向衰退,当时朝内党争异常激烈。他曾励精图治,整顿吏治,礼贤纳谏,颁布了一系列诏书,并下诏改元为"建中靖国",试图使国家走向强盛。宋徽宗执政初期,北宋也确实出现了短暂的太平治世景象,史称:"帝初政,虚心纳谏,海内想望,庶几庆历之治。"

随着变法派蔡京等人上台,他们打着"惟新""崇宁"的招牌,倒行逆施,排除异己,北宋的政治格局由此发生了巨大变化,国势就此日渐衰退,而此时的宋徽宗也没有了执政初期的雄心壮志,而是沉湎于道家的虚渺境界和艺术世界。

这个蔡京是谁? 论才华,蔡京素有才子之称,在书法、诗词、散文等方面都有极高的天赋,北宋苏、黄、米、蔡四大书法家之中的"蔡"即为蔡京,"冠绝一时""无人出其右者"即是对他最高的评价。据说,有一次蔡京与著名书法家米芾聊天,蔡京问米芾:"当今书法谁最好?"米芾回答说:"从唐朝晚期的柳公权之后,就只有你和你的弟弟蔡卞了。"蔡京又问:"其次呢?"米芾说:"当然是我。"可见,就连狂傲的米芾对蔡京都是极为钦佩! 可惜啊,就是因为蔡京做的恶事太多,他做过的一些好事也很少被人提及,几乎被湮灭于历史的尘烟之中……正是由于这个原因,后人便把北宋四家"苏黄米蔡"的蔡京换为另一个书法家蔡襄了。

宋徽宗在蔡京、童贯、王黼(fǔ)等一帮奸臣的包围下,渐渐地走上了奢华无度的道路。在后世记载中,关于宋徽宗奢华无度的故事有很多,史不绝书。宋徽宗有一个爱好,就是收集奇石异木。他的这一爱好，引发了一个举国骚然的举动，就是运送花石纲。我们知道，《水浒传》里有"智劫生辰纲"的故事，这个"纲"指什么？宋朝将成批运输的货物称为"纲"。徽宗时期，将十艘船编为一组，将外地的各种奇石名木大宗运往京师，称为"花石纲"。刚开始时，运送花石纲的举动还没有发展

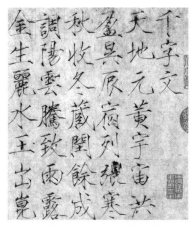

▲《千字文》局部，宋徽宗赵佶。（现收藏于上海博物馆）

到搅得天下不安的程度，只是从东南地区运石到京师。宋徽宗非常欣赏这些珍奇石木，喜欢哪块石头，他就会赏赐给运送石头的人高官厚禄。皇上的这一举动化成了一道无声的命令，于是在全国范围内掀起了一场大规模运送花石纲的热潮。

据史书记载，有人在太湖发现一块巨石，长宽高均两丈有余，需要新造大船将它从太湖流域运到东京汴梁。巨石抵京之后，由于城门的高度有限，石头进不了城，最后竟拆了城门，将石头运了进来。后来，又有人在太湖发现了一块更大的石头，这块大石头运进京时，仅运费就花了八千贯，这笔花费相当于近两百户中产人家一年的生活费。石头被运来后，徽宗非常高兴，竟给这块石头亲笔题名，并钦赐玉带。

还有一次，有人在现在的上海附近发现了一棵古松树，如九曲盘龙一般，树形非常奇特。古树盘根错节枝繁叶茂，如果要运输，则要连同土块、假山一起连根刨起，所以体积很大，无法走运河，只

第三辑 演绎千年的传奇

能走海运。结果运输船只遇到风暴沉没深海，损失不计其数。

主持花石纲运送事宜的，正是六贼之一的朱勔。他为了运送一块巨石，新造了两艘大船。石头运抵京城后，徽宗皇帝看了非常喜欢，赏赐参与运输的劳工每人一只金碗，加封朱勔节度使衔。而这块石头，竟被徽宗封为盘固侯。古代的位阶次序，王之下是公、侯、伯、子、男。当初周武王分封子弟功臣，功劳最大的姜子牙的后代才被封为齐国侯爵，而宋徽宗一高兴，竟把一块石头封为了侯爵。

此时的宋徽宗已经完全变成了一个昏庸的皇帝。他不顾朝政，只图享乐，身为一国之君，甚至玩到了风月场上。宋徽宗除了喜好修道炼丹、吟诗作画，还特别喜好美色。唐玄宗只是号称后宫粉黛三千，宋徽宗有宫女近万人，但宫里的佳丽却没抵得住一个青楼歌伎。

为迎合徽宗的喜好，权臣高俅给宋徽宗出主意："听说东京汴梁城有一个歌伎叫李师师，花容月貌，才艺双全。陛下愿不愿意去看看？"宋徽宗当然是欣然前往。高俅引着宋徽宗来会李师师，李师师见高俅贵为太尉，对这位陌生的客人都如此恭敬，就知道这个人的身份不凡，于是使出浑身解数，曲意逢迎。宋徽宗非常高兴，与李师师一起缠绵到天亮，才依依不舍地回宫。

李师师的父亲是开染房的，她三岁的时候被寄养在佛寺里，因为当时称呼佛家弟子为师，所以得名师师。李师师长大之后，父亲因罪获刑，她孤苦无依，被一个姓李的经营风月场所的女人收养，成了歌伎。李师师从小耳濡目染，琴棋书画样样在行。也许正是李师师的才艺让宋徽宗宠爱有加。

不管怎么说,这种事是有悖礼法极不光彩的,所以宋徽宗不方便常去。于是宰相王黼给徽宗出主意:"您何不挖一条地道,直接通到李师师的住处?"徽宗听了很高兴,立即命人挖了一条从皇宫大内直通青楼的地道。从那以后,徽宗经常着青衣小帽,夜会李师师。

李师师认识宋徽宗之前,与不少达官贵人交好,其中就包括著名词人周邦彦。一天,趁着宋徽宗生病,周邦彦来探望李师师。不料他进门刚一落座,就听说宋徽宗不顾病体,正在来李师师家的路上,并且马上就到。周邦彦着了慌,跑也来不及了,君臣在此相见实在不合适,只好赶紧躲到了床底下。宋徽宗进了门,享用美酒佳肴,欣赏佳人歌舞。宋徽宗还特地给李师师带来了江南新进贡的鲜橙,李师师亲手剥了鲜橙二人分食。皇帝见天色已晚,要起驾回宫,李师师劝宋徽宗说:"夜已三更,马滑霜浓,陛下龙体要紧,就别走了。"宋徽宗那天大概确实有事,最后还是走了。

这一切都被躲在床下的周邦彦看见听到了。宋徽宗走后,周邦彦从床底下钻出来,一边擦着冷汗一边感叹好险。周邦彦是文人性情,可能性格也有几分轻佻,再加上目睹了徽宗与李师师的亲密举动,有点吃醋,乘兴把他听到的写成了一首《少年游·并刀如水》:"并刀如水,吴盐胜雪,纤手破新橙。锦幄初温,兽烟不断,相对坐调笙。低声问,向谁行宿?城上已三更。马滑霜浓,不如休去,直是少人行。"这首词大意是:并州产的刀子锋利如水,吴地产的盐粒洁白如雪,女子的纤纤细手剥开新产的熟橙。锦制的帷帐中刚刚变暖,兽形的香炉中烟气不断情意绵绵,对面坐下听师师弹琴弄弦。悄悄地发问:晚上住哪儿？引用李师师对徽宗说过的话"城上已三更,马滑霜浓",路滑霜浓,行人稀少,不如就别走了吧。

谁知宋徽宗再来会李师师时,问她近来有没有新曲子。我们知道,词就是那个时候的流行歌曲。李师师就把周邦彦填的那首词唱出来了。她一唱完,宋徽宗脸色就变了,心想这不都是当时李师师跟朕说的话吗？于是询问这首词的作者是谁,李师师自知失言但又不敢隐瞒,只好说是周邦彦写的。

这样一来,可就给周邦彦惹了祸。徽宗皇帝听完愠怒,抖衣拂袖,即刻回宫。没过几天,徽宗皇帝就令近臣找周邦彦的碴儿,查看他写的词里面有没有淫词艳曲。下属心想这太容易了,随便找一首就是。为什么这么说呢？婉约派词人一般写的就是两大永恒主题——生命与爱情,所以经常为人诟病,被指为淫词艳曲。宋徽宗拿过下属呈上的"证据"斥道:就这样的人还配做官？于是将周邦彦贬出了京城。

因为一个歌伎,皇帝竟与臣下争风吃醋,这不能不说是荒唐至极的事情。宋徽宗自从结识了李师师,整日沉迷享乐,不理朝政。我们借用《长恨歌》里的一句"春宵苦短日高起,从此君王不早朝"。纸里包不住火,皇帝的风流韵事不久便在整个东京(今河南开封)城闹得沸沸扬扬,朝廷中一些正直的官员都看不过去了。

当时一个名叫曹辅的小官上奏章给徽宗,规劝皇上。徽宗龙颜大怒,但又不好当众发作,就让宰相王黼审问曹辅。王黼斥责曹辅说:"你是个小官,这事儿是你该说的吗？"曹辅回答得不卑不亢：“不管小官大官，爱君之心是一样的，大官不说，就得小官说。”一句话就把王黼噎回去了。王黼问身边的两个副宰相张邦昌和李邦彦：“你们听说过这种传闻吗？”这两个人赶紧否认。于是王黼又对曹辅说：“我们做宰相的都没听说过，你这小官怎么听说的，你这不是侮辱圣上吗？”这时曹辅答道：“你们听说了，但装作没听说，你们这种人根本就不配做宰相，国家亡就亡在你们手里了。”王黼恼羞成怒，于是把曹辅打入狱中，找了个机会将其发配，最后曹辅被迫害致死。这样一来，满朝文武再也没人敢提这事儿了。

在这种奸佞当道、忠言逆耳的情况下，宋徽宗这位风流天子整日流连美景、吟诗作画，与一帮佞臣优哉游哉。但他却没有料到，一场亡国惨祸已经近在眼前了。靖康二年（1126）四月，金军攻破东京（今开封），俘虏了宋徽宗宋钦宗父子及赵氏皇族、后宫妃嫔与贵卿、朝臣等三千余人，并押解他们北上，东京城中公私积蓄被洗劫一空。靖康之耻直接导致了北宋的灭亡，这一耻辱的历史始终是宋人爱国志士内心挥之不去的仇恨，南宋大将岳飞在《满江红》中写道：“靖康耻，犹未雪，臣子恨，何时灭！”

宋徽宗一生颇多争议，历来被人视为荒淫腐朽、昏聩无能的亡国之君。在其统治的25年间，奸佞当道，国势日衰，以至于兵败被俘，客死于五国城。但是，一败涂地的政绩并不能掩去他在艺坛上的光辉，赵佶在中国绘画和书法上都有很大的贡献。

宋徽宗的“瘦金书”与其工笔花鸟画的用笔方法相契合，细瘦如筋的长笔画，在首尾处加重提按顿挫，再取黄庭坚中宫紧结四面伸展的结构之法，颇有瘦劲奇崛之妙。这种形如瘦筋的字正适合题在他的工笔画上，与画笔相呼应。作为兼有书法和绘画才能的艺术家，宋徽宗把书法与绘画做了很重要的融汇，开创了诗、书、画、印为一体的文人书画新局面，并影响后世而绵延至今。

具有讽刺意味的是，宋徽宗在自己的宫殿里亲自指导了天才少年王希孟完成了著名的不朽之作《千里江山图》，而其后不久，自己却把万里江山给弄丢了。

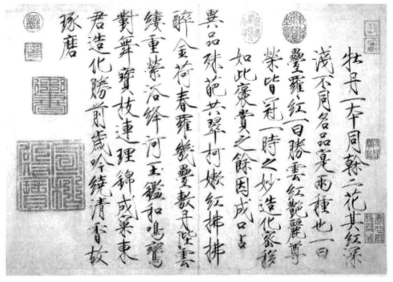

▲《牡丹诗帖》，宋徽宗赵佶。（现收藏于台北故宫博物院）

抱憾终生的民族英雄

开启大篆新里程的吴大澂。

吴大澂（chéng）是清末著名的金石学家，除了从政之外，他把许多精力都用在了金石考古与文字学研究上。通过刻苦钻研,吴大澂把中国的古文字学推进到了一个崭新的境界与高度。后人给予他极高的评价:"乾隆嘉庆以来,文人颇多考释,多无新见。研究金文学者,在甲骨文未出土之前,当首推吴大澂。"

▲吴大澂

在清代书法史上,吴大澂的大篆独树一帜,是篆书发展的一个重要的里程碑。在吴大澂之前,也有书家好写大篆,如清初的傅山,他的大篆多取传世字书中的古文加以发挥,虽然恣肆豪放但颇多臆造成分。晚清书法大家何绍基间有大篆书作,但刻意以颤笔追求青铜

▲吴大澂于华山莲花峰题"莲峰"

器铭文剥蚀的效果,多少显得做作。而吴大澂生活在收藏和研究商周青铜器最为活跃的时期,大量的青铜器铭文拓片,使得吴大澂得以见到大量的青铜器铭文和其他各种出土文字的拓片,这为他研习篆书提供了良好的条件。加上早年书写玉箸(zhù)篆和多年研究文字学的经验,吴大澂创造出古雅清穆的大篆书风。曾当过吴大澂幕僚的吴昌硕深受其影响,也以大篆入书入印,将晚清书写大篆的风气延续至20世纪。

然而与慈禧同年出生的吴大澂,注定命运多舛。封建王朝的末世苍茫,大体上相似,但晚清又有其独特性。其他王朝所遇到的威胁,或来自内陆边疆,或遭遇民变突起,或祸起萧墙之内,

第三辑 演绎千年的传奇

而晚清之世,却是海外列强如饿虎捕食一般蜂拥而上之时。外边面临着瓜分惨剧,内囊里又溃烂得一塌糊涂。李鸿章就曾这样比喻当时的大清,"不过勉强涂之,虚有其表,不揭破尤可敷衍一时……"这个时候的大清国已处在风雨飘摇之中。

吴大澂的仕途前期可谓一帆风顺。事实上,他是一位忧国忧民的好官,而且辞锋犀利,颇具外交天赋。其间他担任过治理黄河的河督,提倡用水泥砌筑砖石坝,加固工程,这是在黄河上使用水泥修工程之始。光绪六年(1880)三月,吴大澂为三品卿衔,赴吉林随同铭安帮办一切事宜,旋即改为"督办"。

光绪十二年(1886)初,吴大澂受命任钦差大臣,前往吉林同珲春副都统依克唐阿会勘吉林东界。在勘界与沙俄谈判的过程中,沙俄代表自始至终强横无理,妄图利用勘界再次掠夺或割占我国领土。沙俄代表扬言"珲春河南岸属于俄地",并提出了欲以珲春河划国界的主张,以此为据进一步侵吞我珲春城。吴大澂和依克唐阿针锋相对,提出以岩杵河(岩杵河在俄境内,该河发源于珲春市哈达门乡马滴达村南山阳坡,流经俄库拉斯基诺入"日本海")划国界的主张。俄人骇然,没有料到中国代表如此强硬,便更加狂妄地提出以大盘岭(珲春密江隧洞山顶)划国界,但吴、依二人不管沙俄代表如何狡辩,坚持以岩杵河划国界的主张。

后来双方各自让步,以当年的《中俄北京条约》条款来办理。如此,一方面清政府打消了沙俄进一步侵占我国土的野心,另一方面沙俄归还了《中俄北京条约》后侵占的黑顶子。与此同时吴大澂和依克唐阿提出图们江出海权的问题,沙俄代表以种种借口予以阻拦,并且提出以图们江出海权来换取俄国商船可以自由出入松花江航线的权利。吴大澂答曰:"松花江商船出入是商务上的事,与此次界务会不相干,中国勘界代表无权答复。"吴大澂以巧妙的办法阻止了沙俄代表的无理要求。

沙俄代表一计不成又施一计,他们把俄海军司令请来,妄想以海军战舰恫吓中国谈判代表。吴大澂和依克唐阿毫不示弱,请来北洋水师六支战舰开往海参崴。俄见中方如此强硬,不得已请示俄外交部,俄外交部无奈,只好答应中国代表的要求,来电曰:"图们江口中国船只出入俄国不得阻拦。"吴大澂要求俄勘界大员将俄外交部电文续在《中俄珲春东界约》内。至此清政府争取到图们江出海权,并且永远生效。

从光绪六年至光绪十二年,吴大澂四次到珲春。他厉兵秣马防患未然,招民垦荒巩固边疆,亲临踏查立碑定边。他在与俄方谈判中义正辞严,据理力争。人们把补立土字碑展括十余里,索还黑顶子地方(今珲春市敬信镇全境),争得图们江口中国船只自由出入,称为吴大澂的三大功绩,其战略眼光与爱国精神令后人称颂。在珲春市,他深受人民爱戴,为了纪念吴大澂,当地还立有他的雕像。

谁曾料到,在田庄台一战中(中日甲午战争最后一战),吴大澂从一位靖边保疆的大英雄,变成了一个"闻炮响而辄奔"的败将。清光绪二十年(1894)八月一日,中日甲午战争正式爆发。自开战以来,清军的主力是李鸿章培植的淮军,而淮军在朝鲜牙山、平壤等地的多次战役中丧失阵地,战火已烧至辽东半岛,海城失守。朝野舆论哗然,纷纷抨击淮军无能和李鸿章误国。

治河保疆让吴大澂名满清廷,备受皇帝垂青。中日甲午战争爆发之时,他正在湖南任巡抚,过着安适的日子。海城失守后,清军将领无人敢战,都怕惹火烧身,而不谙军旅的吴大澂却凭着一腔激情贸然请战。清政府也寄希望于湘军旧将能挽回败局,于是光绪皇帝下诏,任命两江总督、南洋大臣刘坤为钦差大臣,命湖南巡抚吴大澂、四川提督宋庆为帮办,作为刘的副手,督办东征事务。但作为统帅的刘坤称病不赴前线,吴大澂在战场代为指挥。然而吴大澂太过轻敌了,谓"海城旦夕可复",每日置酒高会,嬉笑若狂,并极为轻率地贴出《劝降告示》,自称:"本大臣讲究枪炮准头十五六年,所率堂堂之阵,正正之旗,能进不能退,能胜不能败,与本大臣接战三次,胜负不难立见,迨至该兵三战三北之时,本大臣自有七纵七擒之计。"其实吴大澂言过其词,他并不懂军事,在田庄台每日手持洋枪"讲究准头,洋洋自得"。而部下兵弁,衣单饷薄,难以适应寒冷天气。清政府的一些言臣发现了吴大澂的问题,上书皇帝说他有"虚骄之气,作夸大之词"。然而正在用人之际的清廷并没有重视这些意见,只是对吴大澂轻描淡写地进行了规劝。清政府在用人上的这一错误,造成了日后吴大澂的失败。

公元1895年1月27日吴大澂率部出关,驻守田庄台大辽河两岸,清军前后五次攻海城不下。3月4日,日军分左右两个纵队绕耿庄、汤岗子等地,进犯牛庄,清军因"敌众我寡,独立难支"而败。3月5日,牛庄失守的第二天,吴大澂探知日军有直扑田庄台之势,吓得"闻炮响而辄奔",并以防备日军骚扰后路为由,匆匆由田庄台逃走,午后到达大洼,未敢停留,连夜北行。吴大澂给宋庆连发两电告急,谓日军将要攻田庄台,催宋庆驰援。宋庆接吴电以后率部由营口奔赴田庄台应援,只留少数兵力驻守营口。3月6日上午至3月7日凌晨,日军第一师团轻取营口,大同军总兵蒋希夷率2000余人不战而逃,退至田庄台。面对日军的猛烈攻击,当时已是70多岁的老将宋庆亲自上阵,催马迎敌,与日军展开血战。然而清军最终不敌日军,在苦战数日之后,田庄台失守,宋庆率残部退走。清军战死2000余人,而日军死伤160人。至此清军60余营大军一败涂地,6天内连失牛庄、营口、田庄台三座重镇。尤其是田庄台,作为扼守辽河下游的水陆要津,一个曾经相当繁华的集镇,在日军疯狂烧杀抢掠下,几被夷为废墟,消息传出,全国震惊。

田庄台战役以后,辽南所有城镇要隘,北自鞍山、海城,南到大连、旅顺,西至牛庄、营口、田庄台尽被日军占领。清政府士气沮丧,败局已定,日本方面也是消耗殆尽,无力再发动大规模军事行动,便开始逼迫清政府在谈判桌上签字投降。3月14日,李鸿章从天津乘船赴日谈判,被迫签定了丧权辱国的《马关条约》。至此,中日甲午战争田庄台战役结束,这也是甲午战争在辽东半岛规模最大、最为惨烈的最后一次大战役。中国不仅要割让土地,还要赔款二亿两白银,条约内容苛刻,举国哗然。

此役让吴大澂羞愧难当,他上书"自请严议"。不过朝廷对他网开了一面,光绪皇帝斟酌兵部所上的"遵议大员处分折",颁谕称:"吴大澂身为统帅,徒托空言,疏于调度,初次接仗,辄即败退。本应照部议降三级调用,惟念其前在湖南巡抚任内,疏请从戎,舍易就难,迫奉命出关,立即启行,尚属勇往。此次牛庄之挫,将士尚能力战,情亦可原,著加恩改为革职留任,以示朝廷权衡赏罚,一秉大公至意。"但朝廷内不断有人参奏吴大澂。光绪二十四年(1898),朝廷复降旨,对吴大澂革职永不叙用。

被罢官后,吴大澂过着贫困的生活。他曾任上海龙门书院山长,授徒以自给,后来变卖个人所藏字画、碑帖、古铜器以补日用。光绪二十八年(1902),68岁的吴大澂带着无尽的遗憾离开了人世。

吴大澂的一生串联起了晚清政坛和金石研究的核心圈。吴大澂是李鸿章的门生幕僚;和一代帝师翁同龢是同乡好友;张之洞和袁世凯都是吴大澂的儿女亲家;顾麟士、金兰心都是与其共结怡园画社的挚友。

特别值得一提的是吴昌硕,吴昌硕于光绪十六年(1890)在苏州结识吴大澂,曾寄寓吴府,切磋艺文,商讨学术,建立了非常

▶篆书《知过论》轴,吴大澂。(现收藏于北京故宫博物院)

▶篆书八言联,吴大澂。(现收藏于台北故宫博物院)

密切的关系。此时正值吴大澂收藏金石的高峰期,亦是其篆书艺术的成熟期,吴昌硕遍观愙斋所藏钟鼎彝器、古玺碑刻乃至古币镜铭等,广采博取,吸纳精粹。谙于金石之道的吴大澂,对吴昌硕高古苍逸的篆刻之风也颇为欣赏,而后吴昌硕有意在仕途上有所进取,其间亦得吴大澂颇多相助。无论是政治上还是学术上的建树,吴昌硕对吴大澂都怀有极大的钦佩之心,再加上一腔的热血和对现实的考量,年过半百的他才不顾亲友的反对,毅然决然地追随时任湖南巡抚的吴大澂出关作战,成为吴大澂的幕僚,始终荣辱与共,后来成为书法界一代宗师。

一觚浊酒尽余欢　今宵别梦寒

书法如同佛法的李叔同。

"长亭外,古道边,芳草碧连天。晚风拂柳笛声残,夕阳山外山。天之涯,地之角,知交半零落。一觚浊酒尽余欢,今宵别梦寒。"这首久唱不衰的《送别》,苍凉而旷远,浑厚又悠扬,唱出了人世的沧桑,蓦然回首半世凋零。这首歌的曲调取自美国歌曲《梦见家和母亲》(*Dreaming of Home and Mother*),而它的词作者,便是

▲初出家时的弘一法师在杭州玉泉寺。(摄于1919年)

我国近代杰出的文化先驱李叔同,也就是后来大名鼎鼎的弘一法师。

李叔同是五四新文化运动的先驱,著名音乐家、美术教育

家、书法家、戏剧活动家,他是中国话剧的开拓者之一,中国近代音乐启蒙先驱。李叔同是被誉为"二十文章惊海内"的大师,集诗、词、书、画、篆刻、音乐、戏剧、文学于一身,在众多领域内,首开中华现代文化艺术之先河。他终身的"艺事"书法,更是达到极高的境界,被誉为20世纪中国十大书法家之一。

令所有人感到震惊与不解的是,正当李叔同艺术成就达到人生高峰之时,他于1918年毅然决然地斩断世俗尘缘,从此芒鞋衲衣、托钵空门。由风华才子到云水高僧,由峰而谷,由极闹到极静,这一极具戏剧性的跳转,怎不令人愕然?关于李叔同先生皈依佛门的缘起,众说纷纭,但无论在俗还是出家,李叔同的"尘缘"却从未断过,且十分认真、执著和彻底。他传奇般的一生充满诗意和神秘感,今天的人们,观照昔日弘一大师的尘缘萍踪,想必会多一份对人生的感悟和启示。

李叔同于1880年生于天津,父亲是李鸿章同年进士,曾官至吏部主事,后辞官专心经营盐业,兴办银行,为津门富豪。李叔同出生时他父亲已68岁,虽然李叔同五岁即遭父丧,但是他少年时仍然享受着优渥的生活。天津名士赵幼梅教他诗词,唐静岩教他书法,加之他本人极为聪颖好学,七岁时便能熟读《文选》,且写得一手像样的字,小小年纪便积累了非常深厚的国学修养,被称为"神童"。后来他在上海入南洋公学,师从蔡元培先生,与邵力子、黄炎培、谢无量等人做同学。当时上海文坛有著名的"沪学会",参加者多为当时俊杰。李叔同应征的文章屡屡列为第一,被上海的名士文人所青睐,被视为"才子"而驰名于上海滩。

年轻的李叔同不但是才华横溢的文士,也算是一位颇为放浪的富家公子。在天津、上海,他与一些艺界名媛甚至风尘女子多有来往。李叔同与上海名花、享有"诗妓"之誉的李苹香相识于1901年,一见倾心并大有相见恨晚之感。李叔同第一次来到李苹香的天韵阁,就以"惜霜仙史"之名赠七绝《沧海狂澜》:"沧海狂澜聒地流,新声怕听四弦秋。如何十里章台路,只有花枝不解愁。"只可惜李苹香心已所属名声显赫的近代著名的民主革命家、思想家章士钊。章士钊还为她写了一本传记《李苹香》,而为这本传记写序的就是李叔同。

　　另一位名妓杨翠喜,是清末至民国轰动一时的段芝贵案的女主角,当时对她追求最热烈的就是风流才子李叔同。李叔同曾每天晚上到杨翠喜唱戏的"天仙园"为她捧场,散戏后便提着灯笼陪她回家。李叔同不仅为杨翠喜解说戏曲历史背景,更指导杨翠喜唱戏的身段和唱腔。李叔同本以为两人可以缔结鸳盟并从此共度一生,但杨翠喜却被袁世凯得力干将段芝贵聘买,后献与庆亲王奕劻之子载振,段芝贵也因此官运亨通并升任黑龙江巡抚。段芝贵献美得官被人告发,为了打压袁世凯,慈禧太后裁撤了载振和段芝贵的职务。最终杨翠喜也被送回天津,后委身于盐商巨富王益孙。

　　李叔同的一往情深换来了失望的悲凉,幸好还有谢秋云的安慰。谢秋云是李叔同情有独钟的一位风尘女子,在李叔同眼中,谢秋云善解人意,是他的红颜知己。李叔同也为她写下一首首哀艳诗词:"十日黄花愁见影,一弯眉目懒窥人。"——李叔同赠章台优孟园名妓谢秋云之一。"樽前丝竹销魂曲,眼底欢嬉落命人。"——李叔同又赠章台优孟园名妓谢秋云之二。"秋娘颜色娇欲语,小雅文章凄以哀。"——李叔同再赠章台优孟园名妓谢秋云之三……

1905年,李叔同的母亲病逝,李叔同依"东西各国追悼会之例",在天津为母亲操办了丧事。举哀之时,李叔同在四百多位中外来宾面前自弹钢琴,唱悼歌,寄托深深的哀思,此举被视为"奇事",天津《大公报》称之为"文明丧礼"。生母的去世对他刺激很大,李叔同感到自己的"幸福时期已过去",于是东渡日本留学。

李叔同在上野美术学校学习。作为中国第一代美术留学生,他刻苦学习勤奋创作,其作品获得了当时日本美术界的很高评价。在日本期间,李叔同创作了大量油画、水彩画、国画和版画,回国时仅油画作品就有数十幅。在1918年出家前,大师将这些艺术珍品寄赠给北京美术学校,可惜后来大多流失。1940年,印度诗人泰戈尔邀请李叔同,计划将他的作品送展在欧洲举办的世界美术展,临时竟一幅画作都找不到,只好作罢。现今保存的李叔同画作不过十幅,均为艺术瑰宝。就在上野美术学校学习期间,他遇见红尘里最后的爱——雪子。

雪子,一个樱花般的洁静女子,在涩涩绽放的年华里遇上了她命里的那个人。那天,她像轻风般从窗前一飘而过,李叔同本能地用目光追寻着窗外的丽影,手中的画笔停在了空中。彼此交流后,才知道她是房东的女儿。李叔同大胆邀请她做裸体模特,她听后满脸羞涩但未置可否。几天后她微笑地走进了他的画室,像花朵般呈现在他的眼前,冰肌玉骨,纤尘不染。李叔同留存后世的唯一人体作品《半裸女像》画的就是这位妙龄女子。

画作中,一妙龄女子半裸上身,双目微闭,斜倚在套有松软织物的椅背上,一头乌黑长发蓬松地散落一侧,画面恬静得让人不忍惊醒睡梦中的人物。渐渐地,李叔同满身的才情也令雪子钦佩不已,他那家衰国败的愁苦让她有共同承担的愿望,他游子般的飘零更令她心生怜惜,情愫暗生。天长日久,李叔同和这位端庄秀丽的日本女郎产生了恋情,结为异国伴侣,雪子于1910年告别了生她养她的樱花故乡,与李叔同一起回到上海。

在留日期间,李叔同加入了孙中山领导的同盟会,并参与反清革命。1910年回国后,李叔同担任上海《太平洋报》艺术副刊主笔,竭力宣传革命思想。在上海他加入革命文艺团体"南社",创作了《祖国歌》《大中华》等振奋人心的歌曲。此时的李叔同成为一个有作为的激进青年,他不满黑暗的现实,强烈要求改革社会。满腔的爱国激情化为澎湃激昂的诗词:"双手裂开鼷鼠胆,寸金铸出民权脑。""男儿若论收场好,不是将军也断头。"

然而辛亥革命以后的中国,并非如人们所希望的那样一片光明,清政府虽然被推翻了,却代之以军阀统治。社会的黑暗腐败,理想抱负的难以实现,使李叔同深感苦闷和孤独。在这种心情下,李叔同应浙江第一师范学校之聘,担任音乐美术教师,希望实践他"以美淑世""经世致用"的教育救国理想。浙江一师是当时一所国内很有影响力的学校,师生中英才辈出。著名文学家夏丏尊先生就是这里的国文教师,而丰子恺、刘质平等人是李叔同的得意门生。夏丏尊先生《平屋杂文》一书中有好几篇是写李叔同的,他对这位"畏友"充满敬佩,认为李叔同是"我们教师中最不会使人忘记"的。夏丏尊多次对学生说："李先生教图画、音乐,学生对图画、音乐看得比国文、数学更重。这是有人格作背景的缘故。他的诗文比国文先生的更好,他的书法比习字先生的更好,他的英文比英文先生的更好……这好比一尊佛像,有后光,故能令人敬仰。"

著名画家丰子恺在怀念先师的文章中写道,李叔同做教师,以身作则,不多讲话,但使学生衷心感动,自然诚服。每次上课,他一定先到教室,板书齐整,然后端坐讲台等学生到齐。而对待学生的态度,李先生是"爸爸的教育",是"温而厉"的态度。有一次下音乐课,最后出去的人无心把门一拉,发出很大的声音。他走了数十步之后,李先生出门走上前和气地叫他进教室来,用很轻但很严肃的声音说:"下次走出教室,轻轻地关门。"然后一鞠躬,送他出门,自己轻轻把门关上。他还说:"像弘一法师那样十分像'人'的人,古往今来,实在少有,所以使我十分崇仰。"同样敬仰他的还有艺术大师潘天寿。潘天寿曾在20世纪30年代想效仿老师出家做和尚,但弘一法师劝阻说:"别以为佛门清静,把持不住一样有烦恼。"一席话打消了潘天寿的出家之念,此后潘天寿潜心艺术,成为一代国画大师。潘天寿对弘一法师一直敬如贤师,在他的画室里就挂有弘一法师题写的对联:"戒是无上菩提本,佛为一切智慧灯。"

李叔同的博学和人格魅力令师生们敬仰有加,"一师"时期也是李叔同的辉煌时期,他在诗、音乐、美术、金石书法方面,均达到了那个时期的最高境界。

教书那几年是李叔同一生之中最为充实的一段时光,不过也正是从那时候起，他的性情变得越发孤僻，越来越喜欢离群索居的生活，他常常一个人掩门伏案，自顾写诗作画。这和当初那个"纨绔子弟"相比，已是判若两人。或许是身世沉浮之感，面对人生无常、生命倏忽、红尘飘荡，他越发有了深刻体验，每每下笔都是素淡怅怜。在这期间，他写下了那首著名的《送别》，其中便不难窥见他当时的心境，一句"天之涯，地之角，知交半零落"，让飘零、无常跃然纸上。

1915年的秋天，李叔同和夏丏尊闲聊时，突然听闻了断食一事。据说断食可以治疗疾病，更新身心。第二年，李叔同就去虎跑寺断食了20天。在这里，他看到了僧侣的生活，竟然十分向往，深有脱胎换骨之感。回校之后，他开始吃素、读经、供佛。

1918年8月19日，李叔同在杭州虎跑定慧寺出家，正式皈依佛门。出家前一天的晚上，李叔同把丰子恺和另两位同学叫到他的房间，把房间里所有的东西送给三人，并告诉他们："我要入山出家。"学生问他："老师出家何为？"李叔同淡淡地说："无所为。"学生再问："忍抛骨肉乎？"他说："人事无常，如暴病而死，欲不抛又安可得？"第二天，丰子恺等三人送他到虎跑寺附近的定慧寺出家，法名演音，号弘一。

雪子，与他有过刻骨爱恋的日籍夫人，伤心欲绝地携幼子从上海赶到杭州定慧寺，抱着最后的一线希望劝说丈夫切莫弃她出家。这一年是两人相识后的第11年，然而李叔同决心已定，雪子知道已无法挽

▲弘一法师书法作品

念佛老实

▲弘一法师书法作品

回丈夫的心,便要求与他见最后一面。

　　清晨,薄雾西湖,两舟相向。雪子望着李叔同:"叔同。"李叔同淡淡地说:"请叫我弘一。"雪子问:"弘一法师,请告诉我什么是爱?"李叔同回答:"爱,就是慈悲。"随后李叔同回到寺院,关闭了禅门。雪子对着关闭的大门悲伤地责问道:"慈悲对世人,为何独独伤我?"可怜的雪子,可能至死也不会明白她的丈夫缘何薄情寡义至此。是啊,世间还有什么比此情此景更让人心碎的呢?

　　自此,世间再无李叔同,只有弘一法师。剃度之后,他苦心研习佛法,钻研《四分律》和《南山律》,花费了四年时间著成佛教严律明戒之书《四分律比丘戒相表记》。弘一大师成为中国传统文化与佛教文化相结合的优秀代表,是中国近现代佛教史上最杰出的一位高僧。自始至终,弘一法师以戒为师,每日只吃两餐,过午不食。他衣不过三,寒冬也只穿一件百衲衣,一双僧鞋穿了几十年。凡四体琐事,洗衣缝补,全都亲自动手。外出云游时,只带破旧的席子和单被。

　　为了弘扬佛法,弘一法师置生死于不顾。1937年底,厦门连遭轰炸,众人劝他避难,他却集众演讲,尽一己之力,救度众生。每次开讲时,后面的墙壁上都挂着他亲手书写的中堂:"念佛不忘救国,救国必须念佛。"在弘一法师看来,以佛之觉悟普渡众生,激励僧俗两界一同奋起救国,即便牺牲一切,舍命不辞。难怪在当时,只要提到弘一法师,再是狂狷疏傲之人,也只能静目仰视。张爱玲说："我从来不是高傲的人,至少在弘一法师寺院外面,我是如此谦卑。"

弘一法师遁入空门后,唯书法不辍,书写佛语,广结善缘,普渡众生。这时期他的书法火气消尽,脱掉旧貌,在碑帖交互影响下,技法已经达到极致丰富的他,却在书法实践中反其道而行之,去掉所有技法,做到笔下无技法、心中也无笔法,洗尽一切铅华,他自己的说法是:"朽人之字所示者,平淡、恬静、冲逸之致也。"他强调书法如佛法:"见我字,如见佛法。"

弘一法师的字让世人感受到宁静淡远、超凡入圣的至情、童趣与高度修养相结合的博大深邃,成为书法流派中最为特立独行的一脉。鲁迅得到他的书法作品时称"幸甚"。林语堂说:"他是最有才华的天才,最奇特的一个人,最遗世独立的人。"

1942年10月13日晚8时,弘一法师在经文佛号中圆寂,过七之后肉身在泉州承天寺化尽后留下了一千八百多枚舍利子。圆寂之前,弘一法师召弟子入室口授遗嘱,从容安排后事的每一个细节,嘱咐弟子在火化遗体后,记得在骨灰坛下放一钵清水,以免过路的虫蚁被烫死。

弘一法师在人世间的最后时刻留下绝笔,那是至今令世人怅然的四个字:"悲欣交集。"

▲"悲欣交集",弘一法师绝笔。

第三辑 演绎千年的传奇

金石奇缘说传奇

古代人们为颂功纪事而镌刻于钟鼎碑碣的文字称为金石，用以表示不朽之意。释义、考证其文字，讲述金石上的故事便是中国特有的金石学。金石已成为古代中国文化的代名词，每一件金石都是国宝，每一个国宝都是一个故事。

李清照的金石奇缘

中国的夏、商、周称为青铜器王朝，青铜器铭文是这一时期独特的文化体现。到了秦汉时期，随着篆隶的普及，金文已变得难以辨识。由于甲骨文被殷墟尘封于地下不为时人所知，金文就成为当时最古老的文字。从识读青铜器铭文开始，就诞生了一个学科，它也是中国考古学的前身——金石学。金石学的"金"，主要是指青铜器及其铭文，"石"是指石刻而且主要是指石刻文字。金石学是研究古代钟鼎彝器、碑碣石刻、考辨今古文字的一种专门学问。如果说金石学是中国文化学术体系中最古老的一门学科应不为过。

"金石学"这个名字是因北宋收藏家、早期金石学家赵明诚所作的《金石录》而得。赵明诚仿效欧阳修的《集古录》，作《金石录》30卷，著录从上古三代至隋唐五代以来流传的钟鼎彝器、碑铭墓志铭文款识，为历代中国古汉字研究者所推崇。但《金石录》却因赵明诚的妻子——北宋著名女词人李清照所作的《金石录后序》而闻名。

《金石录后序》是一篇带有作者自传性的散文，讲述了赵明诚、李清照夫妇收集整理金石文物的经过和《金石录》的内容与成书过程，回忆了他们婚后34年间的忧患得失。文章婉转曲折，语言词采俊逸，读者随着她的欢欣而欢欣，随着她的悲切而悲切，心驰神往，掩卷凄然。

李清照初嫁赵明诚时，赵明诚还是太学学生，收入不高，但这抵挡不住他收集古董的热情。每月初一、十五，赵明诚都会先把衣服抵押在当铺，然后去购买各种铭文拓片，晚上回家后和李清照一起赏研，生活过得其乐融融。即便在赵明诚出仕做官后，他们也依然节衣缩食，大量收集古文奇字、金石古器。赵明诚的父亲官至吏部侍郎，家里的亲朋好友在秘书省工作，他们可以通过这些亲戚朋友们借到一些民间不传的轶诗、野史、古文经传和竹简文字。他俩逐字抄写，虽然辛苦但却乐在其中。

后来赵明诚罢官，他们回到了故乡青州，过了十年神仙眷侣般的日子。其间，几乎每日两人都在金石的研究与赏玩中度过，毫无寂寞之感。赵明诚复官后，接连做了莱州和淄州的太守。他又把全部的俸禄用来收藏金石。当得到一件书画或彝、鼎等古代酒器时，他们就一起校勘，整理成集，题签著录。据李清照晚年回忆，有段时间，晚饭后李清照和赵明诚坐在归来堂里烹茶，指着堆积的书史，说某一典故出在某书某卷第几页第几行，说对的才能饮茶，又常常举杯大笑时不小心把茶洒在胸前衣襟上……清代词人纳兰性德在《浣溪沙·谁念西风独自凉》中那句"赌书消得泼茶香,当时只道是寻常",就来源于这段佳话。

有一年的重阳节,李清照作了那首著名的《醉花阴》,寄给在外当官的丈夫:"薄雾浓云愁永昼,瑞脑销金兽。佳节又重阳,玉枕纱橱,半夜凉初透。东篱把酒黄昏后,有暗香盈袖。莫道不销魂,帘卷西风,人比黄花瘦。"秋闺的寂寞与闺人的惆怅跃然纸上。赵明诚接到信后,既有对夫人的愧疚又对夫人的才华叹赏不已。但赵明诚不甘下风,于是闭门谢客,废寝忘食,三日三夜,写出五十阕词。他把李清照的这首词也杂入其间,请友人陆德夫品评。陆德夫说:"只三句绝佳。"赵明诚问是哪三句,陆答:"莫道不销魂,帘卷西风,人比黄花瘦。"

在和赵明诚离别的日子里,李清照写下了思念丈夫的《一剪梅》:"红藕香残玉簟秋,轻解罗裳,独上兰舟。云中谁寄锦书来?雁字回时,月满西楼。花自飘零水自流,一种相思,两处闲愁。此情无计可消除,才下眉头,却上心头。"是啊,她和赵明诚心心相印,彼此深爱,在离别后的"一种相思,两处闲愁",怎能不"才下眉头,却上心头"。

然而,金人的铁蹄很快就踏碎了李清照平静和谐的生活。公元1127年,北方女真族攻破了汴京,徽宗、钦宗父子被俘,高宗南逃。李清照夫妇也随难民流落江南。他们不得不将辛苦收集的金石书画挑选裁减:先把书籍中重而且大的印本去掉,把藏画中重复的几幅也去掉,又把古器中没有款识的去掉,后来又去掉书籍中的国子监刻本、画卷中的平平之作及古器中又重又大的几件。虽经多次削减,还是装了十五车书籍。到了海州,他们雇了好几艘船渡过淮河、长江,到达建康。还有剩下没带走的满满十几间房屋的收藏就只能暂存于青州老家,他们希望明年春天再备船把它们装走。可是到了十二月,金兵攻下青州,这十几屋的收藏,一下子就化为了灰烬。

在战火未息而金人随时南下之时,赵明诚被任命为湖州太守。赴任前赵明诚嘱咐李清照:"那些宗庙祭器和礼乐之器要与身共存亡,切记!"可见这些金石书画在赵明诚心中是如何宝贵。李清照没有想到,这一别竟是永远。赵明诚到任之后就病倒了,当李清照赶到赵明诚身边时,赵明诚已经病入膏肓,不久便与世长辞了。

李清照带着他们夫妇残存的书画、金石、碑帖和赵明诚的一些手稿,流徙各地,先后到了越州、台州、温州、衢州,最后到了杭州。一个叫张汝舟的小人盯上了李清照的金石书画,为骗取李清照的钱财,趁虚而入,对李清照百般示好。李清照当时无依无靠,便顶着世俗压力嫁给了张汝舟。

婚后,张汝舟的野心便暴露无遗,他原本就是觊觎李清照所搜集的金石文物,故而人物俱占,但李清照视这些文物如生命,而且《金石录》还未编辑整理,断然不会拱手相让。张汝舟因而恼羞成怒,对李清照拳脚相加。后悔万分的李清照发现张汝舟的官职是行贿所得,便状告张汝舟。在当时的法律规定,妻子告发丈夫,即使印证丈夫有罪,妻子也要同受牢狱之苦。李清照宁可入狱也要结束这段令她痛苦的婚姻。

还有一个名叫王继先的医官,他为在金军突袭扬州时受了惊吓而丧失生育能力的宋高宗配制壮阳药而受到皇上的特别恩宠,就连当时权倾天下的奸相秦桧也要巴结他。王继先依仗权势,把李清照手上的珍贵文物低价强购殆尽。

如果说没有子嗣是李清照和赵明诚的遗憾的话,那么《金石录》就可以称得上是他们爱情的结晶。晚年的李清照殚精竭虑编撰《金石录》,只为完成丈夫未竟之遗愿。她将赵明诚研究金石的遗稿一一校正誊录,又作了些增补,全文用细宣工楷誊写。李清照在素绢封面上恭楷写下:"《金石录》三十卷,宋秘阁修撰知湖州事东武赵明诚撰。"

李清照个人生活几经曲折,与丈夫共同收藏的文物历经磨难,已所剩无几。当李清照看着这些历经劫难幸存下来的文物时,感慨万分。这时她又翻看起丈夫写的《金石录》,回忆二人收藏的点点滴滴,那些酸甜苦辣都是那么值得回忆和珍惜。在赵明诚去世六年之后,李清照写下了这篇传世名作《金石录后序》。

"寻寻觅觅,冷冷清清,凄凄惨惨戚戚。乍暖还寒时候,最难将息。三杯两盏淡酒,怎敌他、晚来风急!雁过也,正伤心,

▲赵明诚《金石录》,宋代,清乾隆二十七年(1762)德州卢见曾雅雨堂刊本。

却是旧时相识。满地黄花堆积,憔悴损,如今有谁堪摘?守着窗儿,独自怎生得黑!梧桐更兼细雨,到黄昏,点点滴滴。这次第,怎一个愁字了得!"这首《声声慢》是李清照晚年心情的真实写照。多年的背井离乡,使她那颗破碎的心伤痕累累,又因她的改嫁问题遭到士大夫阶层的指摘而受到了更严重的

伤害。她无依无靠,呼告无门,贫困忧苦,流徙漂泊,最后寂寞地死在江南。

国难中盘鼎的流转

虢季子白盘

在中国国家博物馆里有这样一件铜盘,它是迄今所见最大的铜盘,亦是西周中期最著名的青铜器。整器呈圆角长方形,口大底小,似一大浴缸。四曲尺形足,饰环带纹。四壁外侧各有两只衔环兽首耳,器口缘下部周饰穷曲纹,腹部环饰波曲纹,盘内底部有铭文111个字,这就是虢季子白盘。

西周时期,有一个称作虢国的诸侯国,周天子封之为公爵国。在西周分封的数百个诸侯中,能够享有公爵身份的只有宋、虞、虢、州四个诸侯。在整个西周时代,虢国家族都是对外征战的主力军队,虢季子白盘铭文记载

▲虢季子白盘(现收藏于中国国家博物馆)

的正是其中一场非常重要的战役。

正月的丁亥日,虢季子白受天子命令,发动对猃狁的战争,并最终取得胜利。在这场战争中,虢季子白率领大军攻破猃狁,斩杀五百首级,还将俘虏的猃狁人献给了周宣王。为了赏赐虢季子白的功劳,周宣王率领众臣来到太庙举办庆功大会。在这

▶虢季子白盘铭文拓片局部

场大会上，周天子赐予虢季子白象征军权的大钺，授权虢季子白享有征伐大权。

这样重大的事情自然为虢国人所看重，天子的认可和权力的扩张让虢季子白感到无比自豪，回到虢国之后即命人制作铜器，以彰显自己的功劳。

陕西宝鸡的虢川司为古代西虢国所在地，清朝道光年间，虢季子白盘就是在这里出土的。当地的县令徐燮钧凭借自己的权势私吞了此盘，后来太平天国将领陈坤书抄徐燮钧常州老家时，抄了虢季子白盘，但并不知道它的价值，把虢季子白盘放在马棚，当作马槽使用。

1864年，身为直隶提督的淮军将领刘铭传在击败太平天国时占领了常州，就住在陈坤书的府邸。一天晚上，刘铭传刚打算休息，突然听到了一阵金属撞击的声音，他吓了一跳，以为有刺客来行刺，循声搜去，发现原来是马笼头上的铁环撞击马槽发出的声音。刘铭传命人拿火把往马槽上照去，但见一个看起来很有些年头的金属物，上面似乎还有花纹。经过清洗，虢季子白盘露出了它的庐山真面目。刘铭传惊呆了，单是凭盘底那密密麻麻的铭文，他就知道这绝对是个国宝级的器物。他连忙叫人把这件东西仔细地封装了起来，秘密送到了自己安徽合肥的老家。刘铭传自得到了这件宝贝以后，心里就十分激动，他在老家盖了一座盘亭,还写了一篇文章《盘亭小记》把这件事情记录了下来。

后来由于刘铭传在中法战争中保卫台湾有功,成为首任台湾巡抚。他开报馆、修铁路、设学堂,政绩卓著。解甲归田后,刘铭传开始研究所得宝物。经过考证,得知此盘为虢季子白盘,价值连城。虽说他生怕走漏了风声,但世上没有不透风的墙,这一消息越传越远,连皇帝的老师翁同龢也探到了底细。他千里迢迢前来看宝,可刘铭传说啥也不让看。刘铭传临终前嘱咐后人决不能卖出此宝物。

曾经有一个美国商人来到刘家,对刘铭传四代孙刘肃曾许下重诺,如果出让宝盘,愿在美国为刘肃曾购买房产。刘肃曾却不为所动,严词拒绝:"我是中国人,决不会卖掉国宝,也绝不做不肖子孙、民族败类!"辛亥革命后,军阀混战,天下大乱,不少权贵又将目光盯向此盘。时任国民党安徽省政府主席的刘镇华虎视眈眈地窥视此物,他先是给刘肃曾诱以重金,可刘家人不吃这一套,刘镇华便火冒三丈,竟然明火执仗地带人上门,刘家全家老少饱尝皮肉之苦,却并未屈服。

日本发动侵华战争,合肥很快沦陷,日寇的岗楼距刘家只有三公里。刘肃曾为了护宝,决定迁居他乡。临走时,全家人在屋外挖了个大坑,将宝盘深埋后,又移来一棵小槐树栽于其上。日寇也想掠夺此宝,掘地三尺,却扑了个空。

终于等来了抗战胜利,刘肃曾回到老家。新任安徽省政府主席、原国民党11集团军司令李品仙,逼着刘肃曾交出国宝,并假惺惺道:"今逢乱世之秋,宝藏在家中会招来不测,大祸临头,悔之不迭,不如由政府代管。"刘肃曾深知面对这样的铁腕强权,不能硬顶,就推托说虢季子白盘已经被盗。李品仙恼羞成怒,派了一个营的人马打着保护国宝的旗号开进刘家大院,刘肃曾再次远走他乡。不久李品仙派肥西县县长隆武功去索要宝物,虽然隆武功软硬兼施,却依旧撬不开刘家人的嘴,便让人掘开刘家数十间房的地板,依旧一无所获。

1949年合肥解放,刘肃曾一家决定将宝盘献给祖国。刘肃曾家门前的土槐已有碗口粗,他要把它锯倒,让宝盘重见天日。刘肃曾的心头也像卸下了一座大山般轻松。他回想起为了护住宝盘,全家历尽坎坷,不禁泪水涟涟。如今虢季子白盘被珍藏在中国国家博物馆,此盘镌刻的不仅仅是一场古代战争的胜利,也记录了一群挖宝人护宝人的真实命运。

大盂鼎和大克鼎

1951年秋天,苏州居民潘达于写信给上海市文管会,表示愿意捐出传家宝——大盂鼎和大克鼎。一时间,已神秘失踪六十多年的两件国宝再度现身的消息传遍了文物界,引起了极大的轰动。

清朝道光年间,从陕西省眉县礼村(一说岐山县)传出一个令人震惊的消息,一位农民挖出了一个巨大的铜鼎。消息很快传到县城,当地富商宋金鉴急忙带人赶到现场,只见这只鼎圆形、直耳、柱足,高101.9厘米,口径77.8厘米,重153.5千克。大鼎口饰饕餮纹,足饰兽面纹,造型庄重,纹饰精美。虽然还未经清洗,浑身沾满了泥土和锈迹,大鼎却给人一种庄严凝重的感觉。

宋金鉴饱读诗书知识渊博,他当然知道这只鼎的价值,当即花3000两白银把它买了下来。宋金鉴把鼎运回家,清除掉鼎上面的泥土和铜锈,欣喜地发现它的内腹壁上铸有19行铭文共计291个字,如此长文在出土的青铜器中是十分罕见的。尽管宋金鉴不能识读全部铭文,可是他还是读懂了大意,周朝一个名叫"盂"的贵族,为了颂扬周王的丰功伟绩,在周康王二十三年铸造了这只铜鼎。铭文记载了周王给盂赏赐祭祀用的香酒、礼服、车马和奴隶的情况。在这些赏赐中,酒被列在最前面,由此可见在当时天子赐酒给臣属是一种至高的奖赏。同时周康王也严肃地告诫贵族盂,一定要牢记殷代因酗酒而亡、周代因忌酒而兴的教训,不得酗酒。周康王命令盂一定要尽心尽力地辅佐他,继承文王武王的德政。因为铜鼎是贵族盂铸造,后人就把它称为"盂鼎"或"大盂鼎"。之所以冠以"大",是为了区别与它同时出土的另一只鼎——小盂鼎。两只鼎虽同时出土,但是小盂鼎的体积要小得多。

▲大盂鼎(现收藏于中国国家博物馆)

宋金鉴想不到的是他的后代以区区700两白银的价格将宝物出售,鼎的新主人就是陕甘总督左宗棠的军事幕僚袁保恒。袁保恒买下宝鼎,没有自己留

▲大盂鼎铭文拓片局部

下，而是把它献给了自己的上司左宗棠以表忠心。左宗棠也没有自己收藏，把宝鼎送给了潘祖荫。左宗棠为什么要把宝鼎送给潘祖荫呢？这里面还有一段特别的故事。

潘祖荫官至军机大臣，他的祖父潘世恩是清朝著名的状元宰相。清咸丰九年（1859），左宗棠还没有官运发达，因为触犯了地方官僚，被以居功自傲、图谋不轨的罪名关进大牢，性命难保。潘祖荫秉性直率，了解了左宗棠的案情后，仗义执言，向皇上上奏本力保左宗棠。经过潘祖荫上下疏通，多方打点，左宗棠最终被无罪释放。这才有了日后左宗棠飞黄腾达的日子。左宗棠一直没有忘记自己落难时潘祖荫给予的帮助，他知道潘祖荫平生最大的嗜好是珍藏金石文物，为了报答当年的救命之恩，他将大盂鼎赠送给了潘祖荫。

潘祖荫博学多才，猎涉百家，是清朝著名的金石学家、文字学家和藏书家。他尤其喜爱金石研究，凡闻有彝器出土，必倾囊购之。他收藏的青铜器数量颇丰，闻名全国。潘祖荫得到大盂鼎后，爱不释手，藏在府中，从不示人。即使是私交极好的朋友，也只能得到铭文的拓本。

▶大克鼎（现收藏于上海博物馆）

1890年，潘祖荫又得到了另外一件西周青铜重器——大克鼎。大克鼎于1890年出土于陕西扶风县法门寺任村，与它同时出土的还有小克鼎、克钟、克镈等一百二十余件青铜器,大克鼎是其中最大的一件。大克鼎又名克鼎和膳夫克鼎,是西周晚期一个名叫"克"的大贵族为祭祀祖父而铸造的。大克鼎圆形,双立耳,兽蹄足,周身布满宽大的波曲纹,给人以活泼舒畅的律动

▲大克鼎铭文拓片局部

感。大鼎通体高93.1厘米,口径75.6厘米,重201.5千克,造型古朴,庄严厚重。

大克鼎内壁铸有28行290个字的长篇铭文,铭文记载了克对祖父师华父的颂扬与怀念,赞美他的功绩和品行。大意是,在西周孝王时,克担任王室的重要职务膳夫,专门负责周天子的饮食。克的爷爷师华父是周朝的忠臣,德高望重,英明的周天子铭记师华父的伟绩,提拔他的孙子克为传达王命的宫廷大臣,还赏赐给克礼服、田地、男女奴隶。克跪拜叩首,愉快地接受了任命和赏赐,特铸造大克鼎歌颂天子的美德,祭祀祖父的在天之灵。铭文字迹端庄质朴,笔画均匀遒劲,书法艺术堪称一绝。

大克鼎出土后,首先被柯劭忞买下,潘祖荫又用重金从柯氏手里购得,成为大克鼎的主人。从此,大盂鼎和大克鼎这两件周朝时期最大的青铜器齐聚潘府,成为当时收藏界的一大新闻。

潘祖荫对家藏的文物,特别是大盂鼎、大克鼎特别珍爱,定下了"谨守护持,决不示人,世世代代留在潘家"的家规。就在得到大克鼎的当年,即1890年12月,潘祖荫在北京病逝。潘祖荫

传奇陕西

只有一个弟弟,名叫潘祖年。因为潘祖荫没有子女,潘祖年曾把自己的两个儿子都过继给了潘祖荫作为子嗣,可是两个孩子都因病早殇。潘祖荫逝世后,遗产就由弟弟潘祖年继承。潘祖年赴京料理完后事,把包括大盂鼎、大克鼎在内的众多文物装船运回家乡苏州。从此潘祖年接替哥哥潘祖荫担负起保护这些国宝的使命。潘祖荫去世后,潘家在朝廷中没了权势少了倚靠,要保护好这些国宝真是困难重重。

潘祖荫在世时,潘家的收藏就受到不少人的觊觎,端方就是其中的一个。端方听说潘家藏有西周宝鼎,曾几次派人到潘家求取铭文拓片,并且还亲自登门,希望潘家能出让宝鼎,结果都被潘祖荫婉言谢绝了。潘祖荫是清朝老臣,德高望重,所以端方不敢轻举妄动。如今潘祖荫去世了,端方认为夺宝的机会来了。潘祖年刚把大盂鼎、大克鼎运回苏州,端方就赶到了苏州。此时已大权在握的端方不时派人到潘家纠缠,软硬兼施,想把宝鼎据为己有。潘祖年牢记哥哥的嘱托,始终不为端方的威胁利诱所动,并派人昼夜看护宝鼎,以防不测。

潘祖年和家人整天提心吊胆,度日如年。当时的端方权重一时,他自信宝鼎已是囊中之物,把它们弄到手只是时间问题。但不知是历史的偶然巧合,还是命运早有安排,就在端方自以为宝鼎唾手可得的时候,辛亥革命爆发了,端方率军到四川镇压保路运动,结果被起义士兵给杀掉了。消息传来,潘家上下兴奋异常,这真是祖宗有灵,天助潘家!最艰难的日子挺过去了,但潘祖年也病入膏肓,而接替他担任护藏任务的是年仅19岁的孙媳妇潘达于。

338

潘达于18岁时嫁给潘承镜,成为潘祖年的孙媳妇。谁料想,潘达于嫁到潘家才三个月,丈夫潘承镜就撒手人寰,家里只剩下年老体弱的潘祖年夫妇和新婚就丧夫的潘达于,潘家大院冷清萧条。不过当时潘祖年尚在,家里还有主心骨。到第二年开春,潘祖年也过世了,潘达于只得临危受命,一个人担负起保护大盂鼎、大克鼎等国宝文物的历史重任。

潘达于原本姓丁,嫁到潘家后改姓潘。此后潘达于就带着过继的一对儿女,孤儿寡母,在深宅大院里守护着一大堆文物,冷冷清清地过着日子。潘达于没有多少文化,只粗识一些文字,可是她深知这些文物的价值,牢记潘祖年临终前的嘱托:"这些珍贵文物来之不易,一定要好好保管,传给子孙后代。"

潘家收藏大盂鼎、大克鼎的事并不是什么秘密。潘祖年去世后,不少人找到潘达于,提出各种优惠条件要求购买大盂鼎和大克鼎。20世纪20年代,一个美国人专程来到苏州,要用600两黄金外加一幢洋房交换宝鼎,被潘达于断然拒绝。1937年抗日战争爆发,日寇节节进逼,苏州城危在旦夕。为了防备珍藏的青铜器出现不测,潘达于经过深思熟虑,做出了一个果敢的决定,请可靠的摄影师把珍藏的所有青铜器逐个拍照,留存底片,然后把青铜器等文物分别秘密掩藏。

几经选择,潘达于决定把大盂鼎、大克鼎等青铜器埋在自己居住的庭院里。她和姐夫潘博山以及家里的两个木匠秘密挖掘了一个深五六尺的长方形大坑,先放进大木箱,再把大盂鼎、大克鼎成对角装进木箱,空当的地方塞进一些小件的青铜器和金银物件,随后盖好箱盖,填平泥土,按照原样铺好方砖,不留丝毫痕迹。刚刚掩藏好文物，日本侵略者就占领了苏州。日军司令松井得知潘家珍藏着文物，垂涎三尺，派兵去潘宅一遍遍搜查，由于掩埋得隐蔽巧妙，日寇挖地三尺也没有找到宝物，大盂鼎、大克鼎等国宝躲过了这场劫难。

日寇占领期间，社会动荡，物价飞涨，民不聊生，潘家的看门人也曾经动过掘宝出售的念头。但他知道大盂鼎、大克鼎的珍贵价值，没敢透露掩藏的秘密，只是盗掘了一些小件文物卖给古董商人，宝鼎得以幸免于难。到了1944年，埋在地下的木箱腐烂，地面塌陷。潘达于和儿子家懋以及几个叔伯兄弟秘密挖开大坑，把大盂鼎、大克鼎重新掩埋。然后他们把埋藏青铜器的房间门窗钉死，保存地点更加隐蔽。就这样，大盂鼎、大克鼎躲过一次次劫难，被完好地保存了下来。

1949年5月，苏州、上海相继解放。同年8月，上海市成立文物管理委员会，颁布了保护文物的法令和政策。经历了几十年的坎坷，潘达于认识到单凭她一家人的力量根本无力保护好这两只宝鼎，只有交给人民政府才能妥善保护好它们。在征得了家人的同意后，1951年7月6日潘达于主动写信给华东军政委员会文化部，提出捐献大盂鼎、大克鼎的想法。

在潘达于家人的陪同下，上海市文物管理委员会的工作人员把大盂鼎、大克鼎从苏州运到上海。1951年10月9日，上海市文物管理委员会举行隆重的潘氏捐献两鼎授奖典礼，向潘达于颁发了文化部褒奖状。褒奖状写道："潘达于先生家藏周代盂鼎、克鼎，为祖国历史名器，60年来迭经战火，保存无恙，今举以捐献政府，公诸人民，其爱护民族文化遗产及发扬新爱国主义之精神,至堪嘉尚,特予褒扬。"同时,国家还奖励潘达于2000万元(相当于现在的2000元)。深明大义的潘达于当即把这笔钱全部捐献出来支援抗美援朝。大盂鼎现藏于中国国家博物馆,大克鼎现藏于上海博物馆。

毛公鼎

毛公鼎是西周晚期的一件青铜器,高53.8厘米,腹深27.2厘米,口径47厘米,重34.7千克,三足呈马蹄形,因作器人毛公而得名。毛公鼎上刻有铭文32行499个字,是现存青铜器中最长的铭文,铭文内容是说周宣王即位之初,亟思振兴朝政,乃请叔父毛公为其治理国家内外的大小政务,并饬勤公无私,最后颁赠命服厚赐,毛公因而铸鼎传示子孙永宝。

据说这件古鼎是清朝道光年间在陕西岐山县被农民挖掘出来的。古董商人苏亿年慕名前往,他卖了一头毛驴换得了毛公鼎,于是"毛驴换毛公"在当地被传为笑谈。苏亿年将此鼎运到北京,卖给了翰林院编修陈介祺。光绪年间,陈介祺病故。数年后,被两江总督端方按重量购买,毛公鼎重约70斤,即按每斤1000两白银计算,花费了7万两白银。

1911年,端方因为镇压四川保路运动被革命党杀死,他的子女将毛公鼎抵押于俄国人开的华俄道胜银行,1925年又改押于北平大陆银行。当时美国、日本、英国的古董商听到这个消息,都想把毛公鼎从银行里偷出来运回国去。此事被传扬开来,众多爱国人士为此奔走呼吁,希望此鼎不要落入外国人手中。最后曾任交通总长和孙中山广东军政府财政总长的大收藏家叶恭绰联合冯公度和郑洪年,三人合资五万元,将宝鼎从银行取出,将其秘密藏于上海。

日本占领上海时,叶恭绰到香港避难。离开之前,他将自己多年来收藏的文物放在七个箱子里,寄存在英租界一家公司的仓库里。叶恭绰本以为这样就万无一失了,结果此事被他的姨太太潘氏告发,日本宪兵队将留在上海的叶恭绰的侄子叶公超抓走。此前叶恭绰曾向侄子叶公超特别叮嘱:"以前美国人和日本人想高价购买毛公鼎,我都没有答应。现在我把它托付给你,你要保护好它,日后不要变卖,不得典当,宝物不能出国。有朝一日,可以将它献给国家。"叶公超知道事关重大,答应照办。

日军将叶公超逮捕后,除了让其交代身份,更重要的是审讯毛公鼎的秘藏地点。日军对叶公超展开轮番审讯,在49天的囹圄之中,叶公超被先后提审7次,遭受鞭刑和水刑,但他始终没有吐露毛公鼎的秘藏地点。为了尽快脱身,叶公超暗中传出字条,秘密嘱咐家人请人铸造一个毛公鼎复制品,上交给日本宪兵队。所幸毛公鼎一直是被秘密收藏的,见过的人不多,而且当时也没有碳14测年法等科学鉴定手段,于是毛公鼎复制品暂时瞒过了日本人。

叶恭绰的另一侄子叶子刚也多方奔走,与日本宪兵司令部交涉,又花钱买通司令部的有关人员,最终把叶公超救了出来。

▲毛公鼎

被释放回来的叶公超于1941年秘密携带毛公鼎逃往香港。没过多久香港也被日军占领，叶家只好托德国友人将毛公鼎又带回了上海。

▲毛公鼎铭文拓片局部

抗战结束前夕，叶恭绰几经变故，贫困交加，已无力保鼎。于是叶恭绰不得已将鼎卖给了上海大商人陈咏仁，并与他约法三章，要陈咏仁抗战胜利后一定将鼎捐给国家。其实陈咏仁是为日本军工服务的汉奸，太平洋战争爆发后陈咏仁预感到了日本必败的结局，为了给自己留条后路，他签约买下此鼎以便战后赎罪，将功补过。1945年日本投降后，陈咏仁将毛公鼎捐赠给国民党政府，收藏于南京的中央博物院。后来毛公鼎被国民党运往台湾，现藏于台北故宫博物院。

碑文里的故事

石，是人类神圣情感的载体。古人相信"金石永年"，所以他们把文字刻在石头上，期待其传之后世，这种刻有文字的石头就是碑刻。广义的碑刻可以包括碑碣、墓志、经幢、摩崖等形式。碑石集雕刻、书法、文学、历史于一体，融实用性、观赏性、文献性于一身，在中国古代文化中占有重要地位。

一部五千多年的中华文明史，也是一部"碑刻文化"的发展史。西周末年，当甲骨文消泯、金文衰微之际，古人便"以文勒石"，用刀笔赋予冰冷的石头以艺术的生命和历史的内涵，碑石开始成为文字的重要载体。碑石到东汉时开始兴盛，之后经过唐宋的风雨，穿过明清的烟云，一直流传到今朝。它记录着历史沧桑的脚步，折射着文字嬗变的过程，承载着人类崇高的精神，展现着中国古代灿烂的书法艺术，最终形成独特的碑石文化。

西安碑林是我国碑刻艺术的一座宝库，它收藏古代碑石墓志四千余件，是历代著名书法艺术珍品的荟萃之地，显露出巨大的历史和艺术价值。千百年来大大小小的碑石，见证着我们这个古老民族坚韧的性格与厚重的文明，一件碑刻就是一个故事。

《石台孝经》碑——并非因为爱情

《石台孝经》刻于唐玄宗天宝四年（745），是唐玄宗李隆基亲自作序、注解并书写，唐肃宗李亨用秦小篆题写碑额，碑文的内容是"文帝"孔子撰写的《孝经》，这块集"三帝"、四种书法于一身的石碑，自然珍贵无比。此碑高620厘米，宽120厘米，共4面，每面书法工整，字迹清新，秀美多姿。碑下有三层石台阶，故称《石台孝经》。西安碑林就是在北宋哲宗元祐二年为保存《石台孝经》而开始创建的，因此《石台孝经》被称为西安碑林第一碑。

人们常将《石台孝经》碑认为是李隆基与杨玉环千古爱情佳话的序幕。据说当年，唐玄宗李隆基爱上亲儿子寿王的王妃杨玉环，以致日思夜想，茶饭不思。高力士灵机一动，劝李隆基令各位皇子研读《孝经》，以启发寿王以孝道为重，献出玉环。李隆基欣然采纳，并对诸皇子解释说："孝之精义乃在于顺，顺者，以父母之愿为己愿，以父母之想为己想。"希望寿王有所感悟。同时高力士进一步谋划,令杨玉环自荐为道士,免去寿王妃的身份。天宝四年,玄宗立孝经碑后,诏玉环还俗,册封贵妃。

实际上这块碑石有着深刻的历史背景。公元705年,中国历史上唯一的女皇武则天去世,唐中宗李显继位。李显懦弱无能,政权落入皇后韦氏手中。韦皇后一手遮天,李隆基和姑姑太平公主发动兵变,杀了韦后,把李隆基的父亲李旦扶上皇位,李隆基被立为太子。后来李旦的软弱又导致太平公主的野心不断膨胀,她想像母亲一样做女皇,于是一场皇位之争开始了。太平公主积蓄力量,准备除掉李隆基。面对太平公主咄咄逼人的结党营私活动,李隆基深感不安,姑侄之间的矛盾日益加深。公元712年,唐睿宗下诏传位太子李隆基,李隆基即位,成为中国历史上的唐玄宗。为了巩固皇位,唐玄宗果断下手,率领亲信家

▲《石台孝经》拓片局部

兵三百多人,杀了太平公主安插在自己身边的党羽,太平公主也被赐死。当年,唐玄宗把年号改为开元,表明自己励精图治、再创唐朝伟业的决心。

反思前朝的风风雨雨,李隆基格外重视《孝经》就不难理解了。他重估"以孝治天下"的理念与价值,决定以"孝"治天下。他诏令各家收藏《孝经》一部,让子弟精读勤学,广加传授。唐玄

宗为此对《孝经》进行了注释并亲自书写《孝经》，刻石寓意永世流传。在《石台孝经》的碑石上，凡涉及曾祖父太宗李世民和祖父高宗李治名讳的字，都会有意少写一画，以示孝敬之意。

《雍王李贤墓志铭》——揭开太子自杀之谜

1971年7月，陕西省文管会与乾县文教局发掘清理了陪葬乾陵的章怀太子李贤墓，出土墓志长宽各90厘米，厚20厘米，盖呈覆斗状正方形。顶面中心阳刻篆书"大唐故雍王墓志之铭"。志文楷书1416个字，志文未署书、撰者姓名，然采用十分工整的四六骈体文句式，书法遒劲严正。古往今来的墓志、悼词都必然受到当时社会政治形势的制约。一般来讲，撰书者或避重就轻，或轻描淡写，或褒之过实，但基本上不无中生有杜撰事实，墓志文中所记史事大多是可信的。从李贤墓志文就可以看出李氏与武氏的消长过程。

唐章怀太子李贤，字明允，武则天所生，唐高宗的第六个儿子。武则天亲生的有四子：长子李弘、次子李贤、三子李显、四子李旦。长子李弘为皇太子，性情仁厚，每次见到母亲专权擅政，就旁敲侧击地加以劝谏，渐渐引起武则天的反感。已被贬入冷宫的萧淑妃生有二女，一个是义阳公主，一个是宣城公主，此时也因母亲得罪武则天被幽禁于掖庭，年龄都三十多了，仍不能出嫁。李弘对她们十分怜悯，遂奏请文皇恩准她们出嫁。武氏对此大为愦意，不久便以药酒毒死了李弘。也有史家考证，李弘死于肺结核病。

后高宗立22岁的次子李贤为皇太子。李贤聪明好学，熟读诗书,曾受封为雍王,在士人中有一定声望。读过《后汉书》的人都知道有"章怀注",注者正是李贤。李贤组织一批名儒注释《后汉书》,尽管得到了父皇的褒奖,但也引起了母后的猜疑,因为《后汉书》载有后汉大权落入皇后和外戚之手的史事,讥讽时政,这令武则天十分不满。只因李贤无过错可指摘,只得勉强容忍。她屡次下书训诫儿子,并让人

▲《雍王李贤墓志铭》拓片局部

撰写了《少阳政范》和《孝子传》二书供李贤研习忠孝之道,母子间生出许多嫌隙。

武则天的宠臣明崇俨被强盗所杀,武则天怀疑是李贤主使,便命人追索盗犯,但数月没有结果。于是武则天便诱令李贤男宠赵道生诬告太子李贤,硬把明崇俨被杀之案加在李贤身上。武则天遂提出大义灭亲四字,打算把李贤置诸死地。高宗代子求情,将李贤废为庶人,幽锢一室,不久又流徙距京师两千三百多里的巴州。

幽禁期间李贤曾做《黄台瓜辞》:"种瓜黄台下,瓜熟子离离。

一摘使瓜好,再摘使瓜稀。三摘犹自可,摘绝抱蔓归。"这首诗与曹植的七步诗有异曲同工之妙。武则天越发怀疑他心怀怨恨,于是让邱神绩驰赴巴州,逼令李贤自杀。《雍王李贤墓志铭》中多次以晋献公听骊姬之言杀申生、汉武帝听江充之言杀刘据、晋惠帝听贾后之言废太子司马遹(yù)之类的典故来暗喻李贤之死,指出李贤死因是遇谗遭谤被逼自杀。

《曹全碑》——一个未载入史册的儒将

《曹全碑》全称《汉郃阳令曹全碑》,是东汉时期重要的碑刻,汉中平二年(185)十月立,明万历初年在陕西省郃县旧城萃里村出土。碑高约272厘米,宽约95厘米,碑身两面均刻有隶书铭文。

曹全,字景完,敦煌效谷人,生卒年不详。曹全碑刻有"秦汉之际,曹参夹辅王室,世宗廓土斥竟,子孙迁于雍州之郊……或家敦煌。"说明曹全是西汉开国功臣、第二任相国曹参之后。《三国志》中记载:"太祖武皇帝,沛国谯人,姓曹,讳操,字孟德,汉相国参之后。"曹操的父亲曹嵩,实为夏侯氏之后,被过继给费亭侯曹腾,并继承了曹腾的爵位,官职太尉。曹全和曹操还是一家人,而且曹全

▲《曹全碑》拓片局部

和曹操同时在不同地区剿伐张角领导的黄巾军起义。曹全当时由酒泉禄福长转拜郃阳令，平息本地黄巾军并妥善处置百姓后事。曹操当时被任命为骑都尉，率军攻打颍川黄巾军，这两个人处于同一个时代。可惜史册没有关于曹全的记载，这个墓志给我们讲述了一位"德义善美"的儒将的故事。

东汉灵帝建宁元年（168），西域疏勒国王子和德弑其父，其父为汉廷册封的疏勒王，然后又杀了汉大都尉臣磐，自立为王。西域戊己校尉曹宽闻讯，快马上报此事，奏请朝廷出兵讨伐。史书记载在东汉灵帝建宁三年（170），凉州刺史孟佗派任涉等人率五百敦煌兵，与戊巳校尉曹宽、西域长史张晏等联合西域焉耆国、龟兹国、车师国前、后部兵共三万余人攻打疏勒国。结果汉军连攻四十余日，城不能下，撤军还。其后疏勒王连相杀害，朝廷亦不能禁。

但根据曹全碑记载，东汉灵帝建宁二年（169），曹全被举荐为孝廉，授郎中，拜西域戊部司马。当时的疏勒国国王和德拒不向中央贡税述职，于是曹全兴师问罪。曹全像吴起那样，亲自为士兵吮毒，有酒和大家分享。他在攻城和野战之中，谋略如泉涌，威猛不减诸甲兵，将疏勒国国王和德活捉并处死。当他率军旅凯旋还师时，诸国无不遣使送礼，他都全部登记入册并交公。按照碑文来看，汉朝此战应该是大获全胜。

曹全多次担任一郡的重要职务，他曾任上计掾史，又到凉州任治中、别驾等职，所到之处，皆能纲纪鲜明、尊卑有序。至其担任郡守等职，能弹劾枉法者，纠正邪恶事，能使贪暴者革面洗心，同僚都佩服其德行，其声威震慑四方。正当曹全春风得意之时，却因政治势力之间的残酷斗争而当了替死鬼，含冤入狱达七年之久。光和七年（184）三月，黄巾起义横扫中原，危在旦夕的朝廷无奈之下大赦天下，曹全才得以出狱并被委任为酒泉禄福长，率兵镇压起义军。此时，郃阳县县民郭家响应黄巾起义，关中时势告急，曹全由酒泉福禄长调任郃阳县令，镇压郭家起义，并采取措施赈济村民，其长女桃斐还熬制药膏，治愈了不少病人。曹全的行为得到了郃阳57名郡、县官吏的拥戴。灵帝中平二年（185），在曹全死后百姓在郃阳故城竖起了这块《曹全碑》。

《曹全碑》是汉代石碑中保存比较完整、字体比较清晰的少数作品之一，是汉代隶书中典雅秀美、精到整饬的重要代表作品。该碑字迹娟秀清丽，结体扁平匀称，笔画工整精细，与《乙瑛碑》《礼器碑》并称汉碑极则，充分展现了汉隶的成熟与大方，因此为历代书家推崇备至，是临习隶书的经典范本。《曹全碑》遒劲紧密，虚和雍雅，笔意飞动，柔中带刚，细筋入骨，清朝金石学家万经评云："秀美飞动，不束缚，不驰骤，洵神品也。"

《元桢墓志》——迁都传奇的见证

《元桢墓志》是以独特个性的书法而闻名于世的，它古拙雄奇，饱含着生机和力量。它用笔大胆且结体紧密，不少字向右上方倾斜，打破了"横平竖直"但又相互呼应，浑然一体。

北魏孝文帝是一位致力于改革的皇帝，他希望在自己的有生之年完成鲜卑族的汉化进程，本书前文讲过他假托"南征"实为迁都的历史故事。但凡是改革，必有支持者也不乏反对者。

《元桢墓志》的主人、南安王元桢便是孝文帝的支持者。墓志碑文成为这次具有传奇色彩的迁都见证。

元桢是北魏恭宗景穆帝拓跋晃第十一子，孝文帝时官拜征西大将军、领护西域校尉、凉州刺史。北魏孝文帝太和十三年（489），由于骄矜违礼、傲慢贪奢、不恤政事、饮酒游逸、肆意聚敛，他与汝阴王元天赐并坐赃贿罪，削去爵位。

▲《元桢墓志》拓片局部

墓志原文中有"王应机响发，首契乾衷"一句，意思是元桢追随孝文帝元宏南征时首从迁都洛阳之大计。在《魏书·南安王元桢列传》里也有类似记载："后来高祖向南征伐，元桢跟随到洛阳，等到商议迁都，首先顺从大计，高祖十分高兴。"《魏书·任城王元澄列传》记载，迁都之前，孝文帝先借南伐之事卜了一卦，试探群臣的态度，但尚书令元澄告诉孝文帝此卦只能预示南伐之事，不能预示改革迁都的得失，此言引得孝文帝"勃然作色""恶澄此对"。由此看来，当时北魏政治形势十分复杂，孝文帝迁都的阻力之大。

在《魏书·李冲列传》里有记载，高祖车驾南征，自京城出发至于洛阳，阴雨连绵，天不开晴，皇帝仍诏六军出发。

高祖一身戎装，手执马鞭，乘马而出，群臣在马上行君臣之礼。高祖说："长驱南境的计划，在京时就已商议好，而今大军即将进发，你们都有什么话要说？"李冲上前说："为臣等不能运筹帷幄,坐制四海,而使南方有窃取帝号的人,这实在是作为臣子的过失。陛下您因四海之内未统一,亲劳圣驾,臣等确实想舍生忘死,冲锋陷阵。然而自从离都以来,阴雨不断,士兵马匹困顿不堪,前面路途还很遥远,积水更多。伊、洛境内,这样的小水尚且导致如此困难,何况长江浩瀚,远在南境。如打造舟船,必须停顿,军队疲乏,粮食缺少,进退就很困难。正视困难回撤军马,这在目前是最合礼义的做法。"

高祖说:"进伐南方,这是我们一致的意见,前面已经说过。而眼下你们因天雨而犯难,然而天时也是可以了解的。为什么呢?夏天既然烈日炎炎,北方干旱,秋天必定雨水很多,而初冬时节,天必晴爽。等到下个月初十左右,如果淫雨仍然不止,这就是天意不许,假如在此间天晴,行军则无多大妨碍。古时的君王不讨伐不幸的国家,那指的是诸侯同辈的国家,而不是指作为王者统一天下而言的。今天已到这步,怎么能随便就不走了呢?"李冲又说:"今天这个行动,天下之人都不情愿,只有陛下您一个人要这样做。汉文帝说,我独乘千里马,这是要到哪里去?为臣有请您回驾之意但一时无辞可说,惟以一死请陛下改变初衷。"

魏高祖大怒说:"我现在正要征服外邦,希望统一天下,治理国家,可你们这些文弱书生却多次怀疑这一重大决策。杀人用的斧钺有它们使用的地方,你们不要再多说什么!"打马准备出发。于是,大司马、安定王拓跋休、兼左仆射、任城王拓跋澄等人一起殷殷泣谏。魏高祖于是宣明群臣说:"这一次,我们出动军队的规模不小,出动而没有什么成就,我们将来拿什么让后人看?假如班师回朝,又无以垂名千载。朕仰思我魏远祖,世世代代居住在幽朔，一直想要南迁到中原。当年不顾众人异议举都南迁，为的是享受无穷之美，岂是没有谋划就轻率离祖宗陵壤的行为。今天的君子，岂是独有这样的胸怀？当是由于人代天工，王业须成的缘故。如果我们不再向南征伐，那么，我们就应该把京都迁到这里，光被中原，机会也是时运，你们认为这样做怎么样？讨论的结果，再不得出尔反尔，同意迁都的人站在左边，不同意迁都的人站在右边。"安定王拓跋休等人纷纷站到右边去了。

前南安王拓跋桢说："大凡愚陋的人鼠目寸光，不明事体，机智的人有先见之明，察事于未萌之中。施行大德的不听普通人的议论，成就大功的不让老百姓参与谋划，非常之人才能建就非常之事。开阔神都以延续帝王之业，在中土建造帝王之都，当年周公行之在前，如今陛下行之于后，所以这是很合适的事情。况且天下至为重要的，莫如皇帝居室了，大凡体贵之人，岂能裸体而立？臣等请求皇上安顿好玉身贵体，下以慰百姓所望，光被中原，陛下如果放弃向南征伐的计划，将京都迁到洛邑。这是为臣想要说的，苍生百姓所希望的好事。"群臣都高呼万岁。

孝文帝通过"南伐"试探群臣对于迁都的反应时，众皆反对，最后是元桢提出"非常之人乃能非常之事"，遂使"群臣咸唱'万岁'"。以上《元桢墓志》和《魏书》中的记载证明，孝文帝在迁都问题上试探群臣反应时，元桢是首位支持者。元桢作为一个宗室成员，他的支持对孝文帝来说是非常重要的。所以在太和十九年（495），元桢得以复封南安王，食邑千户，出为镇北大将军、相州刺史。

第三辑　演绎千年的传奇

《真草千字文》碑——被书写最多的一千个字

汉字到底有多少个字,恐怕不是一个容易说清楚的事。在《说文解字》里收录的汉字有9353个,清代《康熙字典》有47000多个字,而《中华大字典》收录有48000多个字,当代的《汉语大字典》收录60370个字,1994年出版的《中华字海》收录汉字85568个,是目前为止收录汉字最多的一部字典。汉字由于是开放集合,数量并没有准确数字,日常所使用的汉字约为几千字。据统计,1000个常用字能覆盖约92%的书面资料,2000字可覆盖98%以上,3000字时已到99%,简体与繁体的统计结果相差不大。

一千五百多年前的《千字文》,全书虽只用了1000个不重复的字,却包含着非常丰富的知识。《千字文》里讲了天文、地理、农业、气象、矿产、特产、历史、修养等等。历代大书法家里有很多人用多种字体书写过《千字文》,它们成为传世的名帖。

▲《真草千字文》局部,智永,此为唐代传入日本的墨迹本。

自南朝流传至今的《千字文》为梁周兴嗣所编写。周兴嗣以文笔之事见用,颇得梁武帝萧衍的赏识。唐李绰《尚书故实》中记载,当年梁武帝令大臣殷铁石在王羲之书写的碑文中拓下不重复的 1000 个字，供皇子们学书用。但由于字字孤立，互不联属，难以记忆，所以他又召来周兴嗣嘱道："卿有才思，为我韵之。"周兴嗣用了一个晚上编好后进呈武帝，这便是传至今日的《千字文》。这 1000 个字精思巧构，旁征博引，音韵谐美，最宜蒙童记诵。"天地玄黄，宇宙洪荒。日月盈昃，辰宿列张。寒来暑往，秋收冬藏……"读来朗朗上口，所以成为千百年来蒙学的教科书。不过这一改编的过程是十分吃力的，所以说周兴嗣累得一夜之间须鬓全白！

智永，俗姓王，名法极，山阴（今浙江绍兴）人。生活于南朝梁、陈和隋年间，他是书圣王羲之的七世孙，山阴永欣寺僧，人称智永禅师。智永出家后，除了参禅学佛还刻苦学习书法，在寺院旁的阁楼里临仿名帖，发誓"书艺不成，决不下楼"。据说智永写秃的毛笔头堆积了五大筐，经过数十年的刻苦勤奋，终成书法名家。智永在永欣寺阁楼学书 30 年，曾写《真草千字文》800 余本，向浙东各寺各赠送一本。智永认为，学书之人只要把这样 1000 个字刻骨铭心，就可心手相应，臻于妙境。智永的《真草千字文》在当时已广为流传，对后世书家产生了重要影响。

《真草千字文》法度谨严，笔力精到，或字字区别个个独立；或映带相关连绵一气。然皆下笔有源，使转有法。以前的草书体势杂乱不一，到了智永才统一了草书的写法，创下了为后世书法家所遵循的规范。所以从智永以后，草书才脱离了纷纭乱象而归于一致，奠定了唐代以来一千多年的草书笔法，这一点是智永不朽的贡献。

第三辑 演绎千年的传奇

印信传承刻传奇

印者,信也。中国印信经历了漫长的发展过程,它与文字的诞生与发展是同步的,形成了一以贯之、厚重朴拙的艺术形式,现在成为国粹之一。在几千年的悠久文化传承中,篆刻和书法各放异彩又殊途同归,成为汉字艺术中璀璨夺目的姊妹篇。

"印"证历史

中国是世界上较早发明陶器的地区之一。新石器时代,陶器制作由简单的手工捏塑、模制泥片贴塑,到泥条盘筑、慢轮修整,进而产生了快轮制陶技术。中国各地区的陶器在器形、质地、纹饰及器类组合等方面体现出丰富的文化内涵,其中陶印便是这一文化结出的硕果。

考古发掘先后出土了河南舞阳贾湖史前聚落遗址的"十"字形陶印、河南渑池郑窑第三期文化遗存的"田"字边款圆窝纹陶印。龙山文化遗址曾发掘出一件灰陶器,它状似牛角形,内有孔,孔径3厘米,孔长6厘米,周围有绳纹,专家初步鉴定为二里头文化时期的陶拍,用陶拍在陶器成型的外壁拍打,陶器外表就清楚地留有陶拍的印痕。这些陶印与后来专作印信凭证的玺印有所不同,它是用泥土捏揉捶打雕铸刻划而成,是新石器时期制作陶器的常用工具，也可称为陶印模。陶印模已有印面、印台之分，并有用于把手的钮。这些都是商周玺印的"雏形"，是玺印滥觞期的代表作。

殷商时期是我国玺印的萌生期，这时期玺印已呈现出方形或近方形的基本形状，印面还有边栏。湖北长阳香炉石遗址的第四层，在西周时期的早期地层中曾发现两枚陶玺印，印面一为圆形，一为椭圆形，均为阴刻。据专家推测，两印文一为"蔡"，一为"鲛"，前者与有些甲骨文相近，后者与有巨口有利齿的水生动物有关。中国社会科学院考古研究所研究员陈公柔先生则认为这两个玺印出自早期巴文化遗址西周时期地层中，当然应是巴人比较早的玺印，其年代应比西周时期要早，比殷墟的青铜印要早，是目前在科学考古发掘中发现的最早的玺印。

玺印的形成与货物、奴隶等属于私有的财产密切相关。《后汉书·祭祀志》指出："三皇无文，结绳以治，自五帝始有书契。至于三王，俗化雕文，诈伪渐兴，始有印玺以检奸萌，然犹未有金玉银铜之器也。""三王"指夏禹、商汤、周文王。"诈伪""奸萌"显然是私有制出现后的诈骗、冒认、偷盗、侵夺等不正当的行为。因此，能在器物上戳压记号以证明物归谁主的印的形式便应运而生。殷商时代的玺印就仅仅起到了这样的作用。到了西周，随着"工商食官"为特征的商品经济（即工匠和商贾都是贵族的奴仆，他们主要为封建领土贵族的政治或生活需要而从事工商活动。由于商品经济不发达，当时独立经营的手工业和商业极少）的出现，玺印跻身于符节行列，才有了凭信的作用。

玺印是标示信用之物，所维系的都不是轻微小事。古代封拜所及的范围以及命令的授权,要是不见印章,便不足为凭证。《淮南子》记载,在春秋末期,卫国国君朝见吴王夫差时被吴王囚禁,孔子的学生子贡受鲁哀公之命,拿着"将军之印"去出使吴国。《战国策》记载,战国时苏秦佩戴赵国的相印,出使燕、齐、韩、赵、魏,合纵攻秦。示信是印章最早的功能,"窃符救赵"故事里的虎符就是掌控军队的关防印信。

玺印的名称几经演变,玺、印、宝、章、记等各个朝代的称呼各不相同,各个名称的印信作用也是不同的。由于古代印章具有体现权利、身份的作用,所以对等级名称有着严格的规定。

▲铜龟钮"太师公将军司马印"

"玺"是印章最早的名称。秦朝以前,无论官印私印都称为"玺",不过这"玺"的写法或为"鉨"或为"土尔",因材料为铜、土不同而名。我们现在所能看到的最早的中国印大多是战国古玺。这些古玺的许多文字,现在我们仍不能辨识。朱文古玺大都配上宽边,印文笔划细如毫发,都出于铸造。白文古玺大多加边栏,或在中间加一竖界格,文字有铸有

▲铜鼻钮"大车之玺"

凿。官玺的印文内容有"司马""司徒"等名称外,还有各种不规则的形状,内容还刻有吉语和动物图案。

"印"最早见于秦官印中,秦统一六国后,制定了一系列等级制度,在少府中设置了专门掌管印章的"符节令丞"。从这时开始规定"鉨"都写作"玺",而且这个称谓是皇帝专用,其材料用玉。臣民用的印文只能称"印",且不能用玉。汉代基本沿袭秦制,但制度已略放宽,也有诸侯王、王太后印文称为"玺"的。《汉官仪》中也规定,二百石至六百石的官秩印文都称"印",而一般姓名印都称为"私印",新莽私印又有称为"印信"或"信印"的。"印"的称呼一直沿用至今。

　　"章"是汉代大臣和将军印的称谓。《汉官仪》载,诸侯王印文称"某某玺",列侯、丞相、太尉、三公、前后左右将军及两千石以上的官员印文称"某某章"。有些章往往是在行军中急于临时任命,而在仓促之间刻凿成的,称之

▲汉代龟钮"琅邪相印章"

为"急就章"。这类印是直接以刀在印面上刻凿而成,往往天趣横生,风格独特,对后世篆刻艺术的发展有很大影响。

　　按照当时的惯例,凡在战场上虏获的印章必须上交,而官吏迁职、死后也须脱解印绶上交。所以传世的古代印章,多数出于战争中战败者流亡时所遗弃,也有在战争中殉职者遗弃在战场上的。

　　"宝"是唐代天子之玺的专称。据《唐书·舆服志》记载,唐武

第三辑　演绎千年的传奇

则天因觉得"玺"和"死"同音,在延载元年(694)改称为"宝"。后来唐中宗即位,又沿用旧制称玺。唐玄宗时又改称为宝。从唐至明清各代,"玺"和"宝"并用。

隋唐时期,各级官印不再称"章"而称"印",不足四字的官署印文加"之"字,称"之印",足四字的,可加"之"字,也可不加。

"记"一般见于宋元官印中,也有"朱记"名称的印。南宋发行的一种纸币交子,在它的背面都用"合同"印。宋代还出现一种"押"印,到了元代非常盛行。明清时印章的名称还有"关防""图章""图书""符""契""戳子"等,当然其用途也各有不同。

印章不仅名称多,种类也非常丰富,充分体现了印章发展过程中的艺术化趋势。

汉玉印

汉玉印流行于两汉时代,在古印中是十分珍贵稀少的一类。"佩玉"在古代也是名公贵卿和士大夫的一种高雅风尚。一般玉印制作精良,章法严谨,笔势圆转,粗看笔画平方正直,却全无板滞之意。由于玉质坚硬,不

▲汉代青玉鼻钮"淳于蒲苏"印

易受刀,也就产生了特殊的篆刻技法,即所谓的"平刀直下"的"切刀法"。又由于玉质的不易腐蚀受损,使传世下来的印章得以比较好地保留了它的本来面目。

朱白文印

朱白文相间的印式起自东汉,印文构思巧妙。它的方式极为多样,朱白文字的位置安排及字数均可灵活变化不受局限。朱白的原则大致根据笔画多少而定,朱文大多笔画较少,白文则相反,从而达到朱如白、白如朱的和谐效果,这类印大多为私印,未见用于官印。

▲清代"陈介祺印"石章

子母印

子母印又称"玺印",起于东汉,盛行于魏晋六朝,是大小两方或三方印套合而成的。大印腹空,可以合宜地套进一方或二方小印,形成母怀子的形状。也有套进一方两印成一组三方的。在一方

▲汉代刘越子母印

中国印的体积中,兼备了几方印的使用价值,古代印匠的工艺水平由此可见。

六面印

传世六面印实物较少。这种呈"凸"字形的中国印,上面的印鼻有孔,可以穿带而佩,鼻端作一小印,连同其余五个印面故称六面印。

▲清代六面印

缪篆印

缪篆印及与它相近的鸟虫书印均是汉印的"美术字",前者屈曲回绕,后者则又加上了鱼形鸟头等装饰。这种文字最早多见于古代的兵器上或乐器的钟上,有的还依文字的笔画嵌以金丝,很有独特的风格。

▲杜子沙印

鸟虫书印只见于私印,以白文为多。

杂形玺

战国以来的中国印中,杂形玺也是甚为别致的一类。其式样没有定例,大小从数寸至数分不等,变化极为丰富。除了方圆长宽,更有凹凸形印,方、圆、三角合印,二圆三圆联珠以及三叶分展状等,朱白都有,不胜枚举。杂形玺因其独特的谐趣与官印的庄严、沉稳的要求不同,故只用于私印。

圆朱文印

魏晋以来,纸帛逐渐代替竹木简札。到了隋唐,中国印的使用已直接用印色钤盖于纸帛。到文人画全盛时期的元代，由文人篆写、印工镌刻的中国印已与诗文书画合为一体，在水墨丹青中起到了鲜艳的点缀作用，为书画家所喜爱。圆朱文印风格由宋末元初的书画家赵孟頫开创，印文笔势流畅，圆转流丽，产生了一种独特的风格，为后世的篆刻家所取法。

九叠印

官印到了隋唐时代，印面开始加大。随着纸的普遍应用，朱文逐渐替代了白文。许多官印印背上开始有年号凿款。在文字上隋印多用小篆，并开始运用屈曲的"九叠文"入印（古代的"九"为数的终极，故有此名，并不一定要九叠，可以随笔画的繁简而变化）以便填满印面。唐宋时代开始以隶楷入印，清代官印满文和汉文两体兼用，同刻于一印之中。

▲铜鼻钮"外司炉鍴"玺

▲吴让之
"画梅乞米"

▲"内府图书之印"

花押印

花押印又称"押字"，兴于宋，盛于元，故又称"元押"。元押多为长方，一般上刻楷书姓氏，下刻八思巴文或花押。从实用意义上

▲花押印"适"

第三辑　演绎千年的传奇

说，历代中国印大都有防奸辨伪的作用，作为个人任意书写，变化出来的"押字"（有些已不是一种文字，只作为个人专用记号），自然就更难以摹仿以达到防伪的效果，因而这种押字一直沿用到明清时代。

图案印

图画入印自战国到汉魏都有，以汉代为最多，又称肖形印或象形印。图案印形式多样，简练生动，除了人物、鸟兽、车骑、吉羊和鱼雁等图案外，常见以吉祥的麟、凤、龟、龙四灵入印，这类印又称为"四灵印"。

▲铜兽钮神兽图案印

封泥

封泥又叫作"泥封"，它不是印章，而是古代用印的遗迹。春秋战国时期，官方文书是写在竹简或木简上的，把需要递送的文书或需要封存的物件用绳子扎紧，再在绳结上封一块泥，将刻写着授权者的相关文字印章盖在泥块上。由于印章刻的字是阴文（凹形），钤在泥上便成了阳文（凸形），其边

▲"齐铁官印"封泥

为泥面,所以形成四周不等的宽边,无关者不能擅自拆动。这种泥块称之为封泥。封泥的使用自战国直至汉魏,直到晋以后,纸张、绢帛逐渐代替了竹木简书信的来往,才有可能不使用封泥。后世的篆刻家从这些珍贵的封泥拓片中得到借鉴,用以入印,从而扩大了篆刻艺术取法的范围。

钮制

古代的玺印大多有钮,以便在钮上穿孔系绶,系在腰带上,这就是古代的"佩印"方式。历代钮制形式颇为丰富,其中以坛钮、鼻钮、复斗钮为最常见。自汉代开始,以龟、驼、马等印钮来分辨帝王百官。例如高级官吏使用龟钮、驼钮等。蛇钮则是汉魏晋时授与周边部族等官印常见的钮制。

▲铜蛇钮"白水弋丞"印

斋馆印

印章发展到了唐宋两代,作为具有欣赏性艺术门类的一支繁荣发展。用以收藏、鉴赏、校订的专用印记开始出现。钤之

◀唐丞相李泌的『端居室』,是历史上最早的斋馆印。

于书画藏品，种类繁多。"斋馆印"是以文人书房、住室的雅称刻制的印章，如"楼、阁、馆、巢、院、斋、轩、堂"，不胜枚举。

闲章

▶ 王时敏闲章『偶谐』

闲章源出古代吉语印，这些以诗文、成语、名言、俗谚入印的作品，进一步使篆刻由以往单纯的镌刻官职、名号的实用艺术，发展成为独立的具有文学含义的欣赏艺术，与诗文书画交相辉映。

传国玺的故事

中国历史上的第一个皇帝秦始皇在统一中国后下令镌造一枚皇帝玉玺，称之为"天子玺"。据史书记载，此玺方圆四寸，螭虎钮（另有一说是龙鱼凤鸟钮）。玉玺正面刻有丞相李斯以小篆写的"受命于天，既寿永昌"八个字，作为"皇权神授、正统合法"的信物。从此，历代帝王无不把传国玉玺当作权力和一统天下的象征。据说传国玉玺是用著名的"和氏璧"制作的。这"和氏璧"可是古今罕有的绝世宝玉。传国玉玺的传奇要从这块和氏璧说起。

春秋时期，楚国人卞和在山中得一璞玉，他认定这块玉是稀世珍宝，就把它献给了楚厉王。楚厉王难以判断，就命玉工前来辨识。这块宝玉属于深藏不露的类型，楚国的玉工看不到它的宝贝之处，认为它只不过是一块普通石头。楚厉王非常气愤，便以欺君罪为由砍去了卞和的左脚,卞和落下了终身残疾。后来楚武王即位,卞和又一次献上这块宝玉。楚武王又让玉工们辨认,结果还被判定是块普通石头。卞和再次被判处欺君罪,连右脚也被砍去了。

楚文王即位后,年老的卞和抱着这块玉在荆山下号啕大哭三天三夜。楚文王知道后很是奇怪,便派人去探问。卞和说:"我并不是悲叹自己的命运,而是为手中的宝玉被世人看作是普通石头而感到悲哀。总有一天会有人证明我没有撒谎。"楚文王便叫人将卞和的这块石头剖开并经过细心雕琢,果然雕琢出了一块稀世宝玉。"和氏璧"因此得名。

奇怪的是,和氏璧诞生后,围绕在它身上的传奇便接二连三地发生了。楚威王时,昭阳灭亡越国,为楚国建立了大功,得到了和氏璧的赏赐。和氏璧进入了"流通模式"。后来昭阳出游赤山,赤山下有很深的水潭。昭阳是个很喜欢炫耀的人,在水潭畔高楼里宴请宾客,拿出和氏璧来让大家鉴赏。这时水潭中突然跃起一条大鱼,足足有一丈多长,这条大鱼还带出了一群各式各样的小鱼来。大家觉得很稀奇,就都跑到水边去看鱼了。等大家赞不绝口地回到房间后,发现和氏璧不见了!昭阳震惊沮丧的心情可想而知。他怀疑是门人张仪偷的,对其严刑拷打,结果张仪被折磨得奄奄一息也没承认。张仪休养后背楚入魏,最后入秦,并帮助秦国人出谋划策,专门和楚国人作对。和氏璧没有找回来,楚国反而多了一个死敌。

其实偷盗和氏璧的另有其人。昭阳在楚国的势力很大,在和氏璧失窃后出千金悬赏,追查和氏璧下落。由于风声实在太紧了，偷盗者在很长时间里都不敢将和氏璧"脱手"。赵惠文王时期，和氏璧突然出现在了赵国首都邯郸。宦官缪贤只用了五百金就买到了这个宝贝，喜欢得不得了。赵惠文王知道后，多次暗示缪贤将宝玉献出，缪贤就是舍不得。赵王急了，干脆派兵到缪贤家生抢。这事让西边的秦昭王知道了，秦王就给赵王写了一封信，说愿意用十五座城池交换和氏璧。当时秦强赵弱，赵惠文王担心秦国有诈，急得不知所措。缪贤力荐蔺相如出使秦国，蔺相如奉命携璧入秦，当廷力争，最后识破秦王诡计夺回宝玉，引出了一段"完璧归赵"的故事来。和氏璧之后长期被保存在赵国的宫廷中。公元前228年，秦破赵，和氏璧这才落入秦国人手中。秦始皇统一六国建立大秦帝国，将和氏璧作为象征"天授王权"的传国玺。

公元前206年，刘邦率军打到了咸阳灞上，秦王子婴投降，将传国玉玺献给了刘邦。刘邦在西汉王朝建立后将它作为新王朝的传国玉玺，称作"汉传国玺"或"汉传国宝"。传国玉玺珍藏在汉室长乐宫。

西汉末，王莽篡权。他要改朝登基，需要玉玺来证明自己的合法性。当时玉玺被王莽的姑姑汉孝元太后王政君掌管着。太后王政君对刘家的感情比对王家还要深，死活不肯交出玉玺。王莽又命他的弟弟、安阳侯王舜逼迫太后交出传国玺。王舜对太后狠狠地说，这玉玺是交也得交，不交也得交。太后感到十分绝望，悲愤之下将玉玺掷到地上。王舜慌忙将玉玺捡起来，可惜玉玺还是被摔掉了一角。后来王莽命人用黄金将缺角补上，这就是金镶玉的由来。

王莽的新朝政权垮台时，传国玉玺就在王莽的尸身上。乱军抢到传国玉玺，献给了绿林起义军拥立的更始帝刘玄。刘玄后来被赤眉军打败，传国玉玺一度成为赤眉军拥立的小皇帝刘盆子的玉玺。刘盆子后来也失败了，投降了建立东汉的刘秀。传国玉玺重新成为汉朝的玉玺，从刘秀开始，一直在东汉诸帝手中流传。洛阳的东汉宫廷小心翼翼地保存着传国玉玺，生怕出一点纰漏。

东汉末年，天下大乱。何进、袁绍等人武装诛杀十常侍的时候，太监们裹挟着汉少帝仓皇出逃，来不及带走玉玺。等血腥镇压平定后，宫中查点宝物，发现玉玺不见了！十余年后，十八路诸侯讨伐董卓，洛阳再次招来血光之灾。董卓战败西逃，放火焚烧了洛阳宫廷。最先冲入洛阳的孙坚部下在救火的时候，于洛阳城南甄宫井中打捞出一具宫女尸体。宫女颈下赫然悬挂着传国玉玺。孙坚视之为吉祥之兆，有心将玉玺占为己有，不料孙坚军中有人将此事告知了盟主袁绍。袁绍也想要这个传国玉玺，于是扣押孙坚的妻子，逼迫孙坚交出了玉玺。三国演义则说，孙坚带着玉玺返回长沙，在路上被和袁绍一伙的刘表截击而死，后来玉玺落入袁术手中。不管怎样，无论袁绍还是袁术，最后都被打着汉朝旗号的曹操给打败了，传国玉玺重新回到了汉献帝的手里。

公元220年，曹丕逼汉献帝禅位给自己，建立了曹魏。传国玉玺自然而然的顺延成为曹魏的皇权象征。曹丕画蛇添足，派人在传国玉玺的肩部刻下隶字"大魏受汉传国玺"。三国一统于西晋，玉玺便落入司马家族。西晋末年，中国北方陷入了朝代更迭频繁、动荡不安的时代。传国玉玺开始了最为剧烈的颠沛流离。

晋怀帝永嘉五年（311），玉玺被灭亡西晋的匈奴部、前赵刘聪所夺得。东晋成帝咸和四年（329），后赵石勒灭前赵，夺得玉玺，也画蛇添足在右侧加刻了"天命石氏"，意思是自己做皇帝是天命所归。后赵大将冉闵建立冉魏，继而拥有了玉玺。"传国玺"历经东晋、南宋、南齐、南梁等，世代相传。到了南梁时，建康发生了侯景之乱。侯景在寿阳起兵叛梁，最后攻占了首都，得到了玉玺。但侯景很快被杀，叛乱被平定。但侯景任命的侍中兼平原太守赵思贤却趁乱拿着玉玺潜逃到了广陵，被一个叫郭元建的人抢走了玉玺。郭元建将玉玺献给了北齐的辛术，辛术再转献给北齐朝廷。传国玉玺遂为割据黄河中下游的高氏所有。后来南陈取代了南梁，但是没有传国玉玺，只好自己刻了一个玉玺。于是玉玺越刻越多，每个割据政权都宣称玉玺在自己手中，自己才是真命天子。北周武帝建德六年（577）正月，北周武帝宇文邕灭亡北齐，传国玉玺进入北周。四年后，外戚杨坚废北周静帝，建立隋朝。传国玉玺成为隋朝的国宝，隋朝将传国玉玺改称为"受命玺"，所谓隋命天授。公元589年，陈朝灭亡，隋朝统一全国。那些私刻的传国玉玺被隋朝尽数没收。

隋唐时期是中国传统社会发展的鼎盛时期，传国玉玺代代相传，平安无事。直到唐末朱温篡位后，历史进入了纷扰的五代十国时期。玉玺再次遭遇乱世，厄运迭起。朱温建立的后梁掌握玉玺没几年，就被后唐给取代了。公元937年1月11日，后唐河东节度使石敬瑭带契丹军攻至洛阳，后唐末帝李从珂怀抱着传国玉玺登上玄武楼自焚，玉玺从此下落不明。

此后历代，每到政权更迭时，总有"发现玉玺"或某人"进献传国玺"的闹剧出现。据《明史皇帝宝

▲"大明天子之宝"，明，白石质，海水蛟龙钮方形玺。（现收藏于北京故宫博物院）

玺》载，礼部尚书傅瀚谈及地方送来的各种所谓"传国玉玺"时说："自秦始皇得蓝田玉以为玺，汉以后传用之。自是巧争力取，谓得此乃足已受命，而不知受命以德，不以玺也。故求之不得，则伪造以欺人；得之则君臣色喜，以夸示于天下。是皆贻笑千载。"他认为正是人们对传国玉玺的过分看重才导致了仿冒盛行。乾隆御制的《国朝传宝记》也说："会典所不载者，复有'受命于天，既寿永昌'一玺，不知何时附藏殿内，反置之正中。按其词虽类古所传秦玺，而篆文拙俗，非李斯虫鸟之旧明甚……若论宝，无非秦玺，既真秦玺，亦何足贵！乾隆三年，高斌督河时奏进属员浚宝应河所得玉玺，古泽可爱，又与《辍耕录》载蔡仲平本

▲"大清嗣天子宝"，清早期，金质，交龙钮方形玺，汉文篆书满文本字。乾隆帝钦定二十五宝之一，也是清代二十五宝之中唯一的一方镀金质宝玺。（现收藏于北京故宫博物院）

情感隆奇原

颇合。朕谓此好事者仿刻所为,贮之别殿,视为玩好旧器而已。夫秦玺煨烬,古人论之详矣。即使尚存,政、斯之物,何得与本朝传宝同贮? 于义未当。"看来,就是做皇帝的人,对玉玺的真伪也看得很开了。这一时期的人们对传国玉玺的态度大为改变,不像之前朝代那样看重了。

1924年11月,冯玉祥等人驱逐末代皇帝溥仪出紫禁城时,警察总监张壁和鹿钟麟等人曾在宫中追索镶金的传国玉玺,但没有找到。至此,人们相信真正的传国玉玺早已经被厚厚的历史黄沙所湮没。

赐印封王

自秦统一六国后,一些少数民族相继归附,中央政权大多施以怀柔之策,多封赏他们以王、侯爵位并赐印为证。西汉以来,逐渐形成一套对周围属国、少数民族政权和部族赐印的制度,并历经新莽、东汉、魏、晋直至清代相沿成俗,成为中国古代一项重要的分封形式。

"汉委奴国王"金印

汉政府在赐少数民族首领玺印中冠"汉"字,是从西汉宣帝时开始,东汉较为多见。《后汉书·东夷列传》"建武中元二年(57)倭奴国奉贡朝贺,使人自称大夫,倭国之极南界也,光武赐以印绶。"倭国也称倭努国,即今天的日本。

东汉初年,日本列岛上的部落社会正在向国家过渡,许多部落结成联盟,形成大大小小数百国。其中一个较大的部落国王为借助强盛的汉帝国的权威,取得凌驾于其他部落王国之上的地位,于是遣使朝觐汉朝皇帝,愿为汉臣藩,求汉皇赐名。汉朝光武皇帝了解到这些日本列岛上部族的风俗,同时嘉许其远来恭敬之情,授以金印,赐名以"倭"。其王又求汉皇赐封,光武帝又赐其为"倭奴王"。"倭"字,与"委"字通用,在《说文解字》中,委表示随从之意,加上人字偏旁表示顺从、恭敬的人。当时,日本诸部落国王都想借着臣属于汉王朝树立自己的权位和王位,因此凡受汉皇赐"汉委奴国王"印的王国皆举国大喜。

清乾隆四十九年(1784),即日本天明四年,名叫秀治和喜平的两位佃农,在耕作挖沟时偶然

▲"汉委奴国王"金印

发现一枚金印,印面正方形,边长2.3厘米,印台高约0.9厘米,台上附蛇形钮,通体高约2.2厘米,上面刻有"汉委奴国王"字样。金印出土以后,辗转百年,直至1979年,一个家族的后人把它捐献给了日本福冈市博物馆。

"汉委奴国王"金印的宝贵还在于其文字研究价值。金印上铭刻的"漢"字藏着一个秘密,仔细察看,"漢"字右下角是个"火"字。一般所见"漢"字右半部是连写的"大"。那么"漢"字右下角刻划成"火"字是偶然的吗?查阅日本出版的汉字图录《朝华字鉴》,没有发现同样的写法。但日本几家博物馆收藏的铜印中有

这个字；上海博物馆收藏的"汉匈奴破虏长""汉归义氐佰长"（繁体）印，它们上面也刻有这个字。这几个印章在"漢"字右半部的中间都是隔断的形成"火"字。为什么要隔断呢？就是要使"火"字出现在印章上。为什么要出现"火"字呢？因为汉是火德之国。

中国古人认为天地间万物都是由木、火、土、金、水五种物质组成。五行家称以火德而兴的帝业之运为火德。汉代刚成立时，有时候说是水德，有时候说是土德，可是慢慢地就规定为火德，东汉一成立就认为自己是火德之国。在汉字的历史中，这种造字现象经常出现，往往都是因为帝王的好恶而确定一个字在这个时期的写法。比如天授元年（690），67岁的武则天登基称帝，"诏行所造新字，以曌为名"。武则天把自己的名字由"武照"改为"武曌"。"曌"为日月当空、阴阳一体之意。

另据古代《文献通考》记载，魏景初二年，倭女王卑弥呼遣大夫难升米、都市牛利等访魏，献男女生口十人及斑布。十二月，魏诏封卑弥呼为亲魏倭王，封难升米为率善中郎将，封都市牛利为率善校尉，并赐赠大量锦、罽（jì）、绛、绢等各色丝绸及刀、铜镜等物。这段记载的是公元238年（三国时期曹魏第二任皇帝魏明帝在位时期），倭国有个女王叫卑弥呼，卑弥呼是日本弥生时代邪马台国的女王，在《三国志·魏书·倭人传》中有关于她的记载。关于她的真实身份，一直众说纷纭，她是个极具神秘色彩的古代女性统治者。历史记载她多次派使团来中国请求封印来加强她在国内的统治地位。三国曹魏时期，古倭国曾在九年时间内五次向洛阳的中原王朝进贡，两国也从此开始了互派使者的历史。

唐代以前，日本列岛的政权来中国朝贡，都是自称倭国使者。到了隋唐之际，日本人的汉文水平也比较高了，认为倭字在汉语中有贬义，于是改国号为日本，日本的意思就是日出之国。因为日本在中国的东边，日本人认为日本是最早见到太阳的地方，在给隋炀帝的上书中就说："日出处天子致书日没处天子，无恙乎？"隋炀帝听了这句话很不高兴地说："蛮夷书有无礼者，勿复以闻。"武则天时期，倭国正式改国名为"日本"，以后中国历代王朝开始称日本国，继而很少再用倭国的说法了。

14世纪初，日本进入南北朝分裂时期，在长期战乱中失败的南朝封建主组织武士劫掠中国与朝鲜沿海地区。因中国曾经"印封倭国"，故称之为倭寇。如果说当初光武帝封"倭"被日本人误会为贬义词的话，这个倭寇称呼中的"倭"确实是贬义了，汉字会随着时间和事情的变化而发生词义的变化。晚清时期，在光绪皇帝的上谕中，也大量使用"倭寇"指称日军，衍生出倭军、倭兵、倭炮、倭廷等词。也正是在汉魏"印封倭王"这个时期，汉字及其相关文化传入日本，成为日本文字及其文化的源头。

"汉匈奴归义亲汉长"铜印

1977年，青海省大通县上孙家寨发掘的东汉末匈奴墓葬中出土了"汉匈奴归义亲汉长"铜印。此印为驼钮，印面篆文阴刻"汉匈奴归义亲汉长"八个字，是东汉中央政府给匈奴族首领的官印，其中"义"字是汉政府给予其统辖的周边民族首领的一种封号，与1953年新疆沙雅县出土的羊钮铜印"汉归义羌长"属于同类。

东汉光武帝建武二十四年(48)，匈奴日逐王比被南边八部拥立为南单于，他袭用其祖父呼韩邪单于的称号，得到东汉光武帝刘秀的允许。从此以后，匈奴分裂为南北二部。建武二十六年(50)他向东汉派遣使节自称臣下，隶属于汉。汉武帝在南单于送子来作人质时，允许他居住云中，而且赐予冠带、玺绶、车马、金帛、甲兵、什器等，又从河东郡调拨干燥米25000石、牛羊36000头，支援南单于。当时东汉朝每年用于西域各国的经费总计7480万钱，对南匈奴一年的经费总计竟有一亿余钱，充分显示了东汉朝特别厚遇南匈奴。这一年所设的使匈奴中郎将是担负保护南匈奴部族任务的官职。东汉皇帝与南单于是相当于君主与客臣的关系，即比君臣关系高一档次的近乎主人与客人的关系。可以说匈奴隶属于汉，自身继续保持独立的礼、法，南单于在祭祀天神的同时合祭汉皇帝。

汉朝赐匈奴官印主要有以下三种情况：匈奴割据政权的贵族及上层官吏，如"汉匈奴姑涂墨台耆"印等；与汉联合征伐其他少数民族的匈奴上层，如"汉匈奴破虏长"印等；降服归义的首领如"汉匈奴归义亲汉长"印，此印即属于颁发给降服归义的匈奴首领的印章。一般来说，凡是归顺的属国属地赐印，中央王朝往往在印文前冠以朝代名。如汉时的"汉归义夷王"印。东汉时期，"归义"已经成为一种归顺的少数民族官职。汉政府

▲"汉匈奴归义亲汉长"铜印

为一些与中央政权结欢示好的民族赐印时,在朝代名前加"亲"字,以示友好,"长"为官职。汉代颁发周边部族首领的官印中大致有"王"字和"长"字。"汉匈奴归义亲汉长"印正是大规模匈奴南迁与氐羌东渐后,内迁各族原有的部落组织受到汉文化的冲击而日益解体,汉晋时期民族大融合的真实写照。

五世达赖喇嘛金印

此为清朝中央政府颁赐给达赖喇嘛的金印。自中国明朝开始就有了对达赖喇嘛进行册封的制度,清朝中央政府对达赖喇嘛的册封始自五世达赖喇嘛。清顺治九年(1652),第五世达赖喇嘛阿旺罗桑嘉措应邀进京

▲五世达赖喇嘛金印

入觐,受到顺治帝的隆重接待,并在其返藏途中册封其为"西天大善自在佛所领天下释教普通瓦赤喇怛喇达赖喇嘛",颁赐金册一份、金印一方。自此,达赖喇嘛作为西藏宗教首领的地位得到清朝中央政府的确认。此后历世达赖喇嘛均须经中央政权册封、颁赐金印,予以正式承认,遂成定制。

班禅额尔德尼金印

此为清朝中央政府赐给班禅额尔德尼的金印。清朝中央政府对班禅的册封始自五世班禅。为提高班禅在西藏的社会地位,康熙五十二年(1713),清康熙皇帝正式册封第五世班

禅——罗桑益西贝桑布为"班禅额尔德尼",满语意为"珍宝",并颁赐满、汉、蒙、藏文金册一份、金印一方,称为班禅五世。同时,也加封以前各世班禅。自此,班禅作为西藏另一宗教首领的地位得到清朝中央政府的确认。此后历世班禅均须经中央政权册封、颁赐金印,予以正式承认,遂成定制。

▲ 敕封班禅额尔德尼之印

诗书画印集大成者赵孟頫

隋唐以后,私印的使用非常广泛,内容上出现了书画收藏印、斋馆印、别号印、词句印等等。到了宋元,印章与绘画书法的关系日益紧密,帝王喜嗜,文人重视,玩赏篆刻之风日盛,于是有了专门的印谱、印论出现,印章就此与中国传统的诗、书、画并列成为四种独立的艺术表现形式,经由晋唐而于宋元之后,这四者被完全结合到了一起。

中国传统艺术用自己独有的形式,将这四者完美地结合,成为中国艺术的基本表现形式之一。诗、书、画、印被重新建构成了"诗书画印"的无法拆分的一个新的专用词语,一如"琴棋书画"般成为一种文化符号,代表文人士大夫阶层的生活及审美追求。而这一形式真正建立的重要代表,就是楷书四大家之一、元朱文印章的创建者赵孟頫。

赵孟頫字子昂，号松雪道人，博学多才，能诗善文，懂经济，工书法，精绘艺，擅金石，通律吕，解鉴赏，尤其以书法和绘画成就最高。在绘画上，赵孟頫开创了元代新画风，被称为"元人冠冕"。明人王世贞曾说："文人画起自东坡，至松雪敞开大门。"赵孟頫亦善篆、隶、真、行、草书，尤以楷、行书著称于世。其书风遒媚秀逸，结体严整，笔法圆熟，创"赵体"书，与欧阳询、颜真卿、柳公权并称"楷书四大家"。

在各类有关篆刻的文献资料中，赵孟頫被公认为中国篆刻分水岭，赵孟頫之前的叫印章史，赵孟頫之后的叫篆刻史。他曾经编写印章理论书籍《印史》，它是有记载的中国最早的印学著作。赵孟頫是所谓的"圆朱文"印的创始者，沙孟海先生的《印学史》提出，赵孟頫所篆印文，纯用小篆，朱文细笔圆转，姿态柔美，世称"圆朱文"。清人陈鍊在他的《印说》里称："其文圆转妩媚，故曰圆朱。要丰神流动，如春花舞风，轻云出岫。"这基本从审美上讲明了"圆朱文"的印风特征。后来我们称"圆朱文"为"元朱文"，原因正是赵孟頫所在的历史时期是元代，而"元"字除了表明朝代外，又有"圆"的意义。

值得一提的是，小篆虽然因为笔画繁复、书写速度慢，秦汉以后已不再作为日常书体使用，但因其字形高古，经由赵孟頫倡导，刻制印章时还多使用小篆，因而也一直沿用至今。

赵孟頫开创的元朱文，形态优美，风格典雅，一反当时印章刻意追求形式主义的流弊，使宋代任何一位文人的印章均相形见绌。将赵孟頫遗留下来的篆书手迹对照其书画作品所用印章的文字，可以看到这类印章的篆文书体。古玺印尽管形貌不同，

第三辑 演绎千年的传奇

却有其精神,可谓在传统印学基础上,变革当时印风,闯出的一条新路。元朱文对后世诸多流派印风有着重要的影响,至今依然为许多篆刻家所效法。加之其绝妙的诗文造诣,赵孟頫当之无愧地成为中国诗书画印集大成者第一人。

赵孟頫晚年曾写下一首《自警》诗:"齿豁头童六十三,一生事事总堪惭。唯馀笔砚情犹在,留与人间作笑谈。"他一生貌似风光无限,实则心路艰辛。风光的是,他几乎得到一个读书人可以得到的外在最大满足,历仕五朝,官居一品,推恩三代,元朝的汉人里面基本找不出比他官职高的。艰辛的是,他从33岁开始一直没有得到内心的安宁,挣扎于现实与理想之间,宋室王孙的身世和入仕于元的经历像抹不掉的阴影,时刻折磨着他。

赵孟頫是宋太祖赵匡胤十一世孙,秦王赵德芳的后代。他的五世祖又是南宋第二个皇帝宋孝宗的父亲,他算皇室近支,出身相当高贵。身为帝王后裔,原应锦衣玉食,一生富贵,可叹他生于南宋末世,遭逢乱离,末代王孙的命运就降临到他的头上。

赵孟頫自幼聪敏,读书过目不忘,下笔成文,写字运笔如风。14岁时,赵孟頫因其家世代为官亦入补官爵,并通过吏部选拔官员的考试,调任真州司户参军。南宋灭亡后,赵孟頫一度蛰居在家。母亲丘氏说:"圣朝必收江南才能之士而用。你不多读书,如何超乎常人?"他因而愈加努力,拜老儒敖继公研习经义,学业日进,成为吴兴八俊之一,声名卓著。

至元二十三年(1286),元世祖忽必烈为缓解民族矛盾,笼络人才,搜访隐居于江南的宋代遗臣,得二十余人,赵孟頫名列其首。赵孟頫33岁应诏北上,并单独被引见入宫。忽必烈初次召见，便被他的仪表风度所吸引，只见赵孟頫才气豪迈，神采焕发，如同神仙中人。忽必烈非常高兴，让他位坐右丞叶李之上。由此，赵孟頫一路平步青云，仕途顺畅。

元世祖时，赵孟頫一直受到尊崇。虽然忽必烈对赵宋皇族并非都那么宽容和厚待。元世祖之后的元仁宗也喜欢汉族文人，对赵孟頫尤其看重，曾对周围人说："文学之士，世所难得，如唐李太白、宋苏子瞻，姓名彰彰然，常在人耳目，今朕有赵子昂（赵孟頫），与古人何异？"仁宗又对左右谈及赵孟頫有七件事是人所不能及的：帝王苗裔一也，状貌昳丽二也，博学多闻三也，操履纯正四也，文词高古五也，书画绝伦六也，庞通佛老之旨、造诣玄微七也。元仁宗先后晋升赵孟頫为翰林学士承旨、荣禄大夫，官居一品。至此，赵孟頫政治地位达到了顶峰。赵孟頫诗书画印才华也越加成熟，晚年名声显赫，门生众多，知名画家黄公望当时就拜在他的门下。

赵孟頫虽官至一品，但始终对自己出身前朝宗室又为元朝高官的双重身份不能释怀。写下《自警》一诗后，不禁悲从中来，感慨世人对自己入仕的不理解，只能在诗文书画上聊以自慰了。

赵孟頫的夫人管道生，与东晋女书法家卫铄即王羲之的老师"卫夫人"，并称中国历史上的"书坛两夫人"。管道升才貌双绝，能诗文，擅书画，笔意清新。夫妇二人既各有千秋，又珠联璧合。整整30年，这对诗、书、画三绝的夫妻，在诗坛画苑中相携游艺，留下了许多感人的佳话。

管道升认为丈夫忙忙碌碌，政治上受人摆布的处境没有意义，填了一首《渔父词》劝其归隐："人生贵极是王侯，浮利浮名不自由。争得似，一扁舟，弄月吟风归去休。"然而，就在赵孟頫66岁这一年，他失去了相伴一生志同道合的伴侣。管道升去世三个月后，赵孟頫把思念融入笔端，写下了一篇旷世绝美的小楷《洛神赋》。《洛神赋》为曹植名篇，叙述人神相恋，终因道殊，含情痛别。在描述洛神之美时，文章说："其形也，翩若惊鸿，婉若游龙，荣曜秋菊，华茂春松。髣髴兮若轻云之蔽月，飘飖兮若流风之回雪……"赵孟頫在写下这样的词句时，心里想的一定不是虚无缥缈的洛神，而是你侬我侬、相亲相爱的管夫人！其间端正匀称的结构、优美潇洒的形态、圆润灵秀的运笔、密中有疏的布局于流畅中呈现俯仰起伏的气势，肆笔自得，别有天趣，体势逸发，真如见矫若游龙之入于烟雾之中。

▲《洛神赋》局部，赵孟頫。（现收藏于北京故宫博物院）

　　管道升的离去给赵孟頫很大的打击，他的健康状况急剧下降。他多次给朝廷上奏要求辞官隐退，终于得到批准。此后赵孟頫潜心于佛道，以书写经文为乐趣。离世前他曾去岳飞庙凭吊，并写下了《岳鄂王墓》一诗：

鄂王坟上草离离，秋日荒凉石兽危。

南渡君臣轻社稷,中原父老望旌旗。

英雄已死嗟何及,天下中分遂不支。

莫向西湖歌此曲,水光山色不胜悲。

　　此诗表达了赵孟頫对岳飞精忠报国的敬慕、宋室荒废社稷的悲愤和对自己一生由宋入元的忏悔与无奈。元英宗至治二年(1322),赵孟頫病逝于吴兴,享年69岁。朝廷追封他为魏国公,谥号文敏。

　　赵孟頫一生为人宽厚平和,仕元后"待故交无异布衣时",提携后进,品行无可指责,元朝骂他的人还不算多。明朝人从气节的高度看,就不那么客气了。有题赵孟頫画马者"千金千里无人识,笑看胡儿买去骑"。有题赵孟頫画竹者"中原旦暮金舆还,南国秋深水殿寒。留得一枝春雨里,又随人去报平安。"中国向来有"字如其人"的评价传统,蔡京的字再好也要因人而废字。项穆便从书法特征上找到"书"与"人"的连接点,说赵孟頫的书法"妍媚纤柔,殊乏大节不夺之气。"傅山更无情,他早年学赵字,明清易代,他选择当遗民,坚决不仕清,国破之悲让他憎恨起仕元

▲赵孟頫"水精宫道人"印

▲赵孟頫"大雅"印

▲赵孟頫"松雪斋"印

的贰臣赵子昂，贬斥赵字的"熟媚绰约、自是贱态"。

从书法艺术上看，赵孟頫的字流丽优雅有古意，具有平易近人的亲和力。赵孟頫晚年在《临右军乐毅论帖跋》里道出了学习古人的秘辛："临帖之法，欲肆不得肆，欲谨不得谨，然与其肆也宁谨。"他用"与其肆也宁谨"的方法学晋人，下笔节制，与北宋书家肆意发挥、锋芒毕露的做派划清了界限，力求回复晋唐的古法，理想是将晋书的风韵化入谨严的唐法之中。虽然在实际操作层面往往只能于王羲之的"雄秀之气"中得到"秀"，尤其是他一本正经写的长篇作品，往往在"雄"上稍嫌缺乏。但即使"薄其人而恶其书"的项穆和傅山，也不得不承认赵孟頫的书法是"右军正脉之传"。至今书坛无不受到他的影响浸染，形成了一个庞大的且延续时间很长的"赵体"书风。

在赵孟頫的竭力倡导下，元代书坛出现了复古思潮，书家们多以晋唐为法，上溯"二王"，追求一种平淡超脱、中和有序的审美时尚。作为当时的文坛领袖，赵孟頫在诗书画印等领域领导着文人艺术家的审美取向和艺术追求。因为他的倡导，印学开启了另一条艺术道路的起点。

举起"印宗秦汉"的大旗是赵孟頫最大的贡献。魏晋南北朝以后，由于纸张的广泛应用，印章从白文转向朱文，而印面由原来的一寸大小逐渐变大，这使印面文字松散。为了解决松散的问题，又出现盘叠的工艺化倾向，另外还有一部分文人将各种奇形怪状的元素引入印章。赵孟頫所处的时代节点，使他明确地认识到唐宋叠文印及当世文人的篆刻审美问题，于是他在《印史·序》说："近世士大夫图书印章，壹是以新奇相矜，鼎彝壶爵之制，迁就对偶之文，水月木石花鸟之象，盖不遗余巧也。其异于流俗，以求合乎古者，百无二三焉。"因此，他大力提倡"汉魏而下典型质朴之意"，看似简单的"复古"，但实质上是由于这部印学著作首次提倡汉印，从而确立了后世浑厚敦朴的汉印审美观为篆刻审美主流。

▲"赵孟頫印"

▲ 赵孟頫"赵氏子昂"印

▲ 赵孟頫"赵氏书印"印

赵孟頫还开创了士大夫刻印的风气。在唐宋以前，文人是不刻印的，既有观念上的问题又有实际困难。观念上认为雕刻是体力活，是"匠人"，文人不屑。实际困难是那时印材都是牙角晶玉，质地坚硬，不易受刀。根据现有记载，宋代书法家米芾是最早亲自操刀刻印的文人。但是赵孟頫已将刻印提升为艺术，融设计与制作为一体，成为文人雅士书画印的审美取向。

赵孟頫还是以石入印的第一人，他以青田石为印材，提升了篆刻的效率，增强了篆刻的艺术效果，在文人印章艺术史上具有划时代的意义。

无论带着怎样的评价，不可否认的是，赵孟頫是当之无愧的书画巨匠，他承前启后，开创一代书风、画风、印风，是连接中国艺术史的关键人物。1987年，国际天文学会以赵孟頫的名字命名了水星环形山，以纪念他对人类文化史的贡献。其书画墨迹

第三辑 演绎千年的传奇

散藏于日本、美国等多个国家。

既是为山平不得　我来添尔一峰青

　　傅山，初名鼎臣，改名山，原字青竹，后改青主。中国人的名字，往往带有时代色彩，并且寄托着父母或者本人的理想与志向。如果说"鼎臣"这个名字具有浓厚的封建政治理想和传统礼教色彩，那么改名为"山"，就较为符合傅山的思想性格特点。用傅山老师袁继咸的评语说，就是一种"山林气"，而改字"青主"，则更加突出了傅山自强不息、超凡脱俗的创造精神。傅山有两句诗就是"青主"的注脚："既是为山平不得，我来添尔一峰青！"表明他的高风亮节和特立独行的精神。从他一生的实践、创造和成就看，可以毫不夸张地说，他确实称得上当时中国思想文化界一座拔地凌空、多姿多彩的奇峰！

　　孤悬北地的书法大家傅山用他那肆意纵横的老辣铁笔，在印学方寸之间也树起了一块红色的丰碑。清人李果在《霜红龛集序》中，评价傅山"篆刻金石文字皆能之"。傅山自己说："印章一技，吾家三世来皆好之，而吾于十八九岁即能镌之。"就连他的

▶『傅山之印』

▶傅山『脱有形似』印

儿子傅眉也是"图章精绝一时,仿汉刻铜印,深得八分玺法……"傅山精于文字训诂、古篆、草篆、八字汉隶、行草楷书及绘画、鉴藏,学识博大,诗文俱著,思想深邃,经历了失国去家之离乱,饱尝了人间冷暖,在颠沛流离的生活中铸就了他胸襟激越、顽强不屈的性格和苍茫悲凉、拙实奇逸的美学风格。

傅山生于明万历三十五年(1607),卒于清康熙二十三年(1684),跨越了两个朝代,顽强地生活了77年。他生活在怎样一个时代,这个时代又是怎样一种生活呢?傅山前半生的时代是统治中国近300年的明王朝最后的37年。傅山少时,受到严格的家庭教育,博闻强记,读书数遍即能背诵。傅山15岁时补博士弟子员,20岁就读于三立书院,受到山西提学袁继咸的指导和教诲,是袁氏颇为青睐的弟子之一。

袁继咸,是明末海内咸知的耿直之臣,提学山西时,以"立法严而用意宽"的精神宗旨,整顿三立书院学风,不拘一格选拔人才。他极重于文章、气节的教育,对傅山影响颇深,傅山亦以学业精湛、重气节得意于袁氏门下。袁继咸曾在朝为兵部侍郎,因为官清廉,为人耿直,敢于直言,得罪了权贵魏忠贤之流,被贬为山西提学。明崇祯九年(1636),魏忠贤死党、山西巡按御史张孙振捏造罪名,诬告袁继咸,陷其京师狱中。傅山为袁继咸鸣不平,与薛宗周等联络生员百余名,联名上疏,步行赴京为袁诉冤请愿。于是一场被史学家称为"伏阙讼冤"的烈火从太原烧到了京城。

所谓"伏阙讼冤"就是告御状。当时傅山带领众生员300余人,亲自起草诉状,在京城四处印发揭帖,申明真相,不畏恐吓和

传奇

追杀,并两次出堂作证。经过长达约八个月的斗争,终于惊动了崇祯皇帝,方使袁继咸冤案得以昭雪,官复武昌道。袁继咸得雪之日,魏忠贤的走卒张孙振也以诬陷罪受到谪戍的惩罚。这次斗争的胜利震动全国,傅山得到了崇高的荣誉和赞扬,名震大江南北。

袁案结束后,傅山返回太原。他无意官场仕途,寻城西北一所寺庙,辟为书斋,博览群书,除经、史、子、集外,甚至连佛经、道经都精心览读,掌握了丰富的知识。明崇祯十六年(1643),傅山受聘于三立书院讲学。

在傅山38岁这一年,即公元1644年,发生了中国历史上的大事件——甲申之变。先是李自成农民起义军的旗帜插在了北京城头,崇祯皇帝吊死在万寿山。后是满清的铁骑跨过了山海

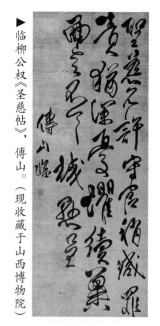

▶临柳公权《圣慈帖》,傅山。(现收藏于山西博物院)

关,旋即踏遍中原。这对傅山来说,不啻是天崩地裂,"三十八岁尽可死,栖栖不死复何年!"

以甲申为转折点,傅山的后半生又赶上清王朝统治中国近300年的最初40年,傅山写下"哭国书难著,依亲命苟逃"的悲痛诗句。为表示对清廷剃发的反抗,他拜寿阳五峰山道士郭静中为师,出家为道,道号"真山",因身着红色道袍,遂自号"朱衣道人",别号"石道人"。朱衣者,朱姓之衣,暗含对亡明的怀念;石道者,如石之坚,意

示决不向清朝屈服。可见，傅山出家并非出自本心，而是借此作为自己忠君爱国、抗清复明的寄托和掩护。

在此期间，有一个闻名江南的大才子来拜访他，两人谈得十分投机，这个人就是顾炎武。他在明亡后组织抗清失败，遂提出"天下兴亡、匹夫有责"的著名口号，其意义和影响非常深远，成为激励中华民族爱国奋进的精神力量。顾炎武不仅给傅山带来了江南反清的精神支持，还带来了吴门篆刻艺术开山人物文彭的印谱。得到此印谱，傅山如遇故人，挥毫泼墨之余潜心操刀治印，从此集诗书画印于一身，开始了向更高艺术山峰的攀登。

清军入关迁都北京之初，全国抗清之潮此伏彼起，气势颇高，傅山渴望所谓的南明王朝早日强大，尽快北上驱逐清朝匡复明室。他积极同桂王派来山西的总兵官宋谦联系，密谋策划，积蓄力量，并初定于顺治十一年（1654）三月十五日从河南武安五汲镇起义，向北发展势力。然而，机事不密，宋谦潜往武安不久即被清军捕获，并供出了傅山。于是傅山被捕，被关押在太原府监狱。在被羁拘期间，傅山矢口否认与宋谦政治上的关系，即便是严刑逼供，也只说宋谦曾求他医病，遭到拒绝后遂怀恨在心。一年之后，清廷得不到傅山口供，

▲傅山『心源开处有清波』印

第三辑 演绎千年的传奇

389

遂以"傅山的确诬报，相应释宥"的判语，将他释放，史称"朱衣道人案"。

傅山出狱后，反清之心不改。大约在顺治十四至十六年间，他南下江淮察看了解反清形势。当确感清室日趋巩固复明无望时，遂返回太原，隐居于城郊僻壤，自谓侨公。那些"松侨""侨黄"的别号就取之于此后，寓意明亡之后，自己已无国无家，只是到处作客罢了。江山易主、家国仇恨、反抗失败，让傅山只能借助书论来发表自己隐晦的政治见解。

虽然傅山的书法初学赵孟頫、董其昌，学成后几乎可以乱真，但他开始极力贬斥董其昌和赵孟頫，因为董其昌得到过康熙的推崇，而赵孟頫由宋入元成为"贰臣"。他大力倡导"丑拙"和"支离"，"支离"一词出自《庄子·人间世》"夫支离其形者，犹足以养其身，终其天年，又况支离其德者?"原意为独善其身颐养天年的意思，而傅山将其引申为退隐反叛和对当前朝廷的消极抵抗。

清初，朝廷为了笼络人心，泯除亡明遗老们的反清意识，康熙帝在清政府日益巩固的康熙十七年(1678)颁诏天下，令三品

▲傅山为丹枫阁题写的匾额

以上官员推荐"学行兼优、文词卓越之人""朕将亲试录用"。给事中李宗孔、刘沛先推荐傅山应博学宏词试。傅山称病推辞，阳曲知县戴梦熊奉命促驾，强行将傅山招往北京。至北京后，傅山继续称病，卧床不起。清廷宰相冯溥并一干满汉大员隆重礼遇，多次拜望诱劝，傅山靠坐床头淡然处之。他既以病而拒绝参加考试，又在皇帝恩准免试、授封"内阁中书"之职时仍不叩头谢恩。康熙皇帝面对傅山如此之举并不恼怒，反而表示要"优礼处士"，诏令"傅山文学素著，念其年迈，特授内阁中书，着地方官存问"。

傅山返回太原后，地方诸官闻讯都去拜望，并以内阁中书称呼。对此，傅山低头闭目不语不应，泰然处之。阳曲知县戴氏奉命在他家门首悬挂"凤阁蒲轮"的额匾，傅山凛然拒绝。他仍自称为民，避居乡间，同官府若水火，表现了自己"尚志高风，介然如石"的品格和气节。

清顺治十七年（1660），满清入主中原已近二十年，国内大规模的起义被相继镇压，但反抗的种子一直保存在对汉族衣冠风物念念不忘的人心里。祁县人戴廷栻就是其中的一个。

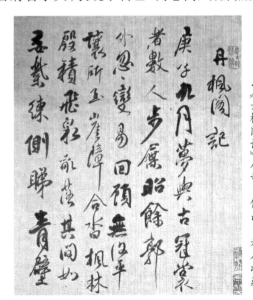

◀《丹枫阁记》局部，傅山，私人收藏。

那年九月，他做了一个梦，梦中和一些身着"古冠裳"（意即明朝服饰）的人在一个小阁楼中聚会，阁名"丹枫"。醒来后，就依梦中所记，修建了丹枫阁。傅山为丹枫阁题写了匾额，写了一篇《丹枫阁记》以记其事，并于书后作跋，听梦说梦，洋洋洒洒，一匾一记互为表里，寄托了他们的志向和梦想。

《丹枫阁记》书法用笔雄浑飞动，气势夺人，挺拔刚健，而又连绵不绝。挺拔处有如长枪大戟，巨石腾空。连绵处则如棉里裹铁，刚柔相济。草书本难于设险取势，更难于化险为夷，且易于飘浮，流于轻滑，而傅氏笔触沉着，无往不收，停当有致。留下了这篇可以和王羲之《兰亭序》、颜真卿《祭侄文稿》、苏轼《寒食帖》相媲美的艺术精品。丹枫阁也因此名满天下，顾炎武等江左才俊常聚于此抒怀畅谈。

傅山晚年主要从事著述，并成为在野的思想文化界的领袖和代表。他的书论带有浓厚的政治色彩，最为典型的是他所写的《作字示儿孙》：

> 贫道二十岁左右，于先世所传晋唐楷书法，无所不临，而不能略肖。偶得赵子昂、董香光墨迹，爱其圆转流丽，遂临之，不数过而遂欲乱真。此无他，即如人学正人君子，只觉觚棱难近，降而与匪人游，神情不觉其日亲日密，而无尔我者然也。行大薄其为人，痛恶其书浅俗，如徐偃王之无骨。始复宗先人四、五世所学之鲁公，而苦为之。然腕难矣，不能劲瘦挺拗如先人矣。比之匪人，不亦伤乎。不知董太史何见，而遂称孟頫为五百年中所无。贫道乃今大解，乃

今大不解。写此诗仍用赵态，令儿孙辈知之勿复犯。此是作人一著。然又须知赵却是用心于王右军者，只缘学问不正，遂流软美一途。心手不可欺也如此。危哉！危哉！尔辈慎之。毫厘千里，何莫非然。宁拙毋巧，宁丑毋媚，宁支离毋轻滑，宁直率毋安排，足以回临池既倒之狂澜矣。

傅山曾在一位印人篆刻的"披云"章上镌下了如此草书边款："大笔淋漓胫而走，此人疑是秦汉手。磐马摩空气如龙，飞鸿戏水坠层薮。剑拔与弩张，长蛇尾顾首。吁嗟乎，岖嵝之作兮何代无，谁复珍重其所有。"这则印款，弥足珍贵，反映了傅山在篆刻上宗法秦汉、追求笔墨意味、体现金石效果、印面生动活泼的观点，这与他"写字只在不放肆一笔

一画，平平稳稳结构得去，有甚行不得"及"四宁四勿"的艺术主张是一致的。

在文学艺术方面，傅山诗文的思想性、现实性极强，写作不拘成法，任性直率，古奥老拙，慷慨苍凉，奇思逸趣，形成了独特的艺术风格。他的这种审美取向也表达在其篆刻艺术上，呈现未加修琢的凿痕，也就是后人所说的金石味。模拟金石而又加入笔墨的美感正是文人治印对篆刻的发展。

傅山的身后莫名的寂静，他的事迹生平少见于正史记载，甚

▶傅山『我是如来最小之弟』印

至连专门记载地方历史陈迹的县志、府志，也只见廖廖数语。正是由于他的作品过去出版较少，难以进行广泛而深入的研究，因而对傅山的艺术成就评价不一，甚至差别很大。随着碑学思潮的再度兴起，20世纪末，傅山的艺术思想和书法、篆刻艺术成就被重新发现，成为真正彪炳青史的一座雄伟的山峰。

印传东汉　社结西泠

在杭州西湖的孤山南麓，有一座穿越百年的古建筑，牌匾上镌刻着"西泠印社"四个字。这里是中国研究金石篆刻已有百年的艺术学社，有"天下第一名社"之称。"占湖山之胜，撷金石之华"，山水之间的西泠印社犹如镶嵌在西湖的一颗璀璨明珠，吸引着世人的目光。

西泠(líng)，很多人误读作西冷。杭州西湖风景区地名，建有西泠桥。西泠桥是杭州西湖北边孤山通往北山的一座石拱桥。站在桥上眺望，里湖外湖尽收眼底，白堤近在咫尺，苏堤隐约在望。在宋代以前，这儿不叫"西泠"而叫"西林"或"西村"，古时有"西村唤渡处"，大约是当时桥还没有造好。宋代郭祥正有《西村》诗道："远近皆僧刹，西村八九家。得鱼无卖处，沽酒入芦花。"可见这里当时只有村民数家，而湖中也未遍种荷花，而是满眼如雪的芦花。后来桥筑成了，明代陈赟就有诗云："东风客每携壶过，落日人还唤渡无？最有春来狂可玩，桃花千树柳千株。"不过，这时候的桥，还有些古色古香，简朴可爱，但到明末李流芳时，桥已改筑，而且人们习惯称它为"西泠桥"了。

西泠桥是一座古色古香的环洞石拱桥。西泠桥与长桥、断桥并称为西湖三大情人桥，位于西霞岭麓到孤山之间。古时，原为一处风景如画的渡口，古人诗画中的所谓"西村唤渡处""船向西泠佳处寻"，指的都是这里。苏小小便是这如画渡口中一曲荡气回肠解千愁的不凡女子。巧的是断桥、长桥、西泠桥刚好与三位女子的爱情故事息息相关，于是乎这三座桥就成了西湖边的三大情人桥。断桥边白娘子与许仙雨天借伞留情，长桥边的祝英台与梁山伯十八里相送，他们的爱都是一种男女双方的承诺与相守，他们之间是相知相爱的，虽历经劫难，然爱情最终却是永恒的，显示出惊天地、泣鬼神的力量。而西泠桥却是一人守候爱情的桥，那一种爱是孤独的、凄凉的，那一种爱又是发自真心却又永远无法得到回应的，那是属于西泠桥畔一个叫苏小小的女子。

相传苏小小是南朝齐时期的著名歌伎、钱塘第一美人，只可惜佳人薄命，埋香西泠桥畔。历代文人多有赋诗抒怀，唐朝的白居易、李贺，明朝的张岱，近现代的曹聚仁、余秋雨，都写过关于苏小小的诗文。清代著名诗人、印人袁枚曾经自刻一枚闲章"钱塘苏小是乡亲"。某日一位尚书大人路过金陵，索要他的集子，他顺手在书上盖了此印。尚书看了，严加责备。开始袁枚一再

▶袁枚闲章『钱塘苏小是乡亲』

谢罪致歉,但尚书仍喋喋不休地数落,于是袁枚只好严肃地对他说:"您官居一品,以为我牵强附会与一个妓女攀乡亲不伦不类,然而恐怕百年以后,人们只知道有苏小小,而不知道有您啊!"袁枚此闲章本意是不满当时竞攀高枝的风气,以此自嘲标新立异。没想到一百多年后,因为西泠印社,许多印人都与苏小小结了缘。

西泠逐渐成为一个风景名胜,一桩桩西泠往事也被后人传为艺术美谈。早在康熙年间,当时的杭州名士如金农、丁敬等人时常到西泠品茗赏景吟诗作画。后来金农更喜欢扬州,遂成"扬州八怪"之首。而丁敬始终独守着一份寂寞,将篆刻当作自己一生的使命。他的高士品行和篆刻艺术折服了许多年轻人,他们纷纷追随丁敬,渐渐形成了一个由丁敬、蒋仁、黄易、奚冈、陈豫锺、陈鸿寿、赵之琛、钱松等八位声名远播的篆刻艺术家组成的,一个名垂篆刻史册的篆刻艺术流派——西泠八家。

仿佛西泠始终就和篆刻艺术有着不解之缘。转眼间,时间来到光绪三十年(1904),当时在篆刻艺术上颇有造诣的五个年轻人:丁仁(字辅之)、叶为铭(字品三)、王禔(字福庵)、吴隐(字石潜)及吴隐的本家兄弟吴潮,为打发漫漫酷暑,相聚西泠孤山的人倚楼,集同仁的收藏旧印钤拓成谱,其间兴趣盎然,谈古论今,意气风发地就说到创立印社之事。对于印学这一深具民族文化传统的艺术形式,他们倾心不已,醉心其中,均觉得其有传承和发扬的必要,于是起意集合各地印人创立学术团体,研究发展金石篆刻艺术。

这些"小住人倚楼,相与研究印学"的年轻人意气相投,一拍即合。丁仁要将孤山西泠一处祖产修葺一新,捐给印社作雅聚的场所。吴隐听了很激动,当场取出一封银元,供印社同好雅聚时作茶资。其实作茶资是一个客气的说法,40大洋在当时已经可以买几亩地了。受到吴隐的感染,大家进行了认捐。众人朝着孤山山上走去,五个人站在孤山山顶,看山后保俶塔高耸入云,眼底西湖烟波浩渺,想着令人仰望的西泠前辈们,定名为"西泠印社"。叶为铭乘兴挥毫成联:"印传东汉今犹昔,社结西泠久且长。"

经过了艰难筹备和苦心经营,至1913年,一个融人文意趣山水园林于一体,总面积7000多平方米的印社已经初具规模。这一年恰巧是书圣王羲之在绍兴组织兰亭雅集的第26个癸丑年,故印社同仁决定在这一年的重阳节正式召开第一届社员大会暨西泠印社成立十周年庆典。30余名书画篆刻艺术家从各地雅聚西泠,一代宗师吴昌硕被公推为首任社长。受西泠印社的影响,河井荃庐、长尾甲等海外社员把源自中华的金石篆刻艺术带回国内,并在日本、韩国创立了全国性的篆刻创作与研究团体。西泠印社促成并推动了周边汉学文化的进一步交流、发展和繁荣。

成为杭州"三西"之一的西泠印社,是一个既有风景又有人文的地方。建筑内均挂匾披联,摩崖石刻缤彩纷呈,名人题诗随处可见。"人以印集,社以地名",后人漫步在西泠曲径,会与大师留下的笔墨频频相遇。"西泠印社"社匾即为吴昌硕所题,阿弥陀经石幢上的经文为弘一法师手书石刻,北门门额所题"湖山最胜"是康有为手笔。不少建筑和景观也都和金石篆刻大家的名字联系在一起。吴昌硕来杭州时,总是住在隐楼内,现在小楼已辟为吴昌硕纪念馆。小龙泓洞即是以西泠八家的丁敬之号"龙泓山人"而命名,洞旁有清代篆刻大师邓石如的全身像。绿藤悬挂的石壁上镶有一方"隐藏"小碑,那是李叔同剃度出家时藏印章的石龛。西湖边也从此多了一处独特的,交织着人文、自然之美的园林胜景。西泠印社精英云集,诗书画印人才俱全,中国文人的诗意情怀在这里一代代流传。

清末的中国,正处在一个王朝没落的时期,传统文化和西洋文化成为一个民族在变革时代的艰难选择,也给坚守中国传统文化的仁人志士带来了巨大冲击。西泠印社几代人经历了诸般风雨,痴心不改,薪火相传。吴昌硕、马衡、张宗祥、沙孟海、李叔同、丰子恺、黄宾虹、马一浮、沈尹默、费新我、商承祚、傅抱石、潘天寿、赵朴初、启功、饶宗颐,这些近现代史上精研文史、雅擅丹青的大家,也都有一个共同的身份——西泠社员。所有学印之人,都会以能刻一枚"西泠印社中人"印章为荣耀。日本的梅舒适曾说过:"我只要西泠印社社员这一称号,其他都可以不要。"1918年8月的一天,李叔同来到西泠,把珍藏的93枚印章捐献给西泠印社,了结他尘世中最后一个心愿,然后转身在杭州虎跑定慧寺剃度为僧。

一个很有趣的现象是社长的选举,社长空缺的时间竟累计长达60年。"西泠印社"结社一百多年的历史中,共有七任社长,他们无一不是公认的大师、学界泰斗。

西泠印社首任社长吴昌硕,晚清民国时期著名国画家、书法家、篆刻家。他集"诗、书、画、印"为一身,融金石书画为一炉,被誉为"石鼓篆书第一人""文人画最后的高峰",在绘画、书法、篆刻上都是旗帜性人物,在诗文、金石等方面均有很高的造诣。作为西泠印社社长,吴昌硕并不局限于个人的成就,他

▲吴昌硕"西泠印社中人"印

更以开放的心态参与各社团组织的活动,并积极推动与日本的书画篆刻交流,又以门生子弟遍布天下的号召力,使他不仅成为一个技艺精湛的大师,还是一个观念超前的改革家。

西泠印社第二任社长马衡,中国金石学家、考古学家、书法篆刻家,曾任北京大学研究所国学门考古学研究室主任、故宫博物院院长。他主持过燕下都遗址的发掘,对中国考古学由金石考证向田野发掘过渡有促进之功,被誉为中国近代考古学的先驱。

▲马衡"不登大雅之堂"印

西泠印社第三任社长张宗祥,著名书法家、版本学家,亦善绘画,擅长古籍校勘。张宗祥的成就也不止于印学,作为京师图书馆主任、浙江图书馆馆长,他的目录版本校勘之学功力极深。他在1956年向浙江省人大提交议案,建议恢复西泠印社活动而立即获得来自社会各界的广泛响应,从而为西泠印社后50年立下了奠基之功。

▲"张宗祥印"

▲沙孟海"沙文若玺"印

西泠印社第四任社长沙孟海，是20世纪的书坛泰斗。他在语言文字、文史、考古、书法、篆刻等方面均深有研究，在文化领域卓有贡献。他既是一位艺术大师，又是近现代文化名人，曾任浙江大学中文系教授、浙江美术学院教授、西泠印社社长、西泠书画院院长、浙江省博物馆名誉馆长、中国书法家协会副主席。

▲"赵朴初"印

西泠印社第五任社长赵朴初，卓越的佛教领袖、杰出的书法家、著名的社会活动家。作为社长，在《西泠艺丛》复刊之际，他慷慨出资捐助。对于人生和死亡，赵朴初有着自己的参悟。他曾书写了明代洪应明《临终》一诗："生固欣然，死亦无憾。花落还开，水流不断。我今何有，谁欤安息？明月清风，不劳寻觅。"这是一位经历过抗日战争、解放战争、新中国成立之人的大彻大悟。

▲启功书法作品

西泠印社第六任社长启功，中国当代著名书画家、教育家、古典文献学家、鉴定家、红学家、诗人、国学大师，曾任北京师范大学教授、国家文物鉴定委员会主任委员、中央文史研究馆馆长、中国书法家协会名誉主席。

西泠印社第七任社长饶宗颐，是享

誉海内外的学界泰斗和书画大师。他知识渊博，学富五车，精通多种外语。饶宗颐在传统经史研究、考古、宗教、哲学、艺术、文献等多个学科领域均有重要贡献，在当代国际汉学界享有崇高声望。

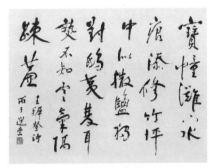

▲饶宗颐书法作品

2011年，对于西泠印社来说是一个值得纪念的年份。继2009年由西泠印社领衔申报的"中国篆刻艺术"成功入选联合国教科文组织"人类非物质文化遗产代表作"之后，西湖又被联合国教科文组织列入《世界文化遗产名录》。历经一百多年，西泠印社已成为中国研究金石篆刻最负盛名的民间学术团体，有"天下第一名社"之称。西泠桥畔的社址成为印社同好雅集的场所，西泠印社就像是一座艺术孤岛，无论西湖岸边如何现代时尚，西泠印社依然安静于湖光山色间，执著地坚守着传统，研究印学，保存金石。

2017年，由浙江广电集团、杭州市委宣传部、浙江大学和西泠印社联合出品的大型纪录片《西泠不冷》讲述西泠印社与印人的故事，总导演许继锋说："孤山虽然只有38米高，但它的精神和文化内涵却很深远。"

如今，西泠这棵百年大树已枝繁叶茂，遍布世界各地，集聚了一批优秀的艺术家。"留得西泠干净土，家风梦篆有斯人。"词学大师朱孝臧曾赋诗赞叹西泠人的雅洁高风。也许，重温这些

第三辑　演绎千年的传奇

题西泠印社楹联,我们就能看到每个印人心中的百年西泠。

烟霞问讯,风月相倚。——徐三庚

印传东汉,社结西泠。——胡然

海为龙世界,云是鹤家乡。——邓石如

猛志逸四海,奇龄迈五龙。——赵之谦

兰风载芳润,谷性多温纯。——钱松

涛声听东浙,印学话西泠。——叶铭

与古人为知己,集斯文之大观。——徐廉

高会来,旧今雨;丹篆照,东西洋。——沙孟海

道义平生无捷径,风波随处有灵丹。——蒋仁

冰壶在怀清可擢,石泓为友交最深。——奚铁生

文章片石原东汉,诗律精深祖后山。——黄易

课子课孙先课己,成仙成道且成人。——陈鸿寿

倪迂清閟云林阁,米老英光宝晋堂。——何绍基

到处溪山如旧识,此间风物属诗人。——郭尚先

彝鼎图书自典重,金石刻画臣能为。——童大年

逶随乎乘经之府,相萃于众艺这区。——巴慰祖

四面有山皆入画,一生无日不看花。——王锡荣

好学深思,心知其意;聪莹持达,文而可儒。——吴让之

微雨新晴,六合清朗;杂花生树,群莺乱飞。——黄士陵

文房四宝聚传奇

中国书法是以笔、墨、纸、砚为主要工具材料,书写出特有的造型与韵律,融入人们对自然社会、生命的思考,表现出中国人特有的思维方式、人格精神与性情志趣。笔、墨、纸、砚作为中国传统文化的文房四宝,凝聚着传统文化的精髓,闪耀着独特的艺术光芒。无"器"何以容"道",文房四宝所承载的民族精神和文化会愈发的珍贵与璀璨!

笔落惊风雨

宋代的《文房四谱》中说,君子有三端,其一曰文士之笔端。其实三端的说法源自汉代的《韩诗外传》,原文是:"君子避三端,避文士之笔端,避武士之锋端,避辩士之舌端。"可见笔在古代的地位已等同于文字本身。还有很多成语或典故诸如:笔走龙蛇、投笔从戎等等,笔已经成为"书写"的代名词。

"江郎才尽"这个成语大家都很熟悉,江郎就是江淹,字文通,南朝时期名噪一时的文学家。据说江淹成名后,一天他梦到一个自称晋人郭璞的人对他说:"我有一只笔放在你那里很多年了,现在你可以还给我了。"江淹往怀里一摸,果然发现了一支五色笔,便还了回去,从此以后"诗绝无美句,时人谓之才尽",这是

"江郎才尽"的由来。《晋书》里认为郭璞是个术士,但其实他"词赋为中兴之冠,好古文奇字,妙于阴阳算历"。他的文章写得也很不错。晋室南渡后,郭璞因为文采上佳,被朝廷任命为著作郎。所以说,大家觉得江淹文采好,那是因为郭璞借了他的笔给江淹,同时也把才气借给了他。这也是另一个成语"妙笔生花"的典故。

最初的毛笔并没有一个统一的称谓,东汉许慎著《说文解字》中有"楚谓之聿,吴谓之不律,燕谓之拂""秦谓之笔,从聿从竹"的记载,宋代《文房四谱》中说周公写作《尔雅》时就提到"不律谓之笔或谓之点"。

还有一个传说就是"蒙恬造笔"。相传蒙恬驻军边疆,经常要向秦始皇奏报军情,而当时文字书写是用刀契刻的。由于边情瞬息多变,文书往来频繁,用刀契刻字的速度太慢,不能适应战时需要。蒙恬急中生智,随手从士兵手中的武器上撕下一撮红缨,绑在竹杆上,蘸着颜色,在白色的丝绫上书写,由此大大地加快了写字速度。此后,人们又因地制宜不断改良,根据北方狼、羊较多之便,用狼毛和羊毛做笔头,制成了早期的狼毫笔和羊毫笔。据后唐马缟《中华古今注》载:蒙恬始作秦笔,以枯木为管,鹿毛为柱,羊毛为被,谓之"苍毫"。由于这支笔是由竹管和兔毛组成的,蒙恬就在当时流行的笔名"聿"字上加了个"竹"字头,把它叫作"筆",今简写作"笔"。因此旧时制笔行业中,蒙恬被供奉为行业祖师爷。

其实中国毛笔的出现是非常早的,《诗经》有"静女其娈,贻我彤管"。彤管就是笔。《庄子》中有"舐笔和墨"就是舐着笔调和墨汁。在殷墟发现的甲骨上，还有少数用朱砂写成但还未刻的文字。这也说明，有一些甲骨文是用毛笔先写，再用刀刻上去的。

现代考古发现毛笔的起源可追溯到新石器时代。1980年，陕西临潼姜寨村发掘一座距今五千多年的墓葬，出土文物中有毛笔书法作品、凹形石砚、研杵、染色物和陶制水杯等。从彩陶的纹饰花纹，可辨认出毛笔描绘的痕迹，证实了在五六千年前，已经有了毛笔或类似毛笔的笔。

商代甲骨文中已出现笔的象形文字，形似手握笔的样子。在湖南长沙左家公山和河南信阳长台关两处战国楚墓里，分别出土了竹管毛笔，它们是目前发现最早的毛笔实物。湖南长沙出土的那支笔，竹杆粗0.4厘米，杆长18.5厘米。笔头为兔箭毛制成，长2.5厘米，笔头夹在劈开的竹杆头上，用丝线缠捆，外涂一层生漆。从其制作工艺和文物出土分布地区看，毛笔在战国时已被广泛使用。

广义的"毛笔"，是指用动物的毫毛制作的笔。兔子的毛、山羊的毛、黄鼠狼的毛、马的鬃毛，乃至婴孩的胎发，都可以用做毛笔的材料。毛笔作为一种软笔，书写时留下来的线条和硬笔不同。埃及和美索不达米亚两河流域古文明的文字大多是硬笔书写，我们叫作"楔形文字"，是在潮湿的泥板上用斜削的芦苇尖端书写。芦苇很硬，斜削以后有锐利锋刃，在泥板上的刻痕线条轮廓清晰，如同刀切，有一种形体上的雕刻之美。埃及与两河流域古文明都有高耸巨大的石雕艺术，也有金字塔一类的伟大建筑，中轴线对称，轮廓分明，呈现一种近似几何型的绝对完美，与他们硬笔书写的"楔形文字"是同一美学体系的追求。

中国上古时期,上古初民有更多对"土""木"的亲近。"土"制作成一件件陶瓮、陶钵、陶壶、陶缶,用手在旋转的辘轮上拉着土坯,或把湿软泥土揉成长条,一圈一圈盘筑成容器。容器干透了,放在火里烧硬成陶。陶器完成,初民们拿着毛笔在器表上书写图绘。陕西半坡遗址出土的"人面鱼钵"是著名作品。一个像巫师模样的人面,两耳部分有鱼。图像很写实,线条是用毛笔画出来的,表现鱼身上鳞片交错的网格纹,很明显没有借助"尺"一类的工具。细看线条有粗有细,也不平行,和埃及追求的几何型的绝对准确不同,中国上古陶器上的线条,有更多手绘书写的活泼自由与意外的拙趣。追溯到五千多年前,毛笔可能已经决定了中国书法与绘画的走向。

中国书法艺术性来自于毛笔的"软",手持毛笔书写汉字,是中国书法艺术最寻常的技术动作,这一动作隐藏着"行""转""折""提""按""捻"六种用笔法。书写时用笔位置有中锋、侧锋,落笔方式有藏锋、露锋,转折方式有方笔、圆笔等等。不同的方式形成不同的效果,如欧体讲求露锋,颜体讲求藏锋;楷书多些中锋,隶书多些侧锋;篆书多使用圆笔,魏碑多使用方笔等等。"书法以用笔为上,而结字亦须用工。盖结字因时相传,用笔千古不易。"这是元代大书法家赵孟頫在《定武兰亭十三跋》中写下

▲战国毛笔和笔管,楚书写工具,1954年湖南省长沙市左家公山战国楚墓出土。(现收藏于中国国家博物馆)

的一段话。七百多年过去了，赵孟頫这段关于书法用笔的论述成了人们经常引用的书论名言。总之，书法很大程度上就是用笔的艺术。

但是有一支好笔就能写出一手好字吗？唐朝著名书法家柳宗元任司封司员外郎时，唐穆宗问他："用什么样的笔写字好？"柳宗元回答说："用笔在于心要正，心正则书法自然端正。"杜甫在给李白的《寄李十二白二十韵》诗中写道："昔年有狂客，号尔谪仙人。笔落惊风雨，诗成泣鬼神。"这里的"笔"字已超越了书写工具的概念，寓意一个人的学识、修养和胸怀。

▲粉彩描金云龙纹瓷管笔，清朝，上端篆书"大清乾隆年制"款。（现收藏于中国国家博物馆）

新赐鱼书墨未干

刘禹锡《早春对雪奉寄澧州元郎中》云："新赐鱼书墨未干，贤人暂出远人安。"成语有笔诛墨伐、舞文弄墨、胸无点墨等等，墨也是汉字的代称。

宋朝的《开宝通礼》记载了北齐时代的朝会制度，皇帝召见各郡太守，命他们禀报地方上的情况，文字有错误以及字迹潦草的，必定被责令当场喝墨水一升。现在我们说某人没有文化，会使用"胸无点墨"这一成语。说某人有文化，则说他"肚子里有墨水"。说某人曾出国留洋,则说他"喝过几年洋墨水"。所有这些说法,似乎都是以北齐的这一朝会制度为滥觞。

一般说起墨,往往第一反应是漆黑的墨汁或黑锭,但实际上彩色颜料也被称为墨。所以不可简单地将墨与黑色挂钩。

墨的起源较笔早,不过早期的墨都是采用天然材料,甚至用墨斗鱼腹中的墨汁为墨,进行书写或染色。这种方式不仅在中国古代如此,古罗马人也是这么做的。但缺点是用湿布一擦,乌贼墨就会立即除去。

印刷所用的墨,是采用一定的工艺方法,由人工制造的人造墨。现存最早的人造墨的实物,是1975年湖北省云梦县睡虎地四号古墓中出土的墨块。此墨块高1.2厘米,直径2厘米,圆柱形,墨色纯黑。同墓还出土了一块石砚和一块用来研墨的石头。石砚和石头上均有研磨的痕迹,且遗有残墨,可与《庄子》之"舐笔和墨"相印证。说明早在秦朝以前,中国已经有了人造墨和用于研磨的石砚。

据史载,中国秦、汉、魏、晋、南北朝时期的墨,有石墨、油烟墨和松烟墨之分。其中,石墨即石油燃烧所制之墨,油烟墨系燃油所获烟炱所制之墨,松烟墨则是燃烧松木得烟灰所制之墨。

当时的制墨方法,简言之,是将易燃的烛心放在装满了油的锅里燃烧,锅上盖好铁盖或呈漏斗形的铁罩,等到铁盖或漏斗上布满烟炱,即可刮下来,集中到臼里,加入树胶,混合搅拌,使其成稠糊状,将成稠糊状的墨团用手捏制成一定的形状,或放到模具里,模压制成具有一定形状的墨锭,这是油烟墨的制法。

▲丸墨,汉代,高4.5厘米,底径2.8厘米,武威市磨嘴子汉墓出土。汉墨的基本原料一般采用松烟或桐油烟,墨性浓黑光洁,是现存最早的块状合成墨,为汉墨中所罕见。这块丸墨为认识墨的源流发展提供了珍贵的实物资料。(现收藏于甘肃省博物馆)

▲黄山松烟墨锭,安徽歙墨厂20世纪80年代出品。2015年12月,徽墨成功获批国家地理标志保护产品称号。

▲描金彩漆天保九如御墨,清乾隆,圆形葵瓣式松烟墨。(现收藏于北京故宫博物院)

▲方于鲁文犀照水墨,明万历。(现收藏于北京故宫博物院)

松烟墨则是通过燃烧松木来获取松烟粉末,然后与丁香、麝香、干漆和胶加工制成。郑众曾说"丸子之墨出于松烟"。曹子建诗"墨出青松烟,笔出狡兔翰",都说墨是松烟制作的,可见松

409

烟墨应用之广。

三国时期的魏国，出了个制墨名家韦诞。韦诞，字仲将，后汉太仆韦端之子，官至光禄大夫，卒于魏嘉平五年（253），享年75岁。韦诞能书善画，又能制笔，尤精于制墨，享有"仲将之墨，一点如漆"的美誉。韦诞之后的很长时间内，无论书写或印刷，都用韦诞所创的制墨方法制墨，难怪后人常常误将韦诞作为制墨的发明人了。

韦诞之所以获得如此之美誉，主要是因为墨在中国书画创作中的重要性。中国书法、绘画在讲求用笔的同时非常注重墨法。笔法与墨法互为依存，相得益彰，正所谓"墨法之少，全从笔出"，用墨会直接影响到作品的神采。历代书家无不深究墨法，古人谓"水墨者，字之血也"，故墨法又称血法。明代董其昌说"字之巧初在用笔，尤在用墨。"清代包世臣在《艺舟双楫》中说："书法字法，本于笔，成于墨，则墨法尤书之一大关键已。"

墨色常从点画中晕化开来，古人形容为"润含春雨"，行笔需快捷灵动，不可凝滞，润墨使点画有丰腴圆满但不臃肿的韵致，浑厚华滋。据《晋书·王献之传》记载，王献之给晋明帝的驸马桓温题写扇面时，不慎滴上了一滴墨，于是就将墨点改画成一头毛色黑白的牛，画得非常工致。这也是成语"笔误作牛"的出典。

书法的墨法表现技巧十分丰富，用水是表现各种墨法的关键。《画谭》说："墨法在用水，以墨为形，水为气，气行，形乃活矣。古人水墨并称，实有至理。"另外，用墨的技巧还与笔法的提按轻重、纸质的优劣密切相关。一幅书法作品的墨色变化，会增强作品的韵律美。其一，浓墨是最主要的一种墨法。墨色浓黑，书写时行笔实而沉，墨不浮，能入纸，具有凝重沉稳、神采外耀的效果。古代书家颜真卿、苏轼都喜用浓墨。其二，淡墨介于黑白色之间，呈灰色调，给人以清远淡雅的美感。明代董其昌善用淡墨，追求清雅致远的意境。其三，涨墨是指过量的墨水在宣纸上溢出笔画之外的现象。涨墨在"墨不旁出"的正统墨法观念上是不成立的。然而涨墨之妙正在于既保持笔画的基本形态，又有朦胧的墨趣，线面交融。王铎擅用涨墨，以用墨扩大了线条的表现层次，作品中干淡浓湿结合，墨色丰富，一扫前人呆板的墨法，形成了强烈的视觉艺术效果。黄宾虹对墨法研究更有独到之处，提出了"五笔七墨"的理论，即浓、淡、破、积、泼、焦、宿，运用于书画创作中可表现出一番出人意料的奇趣。

渴笔和枯笔分别指运笔中所含的水分和墨汁渐渐失去后在纸上的墨迹效果。渴笔苍中见润泽，枯笔苍中见老辣。在书写中应用渴笔和枯笔二法，应控制墨量适宜。宋代米芾的手札《彦和帖》中"本欲来日送，月明，遂今夕送耳"几字，以渴笔、枯笔表现，涩笔力行，苍健雄劲。枯墨飞白、枯笔、渴笔是书者运用枯墨进行创作时较常出现的三种墨法，能较好地体现沉着酣畅的气势和古拙老辣的意境。

《墨梅》是元代诗人画家王冕的一首题咏自己所画梅花的诗作。诗中所描写的墨梅劲秀芬

▲《彦和帖》，米芾。（现收藏于台北故宫博物院）

芳,卓然不群。这首诗不仅表现出他画梅的用墨风格,而且反映了作者的高尚情趣和淡泊名利的胸襟,鲜明地表明了他不向世俗献媚的坚贞、纯洁的操守。

吾家洗砚池头树,朵朵花开淡墨痕。

不要人夸好颜色,只流清气满乾坤。

▲《墨梅图》,元,王冕。(现收藏于北京故宫博物院)

一纸华笺洒碧云

《全唐诗》收录了一个叫金车美人的一首诗:"一纸华笺洒碧云,馀香犹在墨犹新。空添满目凄凉事,不见三山缥缈人。"诗中"一纸华笺洒碧云"就是指书写用的精致华美的信笺、诗笺。古代文人雅士往往自制笺纸,以显示其高雅,不入俗流,有的纸笺上还饰有各种纹样。

1957年,在西安市东郊的灞桥,出土了公元前二世纪的西汉古纸。出土时,这是一叠纸片,有大有小,最大的长10厘米,宽10厘米,最小的长4厘米,宽3厘米,米黄色。经过反复的科学检验,发现它主要是由大麻和少量苎麻的纤维制成,也就是说,这是"植物纤维纸"。这座古墓最迟不晚于汉武帝时,即公元前140年至公元前87年,因此可以断定,在两千多年前,即公元前二世纪,我国已经生产并使用植物纤维纸了。这种灞桥纸是考古发掘出来的世界上最早的纸。

东汉时期的蔡侯纸属于尚方(皇室手工业作坊)制造,产量不多,仅供宫中使用。晋代之纸,改良提高,且有南北之分,明屠隆《考槃余事》记载,北纸用横帘,其纹横,其质松而厚,谓之侧理纸;南纸用竖帘,其纹竖,晋二王真迹,多是会稽竖纹竹纸。晋陆翙(huì)《邺中记》记载:东晋十六国时,后赵国君"石季龙(石虎)与皇后在观上为昭书,五色纸著凤口中。凤既衔诏,侍人放数百丈绯绳,辘轳回转,凤凰飞下,谓之凤诏。凤凰以木做之"。石虎以五色纸作诏书,可知其时纸质已柔韧,而且已有染以彩色之纸了。唐王维《和贾舍人早朝大明宫之作》诗有"朝罢须裁五色诏"句,即引石虎"凤诏"的典故。此外,东晋时南方还有藤纸出现。到了南北朝时,陈徐陵编《玉台新咏》,序中有"三台妙迹,龙伸蠖(huò)屈之书,五色花笺,河北胶东之纸"之句,证实了以五色花笺书写诗赋文章,早在六世纪中已广泛应用于文人笔墨之间了。从而得悉"花笺"之名,开始出现在我国文风昌盛的南北朝时期的南朝。

隋朝结束了南北朝的分裂局面,不久李渊起兵,取而代之,建立唐朝。唐朝是中国历史上一个强盛的时代,政治、经济、军事、文化艺术蓬勃发展,影响力空前强大。体现在造纸工艺方面,较以往不仅质量提高,而且品类也增多,如玉版、经屑、表光、鱼子、硬黄等等。与此同时,唐诗在中国文学发展史上也是一个辉煌夺目的时代,名目繁多、五光十色的诗笺成为承载盛唐诗文的载体。

唐代制纸工艺首推四川,而蜀中笺纸又以"桃花笺"首屈一指。桃花笺又叫浣花笺,后世人将其笺命名为"薛涛笺",这也是后来诗词中常见的"红笺"的由来。北宋著名词人晏几道曾说:"此情深处,红笺为无色。"深情不可言尽,感动了后世多少人,后来"红笺"便成了一种意象,专指写给情人的信笺。清朝初年词人纳兰性德说"拨灯书尽红笺也"也是此意。

薛涛是唐代女诗人,其父曾入蜀为官,但英年早逝,妻女流寓蜀中。薛涛姿容美艳,性敏慧,八岁能诗,洞晓音律,多才艺,声名倾动一时。据宋代《牧竖闲谈》载,浣花人多造十色彩笺,于是薛涛另模新样,小幅松花纸,多用题诗。李商隐《送崔珏往西川》诗中有"浣花笺纸桃花色,好好题诗咏玉钩"句,可见薛涛笺为当时诗人所乐道。蕴含女性特有的美妙才思,红色的"薛涛笺"配上以俊逸的行书书写的清雅脱俗的薛涛诗,一时间广为风行,成了文人雅士收藏的珍品。后来,甚至官方的官札也用此笺,流传至今。元代费著撰《蜀笺谱》,谓薛涛七十三岁卒,不知所据。《天工开物》载,薛涛笺是"以芙蓉等为料煮糜,入芙蓉花末汁,或当时薛涛所制,遂留名至今。其美在色,不在质料也"。这时的笺纸,已是名家自制之开始。

唐天宝年间,在全国各地运到京城长安的进贡之物中,宣城郡船中就有"宣纸"等贡品。宣纸比较利于书写和绘画,能够凸

414

显出书画之间虚实相同的绘画风格,而且在作画的时候,也有利于笔墨之间神韵的生动性。宣纸一般分为生宣和熟宣,生宣主要是生纸,在生产之后,可以直接使用,它的吸水性以及润水性等方面也比较强,展现了一种比较独特的艺术魅力。东汉造纸家蔡伦去世后,他的徒弟孔丹非常怀念师傅,就用自己造的纸画了一张师傅的画像。不久画像的颜色变黄了,画像也显得模糊不清了。孔丹看着泛黄了的画像,心里非常难过,决心要制造出精美耐久、不会变黄的纸来。于是他走南闯北,历尽艰辛,到处寻师访友。

有一天,孔丹来到安徽宣州一带,偶然发现一棵大树倒在了一条山沟里的小溪旁,大树的树皮被沤烂了,在溪水的浸泡下,白白的木纤维又柔软又结实,经探听这种树叫作青檀树。孔丹用这种树为原料,苦心琢磨,不知经过了多少次实验,也不知熬过了多少不眠的夜晚,终于造出了质地优良、闻名四海的宣纸。传说有一种叫作"四尺丹"的宣纸,就是为了纪念宣纸的发明人孔丹。

光彩夺目的中国书画史,在"墨韵万变"的宣纸之上,水墨风生水起,灵气十足。在这个意义上,宣纸是书画家另一只隐形的"手",是中国书画艺术的载体。因此,宣纸艺术

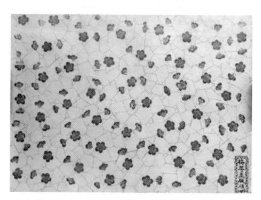

▲梅花玉版笺,清乾隆,为宫廷专用纸张。(现收藏于北京故宫博物院)

是中国传统书写绘画不可或缺的重要载体。故郭沫若亲笔挥毫题词赞道:"宣纸是中国劳动人民所发明的艺术创造,中国的书法和绘画离了它,便无从表达艺术的妙味。"中国古代有"绢保八百,纸寿千年"的说法。"寿千年"的古代宣纸使得"书比人寿"!刘海粟艺术大师也题词赞道:"纸寿千年,墨韵万变。"

中国传统宣纸制作技艺的问世与传播,有力地推动了中国书法艺术推陈出新,促进了汉字书写中楷书、行书和草书的形成与发展,从而形成中国书法艺术与中国宣纸传统制作技艺同相辉映、共放异彩的盛况,成为中华文明史上独一无二、举世无双的艺术表现形式和传统手工制作技艺,为中华民族文化艺术的传承与发展做出了积极的贡献。

也正因为中国纸业的发达,笺纸很早成为书信的载体。虽然每封信看起来很薄,但是寄托着深重的情谊。这里面有朋友之间书信的来往,表达友情;有家人之间书信的来往,传递亲情;也有爱人之间的书信来往,倾诉爱情。从前由车马运送的邮件都很慢,一封信能回味好久好久。所以纸又成为家书的代称,如"一纸家书""纸短情长"。南宋陆游在《后园独步有怀张季长正字》中写出古代一封家书的分量与价值:

▲粉白地双龙戏珠暗花宣纸,清朝。(现收藏于中国国家博物馆)

斯世元知少赏音，道存何恨死山林。

半生去国风埃面，一片忧时铁石心。

闲看断云成小立，偶穿修竹得幽寻。

故人已到梁州未？尺纸东来抵万金。

圆池类璧水　轻翰染烟华

圆池类璧水，轻翰染烟华。

将军欲定远，见弃不应赊。

　　这是唐代杨师道写的《咏砚》，诗中含有定远侯班超投笔从戎的典故。"武士爱剑，文人爱砚。"砚是文房四宝之一，古往今来，不少文人墨客用砚、爱砚、藏砚，留下了许多典故佳句。砚，俗称砚台，是中国书写绘画研磨色料的工具。汉代时砚已流行，宋代则已被普遍使用。古代中国文人对砚十分重视，不仅终日相随，古人云："文人之有砚，犹美人之有镜也。"

　　砚有许多别名，屡见于诗人笔端。宋代苏易简《文房四宝》载："惜黄帝得玉一钮，治为墨海焉，其上刻文曰：'帝鸿氏之砚'。"这就是传说中制砚的开始。墨海也指大墨盆，砚因此被冠以"墨海"之名。

　　唐代文嵩在《即墨侯石虚中传》中以砚拟人，说砚姓石，字居默，封"即墨侯"，从此以后，人们便称砚为即墨侯。宋代王迈的《除夜洗砚》中写道："多谢吾家即墨侯，朝濡暮当富春秋。"

　　文人墨客喜欢把书斋中的各种珍品以友相待。宋代王炎有诗云："剡溪束楮生，歙穴会石友。""楮生"指纸，"石友"指砚。广而传之，众皆称砚为石友。

　　宋代戴复古有句诗说："以文为业砚为田。"苏东坡曾道："我生无田食破砚，尔来砚枯磨不出。"由此，砚又有了"砚田"的美称。

　　唐代女诗人薛涛诗《四友赞》中提及砚时写道："磨润色先生之腹。"清代王继香《醉庵砚铭》中也记载："昔人号砚曰润色先生，曰岩屋上人，曰铁面尚书，余独取其静而真也，谥之曰静真先生。"所以砚还被称为"润色先生""岩屋上人""铁面尚书""静真先生"等。

　　历朝历代都有砚痴，而宋人爱砚之痴、藏砚之富、知砚之深，空前绝后。公元975年，南唐李后主被宋太祖从金陵(今南京)押到汴梁(今开封)，身无长物，仅持一方歙砚。宋代书法家米芾对砚很有研究，他的《砚史》记载了砚材26种，对其颜色、发墨等功能记述精细翔实。《四库全书提要》对它评价很高。

　　长米芾14岁的苏轼，一生爱砚、玩砚、藏砚。有一次，他见好友张近家中有"龙尾子石砚"，欲以家传古铜剑交换，可见爱砚胜过爱剑。苏东坡还收藏有数方端砚，其间最有名的一方叫"从星砚"，此砚长方式，棕褐色，右方刻有传为苏轼行书铭："月之从星时，则风雨汪洋，翰墨将此，是似黑云浮空，漫不见天，风起云移，星月凛然。轼。"砚背中间有63列柱，柱上各有石眼，状如众星罗列，此砚被乾隆所收藏。宋代词人徐似道，曾有余银准备买座果山，结果却买了端砚，因为买砚的欲望没有止境，那买山的事情便不知何时才能实现,这是他捧砚在手时的叹息。

砚之起源甚早,大概在殷商初期,笔墨砚始以初见雏形。刚开始时以笔直接蘸石墨写字,后来因为不方便,无法写大字,人们便想到了可先在坚硬的东西上研磨成汁,如石玉、砖、铜、铁等。殷商时青铜器已十分发达,且陶石随手可得,砚乃随着墨的使用而遂渐成形,古时以石砚最普遍,直到现在经历多代考验仍以石质为最佳。可以作砚的石头极多,我国地大物博,到处是名山大川,自然有多种石头。产石之处,必然有石工,所以产砚的地方遍布全国各地。

70年代末,在陕西姜寨新石器时代遗址中,出土了一套绘画工具,其中有石砚、研棒及砚盖,距今约七千年左右。1975年湖北云梦睡虎地秦墓出土的战国墨砚,是用鹅卵石打磨制成。不过那时的墨为天然矿石,因而砚还需用研棒辅助,才能将墨磨细。

砚这种附带磨杵或研石的形制从什么时候才开始发生改变,即取消磨杵或研石,而接近于现在的砚呢?目前所知,要追溯到两汉时期。汉代由于发明了人工制墨,墨可以直接在砚上研磨,故不需再借助磨杵或研石研天然或半天然墨了。如此看来,磨杵或研石经过史前及夏商周共三千多年的漫长跋涉,才逐渐消隐。

我国传统砚,按材质来分,可有石类、陶瓦类、金属类、漆砂类等,而砚的主要材质是各种砚石。砚石一般以产地命名,我国出产有200多种砚石,其中四大名砚极具收藏价值,即端砚、歙(shè)砚、洮(táo)河砚、澄泥砚。

端砚产于广东端州(肇庆市)东郊端溪,唐代就极出名,唐代

▲端石瓜田砚,清初。(现收藏于北京故宫博物院)

李贺有诗曰"端州石工巧如神,踏天磨刀割紫云",赞石工攀登高处凿取紫色岩石来制砚。端砚有"群砚之首"的称誉,石质细腻、坚实、幼嫩、滋润,扣之若婴儿之肤,温润如玉,磨之无声,发墨光润,石上且有鸲鹆眼等自然纹理。其"体重而轻,质刚而柔,摸之寂寞无纤响,按之如小儿肌肤,温软嫩而不滑",具有不损笔毫、宜发墨的优点。端砚素有"天下第一砚"的美名,宋代张九成所云"端溪古砚天下奇,紫花夜半吐虹霓",道出了端砚的珍贵。

歙砚产于徽州,徽州是府治,歙县是县治,同在一地,所以

▲歙石荷叶式砚,清乾隆,此砚为清乾隆朝宫廷造办处所制御用砚。(现收藏于北京故宫博物院)

歙砚与徽墨乃是"文房四宝"中同产一地的姐妹。歙砚的特点是贮水不耗,历寒不冻,呵气可研,发墨如油。据《洞天清禄集》说:"细润如玉,发墨如饥油,并无声,久用不退锋。或有隐隐白纹成山水、星斗、云月异象。"其色如碧云,声如金石,湿润如玉,墨峦浮艳。其石坚润,抚之如肌,磨之有锋,涩水留笔,滑不拒墨,墨小易干,涤之立净。歙砚也是文人墨客珍爱的名砚,黄庭坚对歙砚赞扬有加:"不轻不燥禀天然,重实温润如君子。日光灿灿飞金星,碧云色夺端州紫。"

洮河砚亦称洮砚，取材于甘肃卓尼（唐属洮州）一带洮河深水处的石头，取之极难。这些石头碧绿，整洁如玉，条纹似云彩。因其石质细腻，纹理如丝，气色秀润，发墨细快，保温利笔，且贮墨不变质，十多天不干涸，特别受北方王公贵族追捧。不过，至宋朝时已很稀少。洮河砚因石料难得，在古时已相当珍贵，正如金代诗人冯延登在《洮石砚》诗中写的："鹦鹉洲前

▲兰亭修禊图石砚，清乾隆，砚为洮河石，砚面浅雕兰亭集会图。（现收藏于北京故宫博物院）

▲澄泥仿宋玉兔朝元砚，清乾隆。（现收藏于北京故宫博物院）

抱石归，琢来犹自带清辉。芸窗尽日无人到，坐看元云吐翠微。"

澄泥砚产于豫西黄河岸边诸地，不是石砚，而是用绢袋沉到河里，一年后取出，袋里装满细泥沙，用来制砚。其以独特工艺制作，与端、歙、洮砚齐名，史称"三石一陶"。

著名的砚石还有山东红丝砚、江西龙尾砚、吉林松花砚等，另有产于山东的鲁砚、产于河南的盘谷砚、产于江西的罗纹砚、产于河北的易砚。一般说，凡石质细密、能保持湿润、磨墨无声、发墨光润的，都是较好的砚台。

在文房四宝中，笔不能耐久，纸易酥脆，墨陈则无胶性，唯有砚台性质坚固，可以传万世而不朽，见证了中国几千年的文明传承，文人墨客相互馈赠的礼品多为砚。

西晋末年，北方少数民族纷纷南下，其中最早建立政权的便

是匈奴人刘渊、刘聪父子。他们以汉室外孙的名义改姓刘氏（因为汉族匈奴长期和亲，匈奴贵族身上的确有汉室血统）。当年晋怀帝司马炽为豫章王时，刘聪曾前去造访过司马炽，两人论诗作赋，行投壶之游戏，宾主尽欢。临别，司马炽将自己最心爱的银砚送与刘聪作纪念。世事变迁，晋怀帝司马炽登基后，西晋出现八王之乱，已经到了分崩离析的边缘，最终洛阳被刘聪攻破，晋怀帝司马炽被生俘。刘聪见到已经成为阶下囚的司马炽说："不久前您向我赠送的柘弓银砚，您还记得么？"司马炽说："怎么能忘掉啊，只是悔恨没能看出你的帝王之相啊。"尽管司马炽曾以砚相赠，最终还是被刘聪杀掉。

唐代诗人更是以砚寄情以砚抒怀，诗如韦应物《对韩少尹所赠砚有怀》中"故人谪遐远，留砚宠斯文"，说老友被贬将赴边仕，临别送给他一方砚台。作者感物怀人，以砚台寄托离愁，使人怅怅。而刘禹锡在《谢柳子厚寄叠石砚》中写道："常时同砚席，寄砚感离群。清越敲寒玉，参差叠碧云。"这方砚台是柳宗元贬官柳州时偶得龙璧石，斫砚赠刘禹锡，后被誉为"柳砚"。刘禹锡回忆昔日共用砚台读书写诗的情景，赞砚击之声清越如"敲寒玉"，观之形参差如"叠碧云"。爱砚的李白在他的《殷十一赠栗冈砚》诗中也表达了诗人得砚后见砚如见人的思念之情：

> 殷侯三玄士，赠我栗冈砚。
>
> 洒染中山毫，光映吴门练。
>
> 天寒水不冻，日用心不倦。
>
> 携此临墨池，还如对君面。

后记

这本书从动笔到成稿大概用了两年多的时间,但是从我对汉字产生的第一个疑问或者说是最初的探究到现在用了四十多年的时间。

从十几岁开始,我跟着著名书画家严六符先生学习书法。记得老先生第一次给我写下一行范字后,我怯怯地问道,这个字为什么和课堂上学的不一样呢?因为其中一个范字是繁体字。老先生告诉我汉字的模样是会变的,就像我们每个人从小到大都会变化一样,但无论怎么变都是我们自己。后来,老先生在教学中给我讲述了很多书法故事,尤其是汉字这么多书体到底是怎么来的,这为我打开了了解汉字发展的第一道门。加入天津书法家协会后,有更多书法家前辈成为我学习过程中的明灯。特别是在向邵佩英先生学习篆书的过程中,为我对古文字的深入了解提供了难得的机会。

随着岁月的累积,我不仅喜欢在临帖习字上下工夫,也对简牍、碑帖背后的史料产生了浓厚的兴趣。我平时也爱读一些关于汉字发展的趣闻轶事,那些书法家的故事,字里行间的妙趣读来令人饶有兴致。

越学习越感到一个个汉字的背后是五千年来中华文明的沉积。汉字之所以能成为书法是因为写字能实现个体情感的自然跃动,实现个体生命与时代忧患的融合与流露。可以说,汉字发展史是中国历史的一道特殊的轨迹。

但是汉字是多维度的,形、音、义及相应历史时期的变化非常庞杂。平时我们接触到的只是一些比较零散甚至琐碎的东西。我一直在想如果能写出一本普及型的介绍汉字方方面面基础知识的书该多好啊。

本人多年来在学习的过程中有阅读摘录的习惯,往往一边摘录一边寻根探源,这样又会发掘出更多的知识点,如此往复,钩沉索引,渐渐地将汉字的多维度发展连接并充实起来。我更愿意将这本书视为我的学习笔记和体会,将汉字多维度的全貌和发展中精彩而震撼的故事分享给同样对汉字文化感兴趣的读者。

全书写完后,我很没自信,一直将书稿放在抽屉里不敢示人。直到在一次欢迎旅居海外的同学回国探亲的聚会上,大家谈起汉语在国外的影响力越来越大的话题时,一下子激发了我的热情,不由得对汉语、汉字的发展侃侃而谈、滔滔不绝。当时在场的天津人民出版社的编辑古丽女士建议我应该将这些写出来分享给大家。我这才不好意思地说自己有个书稿,并将电子版发给了她。

过了一个多月,古丽给我打来电话说可以跟我谈谈出书的事,我这又诚惶诚恐起来,在接下来的时间里是一遍一遍的校对、考证、修改,每一次又都是难得的对汉字发展史知识的反复印证和再次学习的机会。在此感谢为此书辛勤付出的编辑老师们。

我还要特别感谢我的夫人胡巍女士,在我写作期间不仅承包了所有的家务，还是本书每一篇章的第一读者，和我交流阅读感受并提出意见，帮我整理文档，修改词句，寻找配图，俨然成为我的生活秘书和工作助理。没有夫人相助，真不知道我的这本书还要等多久才能完成。

另外，潘守永先生拨冗相助，为本书写下了精彩的推荐寄语，令我感到不胜荣幸并在此致以真诚的谢意！

在拙作即将出版之际，我内心除了感恩之外，更多的则是反思。本书是在参阅了大量古今论著和吸收现有研究、发掘成果的基础上写成的。本书就像一只碗，我将先贤做好的美味佳肴东一勺西一勺地盛到了这只"碗"里，虽然力求有系统，但还难以成体系。

中华汉字，博大精深，挂一漏万，这本书显然没有达到写作最初希望的那样广博丰富，而且多有不尽如人意之处，比如对选取材料的讹误和一些观点的谬误。这些欠缺都是自身学识浅薄所致，非一日之功能够完善。所以诚请专家和学者予以匡谬指正、师长和读者不吝赐教。本人在未来会更加努力学习，勤勉不懈。

王伟岸
二〇二二年一月 于天津